Ensayos
454
Educación
Serie dirigida por
Javier Restán

¡Cómo agradezco a mi padre haberme acostumbrado a preguntar las razones de todo, cuando todas las noches antes de acostarmeme repetía: «Te debes preguntar por qué»!

Luigi Giussani, *Educar en un riesgo*, 2006

El debate sobre el significado y valor de la educación, sobre el sujeto responsable de la tarea educativa o el papel del Estado en la educación de los ciudadanos, acompaña a nuestras sociedades occidentales desde hace más de 200 años inmerso en controversias muy radicales. La experiencia educativa es consustancial a la relación humana, a la experiencia de la familia o a la pertenencia a una comunidad, y sin embargo hoy, en Occidente, resulta absolutamente necesario volver a preguntarnos qué significa educar. Profundizar en esta pregunta y buscar una respuesta a la misma es la finalidad de esta Colección Ensayos Educación dentro de Ediciones Encuentro. No queda fuera de este gran interés por la educación ningún aspecto, desde el más histórico hasta la reflexión filosófica, desde las cuestiones más pedagógicas y didácticas hasta el debate sobre la organización de los sistemas educativos.

Javier Restán
Director de la Colección Ensayo Educación

Este libro se publica en colaboración con la Fundació Educativa La Trama, c/Tuset 27, 3r. 2a. 08006 Barcelona - www.latramaeducativa.org

INGER ENKVIST

La buena y la mala educación

Ejemplos internacionales

Prólogo de Jorge Martínez Lucena y Lluís Seguí Pons

© 2011
Ediciones Encuentro, S. A., Madrid

Diseño de la cubierta: o3, s.l. - www.o3com.com

Queda prohibida, salvo excepción prevista en la ley, cualquier forma de reproducción, distribución, comunicación pública y transformación de esta obra sin contar con la autorización de los titulares de la propiedad intelectual. La infracción de los derechos mencionados puede ser constitutiva de delito contra la propiedad intelectual (arts. 270 y ss. del Código Penal). El Centro Español de Derechos Reprográficos (www.cedro.org) vela por el respeto de los citados derechos.

Para cualquier información sobre las obras publicadas o en programa y para propuestas de nuevas publicaciones, dirigirse a:
Redacción de Ediciones Encuentro
Ramírez de Arellano, 17-10.ª - 28043 Madrid
Tel. 902 999 689
www.ediciones-encuentro.es

ÍNDICE

PRÓLOGO 9

INTRODUCCIÓN
LA BUENA EDUCACIÓN. ENTENDER EL PAPEL
DE LA LENGUA Y DE LA LECTURA 17
La responsabilidad de la familia 23

LA INFLUENCIA DE LA POLÍTICA Y LA ECONOMÍA
EN LA EDUCACIÓN 33
La nueva pedagogía 35
Los profesores son la clave 39
Dinero y pedagogía 41

LOS ALUMNOS NO LECTORES.
EJEMPLOS DE FRANCIA 50
Los maestros rebeldes en la primaria francesa 50
Las estructuras mentales rígidas 58
No entran en el mundo de la lectura 68
Las violencias urbanas y la escuela 72
¿Cómo reparar los daños? 75
La responsabilidad de las autoridades y de los intelectuales . 83

Índice

LA IMPORTANCIA DEL PROFESOR.
EL EJEMPLO FINLANDÉS 92
La educación finlandesa 95
Marco curricular para la escuela obligatoria 97
El punto de vista de una profesora finlandesa 99
El análisis oficial del «milagro» finlandés 103
La formación docente 108
Northern lights: una comparación entre países nórdicos 111
Comentarios extranjeros al «milagro» finlandés 114
Tradiciones, inteligencia, pragmatismo y flexibilidad 118

LA IMPORTANCIA DEL ESFUERZO
DEL ALUMNO. EJEMPLOS DE ESTADOS UNIDOS
Y, EN PARTICULAR, CALIFORNIA 126
La educación en California 132
Cuestionamiento de la política educativa 136
Padres y alumnos de origen asiático 138
Padres y alumnos de origen hispano 148
¿Para quién es positiva la ideología del multiculturalismo? .. 148

LA IMPORTANCIA DE LA CALIDAD
DE LA ENSEÑANZA. EJEMPLOS ASIÁTICOS 160
The learning gap 161
The teaching gap 166
Knowing and teaching elementary mathematics 168
Las escuelas excelentes versión occidental 173

TODAS LAS MATERIAS SON LENGUAS 178
Las matemáticas 179
Las ciencias naturales 186
La historia 195
El aprendizaje de la lengua desde el principio 207

Índice

Entrar en el mundo del libro 215
La lectoescritura 219
La clase de lengua y literatura 233
Menos literatura 243
Las lenguas extranjeras 247
La lucha por aprender un nuevo idioma 257
Estudiantes de idiomas poco preparados en la universidad .. 262
La inmersión como método de aprendizaje de idiomas 266
Estudiar en otra lengua sin salir de su país 269

PAÍSES MULTILINGÜES Y LA EDUCACIÓN
DE LOS INMIGRANTES 274
Los inmigrantes y la lengua de la casa 279

LOS INFORMES *PISA* 297

HAY QUE CAMBIAR LA POLÍTICA EDUCATIVA ... 308

PRÓLOGO

Es una evidencia histórica que nos encontramos en momentos de incontrovertible crisis. Muchos son los que piensan que el problema es estrictamente económico y político. Y seguramente tienen parte de razón. Así lo hemos oído de tantos *indignados* de una orientación u otra: pacíficos y esperanzados en la utopía algunos, sobre todo en España; violentos y desesperanzados otros, como los que hemos podido ver saqueando barrios de Londres el pasado verano o los que hace unos años protagonizaron los altercados continuados en los arrabales de París. Al final, aparece en nuestra radiografía del problema un esquema maniqueo que se nos antoja un tanto trucado. El de la separación entre ricos y pobres, entre abusadores y víctimas. Vemos, por ejemplo, esta dialéctica marxista en un reciente y muy recomendable documental, *Inside Job* (Charles Ferguson, 2010). La historia que en él se nos cuenta es interesantísima. Retrata a la oligarquía bancaria de Wall Street, consigue conectarla con el poder político y académico americano, y nos vende la interpretación según la cual todos ellos son los responsables de la crisis mientras que el 90% de la población —clases medias y bajas— no serían más que carne apaleada por esos ladrones de guante blanco, que habrían vaciado las cuentas bancarias de toda la población. Siendo todo esto cierto, no hay duda de que supone una sinécdoque, ese recurso retórico según el cual damos el todo por la parte o la parte por el todo. En este caso sucede lo segundo. Es verdad que la mencionada plutocracia es responsable, y mucho, de la situación en la que nos encontramos. Pero no es verdad que debamos convertirla en el chivo expiatorio, es decir, que no existan otras razones por las que la crisis se haya agravado. Además, ni siquiera pensamos que el origen fundamental del problema sea el económico.

Si hemos llegado a donde estamos es por una carencia anterior, que ha hecho que no sólo las clases más favorecidas económicamente, sino gran parte de la población —que se mira a través de los *mass media* en el espejo que constituye la vida de los poderosos—, se haya dedicado a la maximización de plusvalías a través de la especulación, en la medida que han podido. Así pues, el problema no es la economía sino el economicismo. Lo que nos falta es un ideal que se eleve por encima del terreno baldío de la mera compraventa, de las estrictas leyes del intercambio y del tanto tienes tanto vales. Así, la cuestión que sordamente nos plantea nuestra crisis económica es la cuestión educativa, porque la cita con una verdadera educación es la única que nos puede descubrir como mendigos de tal ideal, como buscadores de ese bálsamo de fierabrás que, como ha dicho Derrida, daría espacio en la realidad a experiencias an-económicas de las que poder partir, como las del don, el perdón, la innovación, la amistad, la democracia, etc.

Vemos pues que la crisis que vivimos es, sobre todo, una crisis cultural y educativa. Y esto lo vemos en la polémica perpetua que se ha instaurado en torno a la educación. Es frecuente oír hablar de *emergencia educativa*. Ésta es constatada por las instituciones, las familias, los resultados de tantos países en los estudios internacionales (como PISA) y el abandono de las aulas de tantos chavales. En el caso de España los resultados obtenidos son más que decepcionantes. Todo aquél que se interesa por los datos reales lo sabe.

Prólogo

Es así desde hace años, y cada vez que se realiza un estudio sale en primera página de todos los periódicos y se abre un debate en el que opinan todos los interesados sin que suceda nada significativo. Los expertos están desconcertados, en el mejor de los casos, y, habitualmente, ofrecen las mismas recetas que nos han llevado hasta el desastre actual, sin ejercicio crítico o memoria algunos, con total desfachatez e impunidad: que si se necesitan más recursos, que si las tecnologías, que si unas cuantas más horas de inglés, etc. Pero las voces autorizadas no encuentran eco ni espacio en la toma de decisiones.

En este contexto, Inger Enkvist es una excepción. Toda su obra sobre la cuestión educativa es original, incisiva y realista. Habla de datos, de casos concretos, de estudios cualificados, y al mismo tiempo indica errores, propone soluciones y aporta experiencias positivas de éxito educativo. Esto le ha valido un prestigio internacional. Pero quizás lo más sugerente de su obra no sea este estar pegada a la realidad a través del conocimiento exhaustivo de diversos modelos o experiencias educativas, sino que la *profesora* Enkvist se atreve a juzgar las mentalidades que han originado la situación actual sin miedo, y a denunciar la frecuente y nefasta alianza entre pedagogía y política, alianza que impide trazar políticas educativas realistas que partan de los datos que la experiencia nos aporta, para enquistarse en la defensa de posiciones ideológicas que siempre dañan la educación. Esto supone también una reconsideración de algunos conceptos fundamentales que son intocables en la mayoría de ámbitos: por ejemplo, la consideración de qué tipo de servicio es la educación y quién lo debe o puede prestar, o el papel de la subsidiariedad en todo el tema educativo.

Por otra parte sorprende que sea especialmente en Europa donde la crisis educativa es más fuerte. Se comprende en parte, porque Europa tiene una gran tradición educativa, y su declive no es casual. Son muchos los factores que indican la grave crisis que vivimos, desde lo económico a lo educativo, pero mientras en otros ámbitos como el económico es habitual escuchar voces autorizadas que aportan luz, lo educativo queda en un segundo plano. La mayoría de periódicos en España no tienen una sección específica dedicada a la educación, cuando sí la tiene la cultura y los espectáculos sin ir más lejos. Sindicatos de profesores, políticos y pedagogos hablan continuamente de educación, de derechos, de presupuestos, etc., pero esto se ha mostrado claramente insuficiente. Es más, los resultados van siendo cada vez peores, hasta afectar a países presuntamente paradigmáticos, como Suecia o Finlandia. Además, como indica la profesora Enkvist y los estudios cualificados que maneja, los países emergentes no son europeos. Esto abre muchos interrogantes y supera la dialéctica ideológica en la que se mueve la educación en España.

Pero la autora no se centra sólo en los temas de fondo, sino que toca también aspectos muy concretos en este libro. Contra lo que muchos piensan, la educación es una tarea constante de la vida que no termina con la ESO, el bachillerato o la universidad, sino que se prolonga a lo largo de toda la existencia. Pese a todo, es verdad que determinadas etapas de nuestra educación tienen un peso especial a la hora de conformar al adulto que hay en nosotros, ese que, llegada una cierta edad, se decanta por dar la vida de un modo u otro, fundamentalmente a través de la experiencia de la familia y del trabajo. Para facilitar esta posibilidad de donación, de entrega, existen todo un conjunto de cosas que resultan fundamentales. Sobre algunas de ellas existe discusión, sobre otras encontramos un cierto consenso social, como por ejemplo el acuerdo bastante unánime sobre la importancia de la lectura o sobre el aprendizaje de los idiomas. Sin embargo, abundan los lugares comunes fomentados por las tendencias pedagógicas constructivistas, predominantes en nuestros planteamientos educativos occidentales en las últimas décadas.

Prólogo

Enkvist lo pone de manifiesto y muestra cuál es el resultado de no afrontar con rigor tales situaciones.

Por ello podemos decir que este libro colabora en esta labor común de desvelamiento de qué es verdaderamente educativo y, por tanto, humanizador, y qué no lo es. Y lo hace centrándose especialmente en estas dos cuestiones anunciadas que tendemos a dar por supuestas pero que requieren de aclaración. Sabemos que la lectura es buena y que nos hace más humanos porque desarrolla en nosotros elementos que nos hacen ser más nosotros mismos, porque abre nuestra imaginación y porque nos mueve a comprender y a hacer experiencia de la propia vida a través de la vida de otros personajes o de las preguntas de determinados pensadores. Además, nos permite tener empatía con otros, comprender sus modos de pensar y establecer un diálogo con ellos que nos permita llegar a soluciones comunes e inteligentes, en un mundo como el nuestro, ampliamente necesitado del uso serio de la razón y de la búsqueda de criterios efectivos y comunes para afrontar y superar las múltiples problemáticas que se nos plantean. Sin embargo, a pesar de todo, la influencia de las nuevas tecnologías y de los nuevos media en un contexto de experimentos pedagógicos como los que se han promovido estos últimos años, provocan que las nuevas generaciones que llegan a la universidad tengan muchas veces dificultades a la hora de leer textos mínimos.

Este ensayo, basado en los acreditados conocimientos de la autora sobre las distintas experiencias educativas realizadas a lo largo y ancho de los países más desarrollados, en su condición de lingüista, de Catedrática de español en la Universidad de Lund y de traductora de Vargas Llosa al sueco, constituye una rica reflexión que muestra los problemas específicos a través de casos nacionales reales. Con respecto a estos últimos destacan: el estudio de los problemas derivados de la implantación de las nuevas pedagogías en Suecia y sus diferencias con respecto a Finlandia —en cabeza de la educación europea gracias a haber mantenido el vínculo con su tradición educativa propia—; el compendio de experiencias francesas en que maestros, críticos con los métodos constructivistas, consiguen ostensibles mejoras en los barrios más multiétnicos de los extrarradios parisinos, normalmente signados por nefastos resultados educativos; la acreditación en el caso de los asiáticos norteamericanos de que el valor real que se le da en la propia familia al esfuerzo y a la formación es mucho más importante que el nivel económico que se tiene; así como la idiosincrasia del caso español y el eterno debate sobre el bilingüismo y su influencia en el rendimiento escolar.

Seguir los pasos de esta estudiosa de la educación se nos hace interesante no sólo por la cantidad de sorprendentes datos que aporta en su argumentación, sino porque vislumbramos en su modo de proceder una vía de aprendizaje con respecto a los propios errores educativos, que nos permite iniciar un camino de mejora en este campo que, como hemos dicho con anterioridad, hoy es especialmente crucial. Esperamos que el lector disfrute como nosotros hemos disfrutado de la sucesión de temas propuestos y expuestos en este pequeño volumen con sencillez y claridad meridiana. También deseamos que los expertos y profesionales de la educación puedan aprender de la experiencia de esta humanista, y así no volver a cometer determinados errores que, sin duda, han minado nuestra educación.

Creemos, con el reputado profesor italiano Massimo Borghesi, lo que éste afirma en su libro *El sujeto ausente* (Encuentro, 2005), esto es, que el drama educativo de nuestro tiempo se debe a una doble ausencia: la falta de «canon» y la de sujeto. Ya no sabemos qué enseñar, y cada vez hay menos «hombres» capaces de enseñarlo. El resto de problemas en la educación derivan de estos dos. Pero para un tiempo cansado como el nuestro, partir de principios es demasiado arduo. El mundo actual de las ideas está bastante alejado

Prólogo

de cualquier debate productivo después de la posmodernidad y, frente al vacío que esto provoca, la política y los pedagogos campan a sus anchas a costa de la educación. Frente a esto, cabe la posición inteligente de la profesora Enkvist, que tiene además para nosotros el valor de una indicación metodológica: partir de los datos, o lo que es lo mismo, aprender de la experiencia. Para que esto sea posible, sin duda es fundamental que los sistemas educativos occidentales sean cada vez más libres, para que se pueda mostrar a todos qué cosas funcionan en educación y cuáles son un fracaso. Luego, los que sean más capaces de llegar a comprender las razones del éxito o del fracaso, que lo hagan, y los que sean más valientes y por ello capaces de tomar decisiones en el rumbo adecuado, que las asuman.

Para terminar, y aunque sea una premisa siempre dejada de lado en el debate educativo, es obvio que la idea que se tiene sobre el hombre en cada época, y por tanto sobre el conocimiento y su valor, determinan en gran medida el horizonte educativo de una sociedad. La pérdida de realismo en esta cuestión tiene efectos desastrosos sobre las personas y sobre el sistema en su conjunto. La crisis de *humanidad* que vivimos no es casual, porque en su origen encontramos una renuncia y una traición a un modo de usar la razón y la libertad que ha acabado devorando al hombre mismo, poniendo en jaque al sistema del que tanto nos hemos vanagloriado. Los resultados, de modo casi impertinente, muestran el error de tal apuesta. Por todo esto, merece la pena leer rápida y detenidamente este libro.

Jorge Martínez Lucena
Profesor Adjunto de la Universitat Abat Oliba

Lluís Seguí Pons
Director de la Fundació Educativa La Trama

Introducción
LA BUENA EDUCACIÓN. ENTENDER EL PAPEL DE LA LENGUA Y DE LA LECTURA

El presente libro tiene el propósito de explicar en qué consiste la buena calidad educativa. Con este objetivo nos adentraremos en el estudio de sistemas escolares de muy diversa índole: tanto de aquellos que dan buenos resultados como de aquellos que los dan malos. A través de ese recorrido comparativo intentaremos mostrar cuáles son las razones por las que el modelo educativo prevaleciente en muchos países occidentales no funciona. Se trata de un itinerario de comprensión que entendemos fundamental para los diferentes agentes educativos.

A los políticos les querríamos decir que muchas veces conciben la educación como un tema exclusivamente de presupuestos, mientras que el problema no es sólo lo que se invierte en educación, sino el tipo de educación en el que se invierte. Las propuestas educativas que relativizan la presencia del educador y se sostienen exclusivamente sobre conceptos como el juego creativo y la motivación, muestran sus carencias en sus resultados, y parecen reclamar la concesión de una mayor importancia a la exigencia académica y a la pedagogía del esfuerzo, pese a la impopularidad de éstas.

A los profesores querríamos dejarles bien clara la responsabilidad que tienen ya desde el mismo momento de su formación como profesionales, así como a la hora de preparar sus clases, de mantenerse al día e interesados en las materias que explican y de concentrarse a la hora de desempeñar su trabajo. Pero no toda la responsabilidad es suya. A la vez, se les mostrará la necesidad de que reclamen ciertos cambios legales para modificar la situación dramática en la que muchos maestros y profesores se encuentran en las aulas: ampliamente limitados en su autoridad y en su modo de impartir la docencia, debido a la tipificación de su labor desde el lenguaje y la filosofía propia de las nuevas pedagogías, que son las que impregnan nuestras leyes y reglamentos educativos.

A los padres se les recordará que la educación de sus hijos no es cosa baladí, y que ésta no se va a producir de un modo espontáneo. Es necesario prestarle atención al lento y esforzado proceso educativo y acompañarlo suficientemente. Por eso, se les enviará a las familias el urgente mensaje de que no deben delegar algo tan ligado al futuro de sus hijos como su formación y aprendizaje, y de que, por tanto, es necesario comprometerse en ellos mediante medidas concretas, entre las cuales destaca la de organizar la vida familiar dando prioridad (en forma de espacio, tiempo y ayudas) a la educación de los hijos.

A todos (políticos, profesores y padres) se les concienciará para que refuercen el mensaje que desde este libro también se le quiere enviar a los alumnos; el de que, independientemente de lo que uno pueda llegar a divertirse estudiando y aprendiendo, la educación de uno mismo requiere todo un conjunto de cosas que implican esfuerzo, sin el cual los resultados no deberían superar la mediocridad. Y esto implica, como veremos, decisiones y compromisos, en todas las esferas, a favor de la excelencia educativa, desacomplejada de los omnipresentes y ñoños igualitarismos pedagógicos.

Para explicar cómo se ha llegado a la crisis de la educación actual hablaremos de unas ideas pedagógicas que se han ido introduciendo poco a poco en la educación occidental durante el último medio siglo. A mediados del siglo XX, la pedagogía occidental se proponía como meta conseguir una educación democrática pero no estaba claro el método para conseguirla. Los gobiernos se vieron abocados a elegir entre dos opciones. Por un lado, podían optar por mantener unos sistemas educativos de calidad y de alta exigencia, abriéndolos a los alumnos que hasta ese momento no tenían acceso a él. Pero, también tenían la opción de unificar el sistema al máximo hasta poder ofrecer uno y el mismo para todos, con el necesario peaje a pagar consistente en la bajada de nivel y el aligeramiento de contenidos. La opción más generalizada en los países occidentales fue la segunda, y la consecuencia ha sido que las aulas se han ido liberando de la transmisión de contenidos, rellenándose los espacios dejados por estos con sofisticadas didácticas revestidas de aspectos creativos y lúdicos. Así, en lugar de adquirir contenidos en las diferentes materias, el objetivo de la educación pasó a ser el conocido «aprender a aprender» a través de un método basado en el constante «fomento de la autonomía» del alumno. La nueva pedagogía preconizaba (y lo sigue haciendo) la abolición de los exámenes y el continuo fomento de la expresión de la personalidad del alumno, en lugar de poner el acento en los contenidos correspondientes a cada una de las materias del currículum, que sólo darían acceso a conocimientos «formales» y que sólo enseñarían el pensamiento autoritario de algunos «hombres blancos muertos». Esta nueva pedagogía, como veremos en la ejemplificación de sus efectos detallados a lo largo de este libro, buscó legitimar sus nuevos principios mediante el rastreo de métodos capaces de facilitar la convivencia en el aula de alumnos muy diferentes en todos los aspectos, influyendo en todo ello la naciente sociedad del bienestar, el estallido de la revolución del mayo del 68 y la difusión generalizada de sus ideales, con su «prohibido prohibir» y su idea de que era posible construir un «hombre nuevo» a través de la ingeniería social.

Al mismo tiempo, los países socialistas eligieron mantener las exigencias de su sistema educativo. La única gran excepción fue la

China del periodo de la Revolución Cultural de Mao, que dejó el sistema de ese país entregado a la anarquía. Lo cual seguramente tiene algo que ver con el hecho de que los mandatarios de la China actual, observando los resultados de aquellos métodos, hayan optado por una vía educativa completamente opuesta, volviendo a las convicciones de la tradición educativa china anterior. Podríamos decir que, en cierto modo, los países occidentales también han vivido sus propias revoluciones chinas. En ellos, diferentes grupos de políticos y pedagogos han afirmado y a veces siguen afirmando que es más importante la «inclusión» que el aprendizaje, que los profesores tienen demasiado poder y que los exámenes resultan inútiles. La curiosa consecuencia de la aplicación de estos nuevos principios en los últimos años ha sido que ha bajado ostensiblemente el nivel de conocimientos de los alumnos y ha aumentado también claramente el número de actos de vandalismo en las aulas y en las escuelas, así como el trato irrespetuoso a los profesores. De hecho, esta dramática nueva situación ha llegado a ser tan habitual que ha dejado de ser noticia. En este problemático contexto educativo es donde han irrumpido las estadísticas del informe PISA con fuerza, despertando las conciencias y a muchos gobiernos, que debido a sus mediocres resultados se han convencido de la necesidad de repensar a fondo sus políticas educativas.

Si se quiere entender lo que ha sucedido en la educación de Occidente en los últimos años, es esencial estudiar los contenidos y métodos de todo un conglomerado de pedagogías que podríamos tildar de «libertarias» o «progresistas», y que, a falta de un apodo mejor para ellas, llamaremos sintéticamente, de ahora en adelante, «nueva pedagogía». Este haz de propuestas educativas se caracteriza por enfatizar al máximo la libertad del alumno, lo cual se complementa con un conjunto de propuestas asociadas al mundo de la tecnología y de la empresa que a todos nos sonarán. Según esta pedagogía, el uso de ordenadores y de internet, así como el trabajo tanto individual como en equipo, serían las grandes claves educativas para preparar al alumno de hoy a un futuro brillante en el mercado laboral. La denuncia de este tipo de pedagogía como profundamente contraria a la calidad educativa va a ser, sin duda, uno de los más significativos *leitmotivs* del presente libro.

Pero quizás el más evidente hilo de Ariadna de la presente publicación no es tanto la de urdir una crítica generalizada contra las nuevas pedagogías, sino la de poner el acento en uno de los elementos más importantes en toda educación, como es el aprendizaje de la lengua. A lo largo de estas páginas veremos ejemplos positivos y negativos al respecto, intentando vislumbrar en cada caso qué tipo de prácticas son más recomendables y cómo, curiosamente, muchas de ellas resultan coincidir con lo que en Occidente ha sido la educación tradicional en este aspecto. La tesis fundamental que vamos a defender es, pues, que el aprendizaje de la lengua funciona mucho mejor siguiendo la educación conocida como «tradicional» que guiándose por aquella fundamentada en las nuevas pedagogías. Y esto resultará evidente después de hacer una revisión de distintos estudios realizados desde diferentes disciplinas académicas, que nos permitirán hacer un cuadro comparativo bastante claro acerca de los tipos de prácticas que funcionan mejor y peor a la hora de aprender lenguas.

Como veremos, la educación tradicional funciona mejor que la nueva porque desarrolla la lengua de un modo sistemático y continuo. Queremos señalarlo porque, inexplicablemente, es un dato que suele pasar desapercibido en el debate educativo. Con la intención de hacerlo evidente para todo lector libre de prejuicios, en las siguientes páginas intentaremos seguir un itinerario explicativo que muestre el completo desarrollo del lenguaje, desde la más tierna infancia hasta el final de la formación universitaria. A este respecto nos fijaremos en muy diversos aspectos del mismo tema, como por ejemplo la mítica importancia de la lectura, la relación entre las diferentes asignaturas y la lengua, la amplitud y la precisión del vocabulario, la flexibilidad y la corrección del lenguaje, o las mejores vías para estudiar y aprender una segunda lengua.

Creemos que este marco general del aprendizaje de una lengua que intentaremos apuntar en las páginas que siguen ayudará al lector a entender el debate sobre aspectos candentes de nuestra actualidad, como pueden ser la misteriosa dificultad que tenemos para aprender idiomas, el conocido y controvertido método de la inmersión lingüística, o el aprendizaje de las lenguas occidentales por parte de los inmigrantes, tema necesariamente presente en nuestra agendas políticas por motivos demográficos. A lo largo de este libro subrayaremos también la contradicción que supone darle tanta libertad al alumno en un contexto educativo en el que son muchos los alumnos que precisan de una enseñanza sistemática y muy estructurada de la lengua, por motivos tan dispares como el ser disléxicos, tener dificultades de concentración o simplemente por ser inmigrante.

Para terminar con esta introducción diremos que este libro tiene la ambición de mostrar y debatir los problemas mencionados desde una perspectiva plurinacional, aportando datos sobre Francia, Estados Unidos, Finlandia, Suecia, Japón, China, España, etc. Como veremos a lo largo de la explicación, se aportarán muchos datos acerca de la situación en Suecia. La razón no es que la autora de este libro sea sueca, sino que Suecia es el ejemplo arquetípico para conseguir entender la crisis educativa actual. Se trata de un país sin demasiados problemas sociales y económicos, que tenía una buena tradición educativa nacional hasta que a inicios de los años setenta «se convirtió» a la nueva pedagogía, y entonces empezaron, casi al unísono, los problemas educativos. Pero Suecia puede ser interesante, además, por una última razón: el gobierno sueco se ha dado cuenta de la problemática que preside este libro y ha lanzado un ambicioso plan de rectificación de la política educativa anterior basada en la nueva pedagogía, por considerarla claramente equivocada de acuerdo con los resultados apreciados en los últimos años. Del ejemplo sueco pueden aprender especialmente los países de habla hispana, ya que a ellos les llegó más tardíamente la nueva pedagogía, y quizás, observando lo que ha sucedido en uno de los países considerados como modélicos por los políticos, podrían salir antes de ella. El lector decida.

La responsabilidad de la familia

¿Qué es lo que es bueno para el ser humano? Una posibilidad de respuesta a esta pregunta la encontramos en Antonovsky, un psicólogo mucho más volcado en el ámbito de la salud que en el de la educación. Sin embargo, su perspectiva tiene una relevancia directa para el mundo que aquí estamos estudiando[1]. El autor introduce el adjetivo «salutógeno», como contrario a «patógeno», para referirse a los factores que directamente generan la salud del individuo. Es decir, en vez de estudiar las enfermedades, el autor quiere descubrir lo que contribuye al bienestar del ser humano. Los factores salutógenos, según él, son los que nos permiten ver el mundo como coherente, comprensible y manejable. Necesitamos conocer nuestro mundo y poder prever lo que va a suceder. Solo así, podemos responder adecuadamente. Lo salutógeno es vivir una estructura familiar con fuertes lazos de amor y dependencia mutua, una red familiar que nos permita juntar todos los recursos personales y económicos de la familia en caso de necesidad. En la escuela, lo previsible significa moverse dentro de un marco de reglas conocidas y aceptadas. Necesitamos exigencias y retos adecuados a

---

[1] Antonovsky, Aaron. *Unraveling the mystery of health*. San Francisco: Jossey-Bass, 1987.

nuestras capacidades; hacer lo que debemos hacer nos puede llenar de satisfacción. Para todos los aspectos de la vida, es importante aceptar el posponer la satisfacción de nuestros diferentes anhelos, desarrollando paso a paso una autodisciplina. La educación es importante porque no todos los jóvenes saben elegir, de manera realista y positiva, lo que es bueno para ellos; algunos optan por subculturas quizá socialmente aisladas y otros por el mundo desestructurado y confuso de las drogas. En la descripción de Antonovsky, llama la atención su tono positivo; el autor parece querer el bien de los demás. Lo esencial, subraya el autor, es entender a la familia como aspecto central de lo que es bueno para el hombre[2].

Este mismo autor también sostiene que negarse a aprender es un infantilismo curiosamente aceptado en nuestra sociedad moderna. Es significativo que los jóvenes inmaduros no se guíen por el ejemplo de los adultos, sino que se dejen influir por personas de su misma edad, también inmaduras. Elegir el camino fácil es un signo de inmadurez, como lo es el no aceptar la realidad y no buscar la verdad. Querer vivir una ficción de libertad, entendiendo a esta última como una ausencia de trabas, es apostar por una vida irreal y de ficción. El resultado de tal elección suele ser que estas personas no logren adecuar su propia vida a sus deseos y que rechacen las exigencias de la edad adulta, como el trabajo y el orden, no queriéndose dar por enteradas de los límites y las exigencias asociados a la madurez. Es llamativo que el negarse a aprender pueda combinarse con pedir respeto por su persona. Es de adolescente, y no de persona madura, centrarse en cuidar del propio cuerpo, querer imponerse por la fuerza y no reflexionar demasiado.

---

[2] Algo similar dice Victor Frankl en su famoso libro *El hombre en busca del sentido*, publicado primero en alemán en 1945.

El autor interpreta la aceptación de este infantilismo como un culto al niño, a lo no intelectual, al artista y a lo primitivo. Los antiintelectuales veneran la infancia como símbolo de pureza, inocencia y autenticidad. Bastantes padres creen que ya no se necesita educar a los hijos sino solo mostrarles bondad. Quizá solo tienen un hijo y, si además se convierten en padres relativamente tarde, es posible que caigan en la tentación de adorar a su propio hijo. Quieren darle todo y no exigirle nada. Sin embargo, cuanto más reciben los hijos, menos lo agradecen y los padres no suelen tener un plan B al respecto. Además, muchos adultos quieren parecer jóvenes con lo cual ya no es automático el reparto de funciones dentro de una familia, porque los hijos se atribuyen algunos de los papeles de los adultos y algunos adultos se comportan como niños. Tradicionalmente solía haber un reparto de papeles en las familias pero esto ya no es así. Cada vez más son los hijos los que toman las decisiones que antes correspondían a los adultos. Y precisamente porque los hijos son inmaduros, es muy fácil que abusen de su poder sobre los adultos. La confusión de papeles lleva a que muchos niños hoy en día no tengan miedo a nada y no respeten a los mayores; no sienten nunca vergüenza. En esa confusión de papeles, si tenemos que creer a Antonovsky, los más perjudicados son los varones, como se puede observar en el mayor número de chicos entre los que necesitan apoyo psicológico.

Ante esta difícil situación, creemos que lo más importante de la educación se decide antes de los siete años de edad. Se deben formular reglas concretas y positivas. Es necesario que el adulto le diga al niño cómo ha de comportarse. Evidentemente, se debe escuchar al niño o al alumno antes de reaccionar ante cualquier infracción de las normas formuladas. Pero, si contraviene las reglas, el adulto debe dejar claro que la conducta mostrada no es aceptable. Una buena costumbre a este respecto es la de contar de antemano a los hijos o a los alumnos lo que va a suceder, para que, de este modo, el mundo por venir les sea más previsible. Se suele decir que los niños están averiguando si los adultos se van a mantener firmes o no en sus decisiones. Sin embargo, según los psicólogos, parece que resulta altamente dudoso que los niños, a estas edades, sean capaces de un pensamiento lo suficientemente abstracto como para concebir las reglas como un sistema.

Sin embargo, los seres humanos tenemos facilidad para aprender por el ejemplo. Los niños y adolescentes disponen de una magnífica capacidad de aprendizaje, pero maduran lentamente en su capacidad de planificar, evaluar, razonar y tomar buenas decisiones. La mejor manera de ayudarlos a este respecto es la de enseñarles buenas costumbres. Por eso, los padres y los profesores son educadores no sólo de los niños pequeños sino también de los adolescentes, y eso no sólo lo dice el sentido común sino también la neurobiología[3]. Alejar al joven de ambientes destructivos es otra manera de protegerlo hasta que haya madurado, porque si los adolescentes prácticamente tienen sólo contacto con otros inmaduros, muy razonablemente se retrasará su maduración.

Si queremos más estudios científicos a favor de la importancia de la familia en la educación de los jóvenes, encontramos también el que han realizado muy recientemente tres sociólogos españoles, que han llegado a la conclusión de que las instituciones más importantes en la educación de los jóvenes son, por este orden, la familia, el profesor y el Estado[4]. Factores curiosamente influyentes son las aspiraciones de los padres respecto al rendimiento escolar de sus hijos, el que los padres lean en casa, y la cantidad y calidad de conversación en la casa y también con los abuelos.

---

[3] Reyna, Valeri F. – Farley, Frank. «Is the teen brain too rational?» *Scientific American*. Jun. 2007

[4] Pérez-Díaz, Víctor – Rodríguez, Juan Carlos – Fernández, Juan Jesús. *Educación y familia. Los padres ante la educación general de sus hijos en España.* Madrid: Fundación de las cajas de ahorro. 2009. p. 48.

El fracaso escolar, según leemos en el mencionado estudio, suele venir explicado en primer lugar por el poco esfuerzo del alumno y en segundo lugar por la poca colaboración de la familia con la escuela. La literatura sobre los factores que condicionan los resultados escolares suele señalar como esencial el nivel socioeconómico de la familia del estudiante. Se ha pensado que, con más educación, los padres pueden ayudar más a sus hijos. Sin embargo, no todos los padres que pueden hacerlo ayudan realmente a sus hijos. Algunos trabajan demasiado. A veces no entienden lo importante que es ayudar al hijo; y a veces el matrimonio se ha roto. Si fuera sólo por el nivel socioeconómico de los padres, todos los hijos de una familia tendrían los mismos resultados y los hijos adoptivos tendrían siempre los mismos resultados que los biológicos, pero no es así; los resultados suelen acercarse pero no ser iguales, es decir, no hay un determinismo socioeconómico.

Por otro lado, en nuestros días no es infrecuente que los hijos de familias de clase media o alta no logren hacerse con un capital cultural como el de sus padres. Cuando la escuela ya no transmite un capital cultural sino que se concentra en los métodos de trabajo, muchos de los alumnos que no reciben apoyo en su casa pierden la posibilidad de salir adelante en los estudios. Si la escuela no comunica un saber cultural al alumno y la familia disfuncional tampoco lo hace, nos encontramos a muchos jóvenes en tierra de nadie. A este respecto, da que pensar que muchos profesores consigan dar una educación esmerada a los propios hijos. Los profesores atesoran capital cultural y saben muy bien cómo formar a un joven. Sin embargo, la política educativa no les permite organizar la enseñanza de manera óptima y, por eso, canalizan su amor por los conocimientos y por la educación en sus propios hijos. Los hogares modernos pueden resultar negativos para la educación de los niños también por otro motivo: ya no se realizan tantas tareas en el hogar. La colaboración de los niños en algunos quehaceres del hogar servía también al propósito de su maduración y de la asunción de responsabilidades[5]. Hoy en día, en demasiados hogares, los padres están ausentes durante la mayor parte del día y, al volver, están cansados y apenas se conversa realmente. Así, la vida familiar no siempre contribuye a la maduración de los hijos. Si a esto se añaden unos programas televisivos en los que los adultos se comportan como niños, saltando y gritando, se podría hablar de una aceptación y hasta una idealización de la inmadurez.

En esas circunstancias, estudiar se ha convertido en la principal tarea a través de la cual se puede lograr la maduración, ya que ocupa casi todo el tiempo del joven y reemplaza las experiencias de aprendizaje. Es curioso que se hable tan poco de que las personas maduran cuando entran en contacto con el conocimiento; confrontarse continuamente con nuevas ideas y nuevas exigencias es lo que hace que se produzca el desarrollo cognitivo. El desarrollo del joven en cuanto al rigor, la sensibilidad y la responsabilidad, lejos de ser automático, es un proceso largo y que no se puede dar por descontado. Incluso se dan bastantes casos en los que unos padres inmaduros obstaculizan el desarrollo de sus hijos: por ejemplo, diciendo a sus hijos que no necesitan aceptar la autoridad del profesor en el aula.

Para reflexionar sobre la relación entre la educación en la familia y en la escuela, podemos terminar revisando tres estudios distintos que nos hablan al respecto de diferentes modos y desde distintas perspectivas. El primero es un conocido estudio etnográfico que se interesa por las diferencias en la educación de dos grupos de niños en los Estados Unidos. La investigadora, Shirley Brice Heath, vivió un largo tiempo en un pueblo en el que habían cerrado las fábricas textiles pero que conservaba una población obrera. La investigadora estudió, durante los años setenta y ochenta, cómo

---

[5] Overstreet, H.A. *Den mogna människan*. Estocolmo: Gebers, 1951.

las familias, blancas y afroamericanas, educaron a sus hijos[6]. La iglesia constituía el centro social para los dos grupos. Ninguna de las comunidades era pobre, pero cada una utilizaba su dinero de manera diferente. Las familias blancas preparaban una habitación especial para el bebé. Hablaban mucho del nombre que le iban a dar. Cuando nacía, le hablaban en un lenguaje adaptado para los bebés. Dirigían la palabra al niño, le formulaban preguntas, y cuando tenía unos cuantos años, le pedían que contara lo que le había sucedido de una manera verídica. Se consideraba importante leer con el niño. Las familias establecían una rutina para comer y para dormir y enseñaban al niño que cada cosa debía guardarse en su lugar.

En contraste, las familias afroamericanas hacían pocas preparaciones para el nacimiento del bebé, aunque, cuando éste nacía, había mucha alegría. Se jugaba con el bebé y se le consideraba desde el principio como incluido en la comunidad. Muchas veces, los adultos le ponían un sobrenombre. Era frecuente hablar sobre el bebé o el niño pero sin dirigirse a él. En estas familias se leía poco porque se hacía difícil hacerlo con un trasiego constante de personas en la casa. Otro rasgo importante era que los adultos no tenían rutinas a la hora de comer y dormir: la hora importaba muy poco y todo dependía de cada ocasión. Así, los niños aprendían a guiarse por el buen o mal humor de los adultos. Recibían regalos cuando al adulto se le ocurría. Se quería mucho a los niños pero como seres divertidos que entretenían a los adultos. Y cuando los niños contaban historias, se valoraba sobre todo la exageración y lo humorístico más que la veracidad.

Hecho este resumen comparativo, vayamos a la reflexión de la investigadora: ella piensa que la igualdad en la escuela se ha malinterpretado, ya que se ha creído que esta consistía en tratar a

---

[6] Heath, Shirley Brice. *Ways with words. Language, life, and work in communities and classrooms*. Cambridge: Cambridge University Press [1983] 1991.

todos los alumnos del mismo modo. ¿Pero qué sucede si los alumnos han sido educados de diferentes maneras, como en los casos que ella ha estudiado? Para los niños afroamericanos de la investigación citada, la escuela era un «país extranjero» en el que se esperaba de ellos conductas diferentes de las que habían aprendido en sus casas[7]. Este dilema no se ha resuelto, sino que ha sido agudizado debido a las migraciones internacionales, combinadas con el deseo político de llegar a la igualdad social a través de la educación y por la creciente presión en las escuelas por obtener buenos resultados en las comparaciones nacionales e internacionales. Los países con mucha inmigración están en una nueva situación y tendrán que repensar sus políticas de educación. Lo que parece obvio es que la nueva pedagogía no es la respuesta.

En segundo lugar, tenemos un estudio francés. Se trata de una reflexión sobre los cambios recientes en la educación en el interior de un mismo grupo social. Compara la educación en las familias obreras de los años setenta con la de ahora[8]. Se grabó primero a unos padres en los años setenta para ver cómo educaban a sus hijos y ahora se ha vuelto a hacer lo mismo: los padres de ahora son los hijos de entonces. Las diferencias son llamativas. Ahora, la relación esencial entre padres e hijos se basa en la emoción. Se busca la emancipación por lo relacional y no por el conocimiento. Los investigadores hablan de que prima lo sociocultural y lo subjetivo. Constatan que el pensamiento posmoderno actual ya no busca el progreso sino el placer, es decir, es hedonista. La educación se aleja de lo universal y se aproxima a lo individual, lo cual resulta un contraste con la modernidad del comienzo del siglo XX que quería hacer a las personas socializadas y razonables. Dicho de otro modo, la primera generación quería que los hijos aprendieran y la segunda

---

[7] Ib. p. 270.
[8] Lahaye, Willy – Purois, Jean-Pierre – Desmet, Huguette. *Transmettre d'une génération à l'autre*. París: PUF, 2007. p. 160.

generación quiere que los hijos entren en relación con otras personas y encuentren así el placer y la emoción. Esta diferencia se resume a través de una serie de contrastes entre ambas generaciones. En la primera dominan los padres y en la segunda los hijos. En la primera los hijos debían aprender a conducirse de manera racional y en la segunda deben aprender lo relacional. En la primera la pedagogía estaba centrada en lo que se debía hacer y en la segunda en lo emocional. En la primera los padres cumplían el papel de guías y en la segunda los padres son un apoyo. En la primera había una relación de poder y en la segunda de persuasión. En la primera se veía como objetiva la relación con el mundo y en la segunda como subjetiva. Todo esto influye en la escuela, porque si la mayoría de las familias se comportan como la «segunda generación», éstas podrían no estar apoyando a la escuela, sino, precisamente, obstaculizando su trabajo; si es que la escuela todavía intentase transmitir conocimiento. Vemos pues, cómo, para someterse a un aprendizaje sistemático de conocimientos, los jóvenes de «segunda generación» deben aprender nuevas costumbres culturales.

Las dudas acerca del reparto de la responsabilidad educativa entre familia y escuela se ilustra de manera todavía más clara cuando se observa la situación de los alumnos que hablan otro idioma en su casa. ¿De quién es la responsabilidad de preparar al alumno para los estudios? Ciertas corrientes políticas adjudican toda esta responsabilidad al Estado, mientras que los estados occidentales actualmente están vacilando y no saben cómo enfrentar la situación. Resultan esclarecedoras a este respecto leer las reflexiones de una estadounidense casada con un sueco. He aquí el tercer estudio mencionado. En él se subraya la responsabilidad de la familia, porque las decisiones tienen que ver con los planes de futuro de ésta[9].

---

[9] Arnberg, Leonore. *Så blir barn tvåspråkiga. Vägledning och råd under förskoleåldern*. Estocolmo: Wahlström & Widstrand, 1988.

La autora escribe desde la perspectiva del que quiere el bien de los jóvenes y respeta la voluntad y las aptitudes del niño, mostrando una actitud positiva hacia su nuevo país y hacia el país en el que ella misma creció. Por eso enfatiza la importancia de preparar al hijo antes de escolarizarlo, para que sus estudios sean un éxito. Lo fundamental es que el niño sepa lo suficientemente bien la lengua en la que se enseña en el colegio. Además, si la familia piensa quedarse en el nuevo país, es crucial que el niño no se sienta extranjero en ese nuevo país. Para ella, decidir si el hijo se va a convertir en bilingüe y bicultural es una decisión más familiar que social. Para que se logre, los dos padres tienen que dar prioridad a esa meta. La autora subraya que es difícil explorar el tema del bilingüismo por varias razones: no se pueden hacer experimentos con niños, cada situación familiar es diferente y, además, en el particular influye la personalidad del niño. Hay familias que se interesan por las lenguas y otras que no; hay niños que aprenden fácilmente y otros que no. Tener que manejar dos lenguas cansa a los hijos y la autora opina que los padres deben tener la suficiente madurez como para anteponer el bien del niño a sus propias necesidades emocionales de conservar los lazos con el país que la familia ha dejado atrás. Este texto tranquilo y razonable simplemente hace ver al lector que no todos los textos sobre el bilingüismo tienen el bien del alumno individual como su meta principal[10].

---

[10] Véase también Enkvist, Inger. *La educación en peligro*. Madrid: Eunsa, [2000] 2010; y Enkvist, Inger. *Repensar la educación*. Madrid: Eunsa [2006] 2010.

LA INFLUENCIA DE LA POLÍTICA Y LA ECONOMÍA EN LA EDUCACIÓN

La estructuras familiares han cambiado pero también la escuela. Desde el final de la segunda guerra mundial, casi todos los países del mundo han invertido en la educación de sus jóvenes ciudadanos. Han prolongado la educación obligatoria, en general hasta los dieciséis años, para obtener a la vez más igualdad entre los ciudadanos y una mano de obra más calificada. Ya que la educación se ha convertido en uno de los sectores en los que la sociedad más invierte, los políticos y los economistas consideran que deben tener una influencia decisiva sobre cómo se utiliza el dinero público en este particular.

En países como los Estados Unidos, Francia, Gran Bretaña, España y Suecia, los políticos han creído ser progresistas al apoyar propuestas pedagógicas que promueven más la igualdad y una supuesta modernización con respecto a los conocimientos escolares «de siempre». No se ha escuchado a los docentes, que dicen que es imposible educar sin exigir esfuerzos al alumno. La respuesta de las autoridades y de los nuevos pedagogos ha sido cambiar la formación docente, para exigir a los futuros profesores que organicen la actividad tomando en cuenta la voluntad y el interés del alumno. Es decir, se ha insistido en la obligación del docente de crear un interés en el alumno por el aprendizaje más que en exigir un esfuerzo por parte del alumno. En particular, en los países donde predomina el bienestar material, los adultos no han querido, o no han osado, exigirles esfuerzos a sus jóvenes, a pesar de que estudiar siempre ha significado sacrificio.

Esta nueva pedagogía se ha impuesto en Occidente a través de los departamentos de pedagogía y de formación docente. Durante mucho tiempo se ha negado que fuese un problema basar la educación fundamentalmente en la motivación del alumno y la igualdad y cuando han empezado a bajar los resultados y han aparecido cada vez más casos de conducta irrespetuosa dentro de las escuelas, la respuesta de los pedagogos y de las autoridades ha sido la de afirmar que ha cambiado la sociedad y que, por un simple reflejo, también lo ha hecho la escuela. Si hay cambios en las familias, la respuesta adecuada sería la de cambiar la escuela de tal modo que se minimicen los efectos negativos de pueden producir algunos cambios familiares. Sin embargo, esto no se ha hecho, y la nueva pedagogía no se ha cuestionado. Las consecuencias de esta negación y del no afrontamiento de los problemas han sido dramáticas. Una de ellas ha sido que los mejores profesores han buscado otras salidas profesionales. Y, curiosamente, en esa discusión, cualquiera que diga que antes las cosas eran mejores, se ve automáticamente calificado de retrógrado, porque los nuevos pedagogos afirman que la orientación es correcta y que los problemas dependen de los cambios ocurridos en la sociedad.

Es en este contexto en el que aparecieron los estudios basados en comparaciones internacionales, que atraen cada vez más atención de la opinión pública. Los estudios más conocidos de esta índole son los informes PISA[1], elaborados por la OCDE, que ofrecen una gran profusión de datos acerca de los alumnos y los

---

[1] *Programme for International Student Assessment.* Este Informe buscar analizar el rendimiento de los estudiantes de los países de la OCDE a partir de pruebas estandarizadas que se realizan cada tres años.

distintos sistemas educativos. En la clasificación elaborada por este informe suelen aparecer, en los primeros puestos, países asiáticos, como Corea del Sur, China y Japón; países angloparlantes como Canadá, Nueva Zelanda y Australia también tienen buenos resultados; no van mal países como Estonia y los Países Bajos pero, en Europa, la estrella es Finlandia. ¿Cómo entender que algunos de los países europeos, de excelente tradición educativa, ya no sean tan buenos y por qué es Finlandia una excepción?

La nueva pedagogía

¿En qué consiste esta pedagogía que aparece como menos exitosa en las comparaciones internacionales? En dos palabras, consiste en la idea de que sería posible dar una educación a alguien sin que el receptor tuviera que esforzarse. Esta idea se combina con otra que pretende que el contenido de la educación no es lo que importa, sino aprender una serie de métodos. Estas nociones han seducido a padres y a gobiernos en muchos países occidentales. Otra manera de explicar esta nueva pedagogía es describirla a través de un ejemplo[2]. Suecia tiene la ventaja de ser un país pionero en la introducción de la nueva pedagogía y un ejemplo bastante puro, en el sentido de que tenía un buen nivel económico y educativo y había gozado de muchos años de paz social cuando los políticos decidieron utilizar la educación para hacer al país más igualitario todavía. A finales de los sesenta, se introdujo la escuela comprensiva obligatoria hasta la edad de los dieciséis años; a la vez, la meta principal de la educación pasó a ser la convivencia y no el aprendizaje. El nuevo ideario estaba compuesto de varios factores de los que el fundamental era una cierta idea de la igualdad:

---

[2] Véase también Enkvist, Inger. *La educación en peligro*. Madrid: Eunsa, [2000] 2010; y Enkvist, Inger. *Repensar la educación*. Madrid: Eunsa [2006] 2010.

— La igualdad debe obtenerse mediante la organización del aula a través de métodos modernos y activos. La idea incluye incorporar también en el aula a alumnos con serios problemas de conducta y de aprendizaje, con lo cual se perturba la necesaria tranquilidad para poder estudiar.

— Se enfoca el trabajo más en el método de estudio que en el contenido. Supuestamente, aprender métodos resulta un atajo para los alumnos. En vez de llenar el cerebro con detalles innecesarios, los alumnos van a hacerse con instrumentos para poder resolver dudas en el futuro. Centrarse en los métodos y no en los contenidos se considera una modernización y una manera más eficaz de usar el tiempo de los alumnos y el dinero del Estado. Esta idea tiene consecuencias para la formación docente, porque significa que ya no es tan importante estudiar las materias como la manera de enseñar, la didáctica.

— Una nueva teoría psicológica y filosófica está en el origen de estos cambios. El constructivismo es una teoría que afirma que el conocimiento del ser humano consiste en una construcción de ideas y estructuras en el cerebro. Todo lo que sabemos está guardado en el cerebro. Sin embargo, los pedagogos constructivistas suelen ir más lejos, porque suelen negar la existencia de una realidad independiente de la percepción y la voluntad humana. Creen que todo conocimiento es un invento, una creación, sin una relación con una realidad objetiva. De ahí la conexión con lo políticamente correcto, porque se considera que lo que se dice es lo que existe. Cambiando la denominación cambia la realidad. En vez de aprender lo más posible, el enfoque se pone en que el alumno esté en contacto con ciertas ideas y no con otras. El enfoque está más en cambiar el presente y el futuro que en estudiar el presente y el pasado.

— A la vez, aprender se redefine como que el alumno debe estar activo y libre, construyendo sus propios conocimientos. Se cuestiona la relación entre enseñanza y aprendizaje. Educación debe ser auto-educación, y se introduce una separación entre aprendizaje y enseñanza, privilegiando el primer término. Además, con el argumento de que el cambio cultural es rápido, tampoco se da mucho énfasis al aprendizaje de ciertos conocimientos, sino que el centro de la nueva pedagogía pasa a ser la expresión de la propia personalidad del alumno tal como se muestra a través de diferentes proyectos.

— Es difícil organizar un aula en la que se juntan alumnos muy diferentes y en la que cada uno debe crear su propio conocimiento y expresarse. La nueva tarea del profesor es proponer ejercicios que puedan atraer y ocupar a los alumnos. Resulta contradictorio tener un marco curricular con contenidos si al mismo tiempo se invita a los alumnos a expresarse y a elegir lo que quieran estudiar. Esto explica que los currículos hablen cada vez más de métodos y de valores que de contenidos.

— Aumenta, además, el énfasis en el derecho del alumno a ser diferente y en el respeto que le debe la escuela. Ya no se habla del deber del alumno de estudiar y de comportarse bien, sino de la obligación de la escuela de adecuarse a la voluntad y a las necesidades especiales del alumno, aunque éste no se haya esforzado en estudiar.

— Los reformadores siguen un pensamiento que podría llamarse la «teoría del entorno», que consiste en que los alumnos con problemas deben mezclarse entre los alumnos con más facilidad, porque así aquellos aprenderán más y mejor. En otras palabras, la escuela debe servir en primer lugar a los alumnos con problemas y los buenos estudiantes deben servir como entorno favorable para el desarrollo de otros alumnos. En conexión con la teoría del entorno, resulta significativa la idea de la «adquisición» en vez de la de «aprendizaje», es decir, la de aprender por el mero hecho de estar en un ambiente.

Lo más importante ya no es que el alumno logre hacerse con el máximo de conocimientos, sino que el resultado de todos los alumnos sea lo más similar posible. Debe desaparecer lo que diferenciaba a un alumno de otro. Todos deben estudiar las mismas materias. El camino elegido es disminuir o quitar los deberes, las notas y, en parte, los exámenes. Todos los alumnos deben estudiar al mismo ritmo y el resultado debe ser más o menos igual. Como veremos más adelante, otros países como Finlandia o ciertos países asiáticos tienen otra manera de definir la igualdad, que, como hemos señalado, resulta mucho más efectiva en cuanto a los resultados educativos.

La nueva pedagogía no se centra en los conocimientos y los profesores pasan a ser simples organizadores de la jornada escolar. Lo grave es que la nueva pedagogía describe y promueve una antiescuela. Las escuelas fueron creadas con el objetivo de que los alumnos aprendieran lo que la sociedad había decidido que era útil aprender; pero ¿cuál es el propósito de la escuela, si el alumno decide lo que quiere hacer? ¿Llegaremos a tener tantas aulas como alumnos? El derecho a desarrollar su «diferencia» socava por completo la idea de la escuela y el papel del profesor, que es imposible que sepa todo lo que el alumno pueda decidir en cada momento que quiere conocer. Éste es uno de los principales motivos del malestar existente entre el profesorado. En la pedagogía tradicional, el profesor presenta y explica un contenido al alumno, pero el constructivismo convierte al profesor en mero «facilitador». El alumno se convierte en el «centro del proceso pedagógico» y, en vez de aprender una materia, «aprende a aprender». El profesor debe encontrar maneras atractivas y lúdicas de aprendizaje, despertando la motivación del alumno. Pero después, supuestamente, el alumno aprende por sí solo. Por eso, se habla de «buscar información»; ya no es necesario «aprender».

Ante esto surge la pregunta de, cómo se conjuga esta supuesta «liberación» del alumno con el omnipresente ideal del igualitarismo? ¿No serán necesariamente diferentes los resultados de los alumnos si se procede así? Sí, sin duda, serán diferentes, pero el problema se resuelve adjudicando a todos los resultados un valor similar. De lo que se puede deducir la presencia en esta pedagogía de un desprecio latente por la cultura, porque, si se considera que cualquier alumno puede elegir libremente qué rescatar de ésta, quiere decir que no se la estima demasiado. Así, por lo visto, según dicha pedagogía, todos los alumnos son capaces de desarrollar por sí solos el saber que a los genios de la humanidad en las diferentes disciplinas les ha llevado siglos descubrir.

Esta nueva pedagogía sedujo en primer lugar a los pedagogos de los países con más recursos y con habitantes acostumbrados al bienestar y a la libertad. Por eso, pese a la apariencia peregrina de la propuesta, países con tanta tradición educativa como Francia, Gran Bretaña o Suecia se acabaron echando en brazos de estas nuevas consignas educativas. A pesar de que no todas las reformas educativas se realizaron de igual modo en cada uno de estos países, lo que es unánime es la presencia de estos nuevos principios pedagógicos en la legislación estatal, la formación docente, la formación continua del profesorado, las publicaciones de las diferentes editoriales y en la inspección de educación. Teniendo en cuenta todo esto, se hace muy difícil la resistencia a este original modo de educar. Pese a ello, algunos intentan resistir y encontramos docentes que enseñan contenidos, aunque sin quitarse la sensación de hacerlo de un modo clandestino. Lo cual, sin duda, dificultará su trabajo.

Los profesores son la clave

Muchas veces, la primera reacción de los políticos ante unos resultados decepcionantes en las comparaciones que hace PISA ha sido la de aumentar las inversiones. Sin embargo, no hay una relación directa entre la inversión en educación y el resultado.

Lo demuestra un informe publicado por la consultoría McKinsey; un estudio de *benchmarking* que identifica los factores clave en los países con buenos resultados educativos y en los países que están mejorando rápidamente[3].

El informe McKinsey apunta a los profesores como al factor clave en educación. Lo importante no es tanto la inversión en edificios ni en materiales, sino la inteligencia y la preparación del profesor. ¿Qué hacen los países más exitosos?: 1. Eligen a sus futuros profesores entre los mejores alumnos que salen del bachillerato; 2. Para poder hacerlo, les pagan tanto como se paga a otros profesionales de alto nivel; 3. Los educan con los mejores profesores universitarios; 4. Les garantizan un puesto de trabajo después de la formación; y 5. Les dan un seguimiento durante los primeros años de ejercicio de la profesión. Finlandia lo que hace es más o menos esto y, además, ha organizado un servicio eficaz de apoyo para ayudar a los alumnos retrasados en alguna materia.

El informe McKinsey también demuestra que son menos exitosas medidas como pueden ser: 1. Invertir más dinero en la educación de manera general; 2. Dar más autonomía a los centros escolares sin cambiar otra cosa; 3. Disminuir el número de alumnos por grupo; o 4. Aumentar los salarios de los profesores sin cambiar nada más. La novedad del informe es que subraya que hay que ocuparse en primer lugar de lo esencial y que lo esencial es la calidad del profesor. Como dice uno de los entrevistados en el informe: un profesor no puede dar lo que no tiene.

Disminuir el número de estudiantes por grupo es actualmente la medida más reclamada por los sindicatos docentes. Sin embargo, el informe señala que esta medida es muy cara y menos eficaz que otras. Hasta podría tener un efecto perverso, porque, si hay menos

---

[3] Barber, Michael – Mourshed, Mona. *How the world's best-performing school systems come out on top*. McKinsey, 2007. www.mckinsey.com/locations/ukireland/index.aspx

alumnos por grupo, se necesita a más profesores y, si se necesita a más profesores, no es posible mantener una exigencia muy alta, porque simplemente no hay suficientes personas de excelente calidad que quieran ser profesores. Además, si hay que reclutar a muchos más profesores y la masa salarial es la misma, el salario de cada uno no va a ser muy alto, y esto va a disuadir de la carrera docente a los estudiantes brillantes. Al revés, lo que hay que hacer es atraer a las personas más capaces, ofrecerles un buen salario y mostrarles mucho aprecio, de modo que quieran quedarse en la profesión y que muchos alumnos puedan gozar del privilegio de aprender con y de ellos. Sin embargo, si un país quiere aplicar los resultados de estas experiencias, es probable que tenga que introducir algunos cambios:

— Si se acepta que lo más importante para el alumno es tener un buen profesor, los sindicatos se ven frente a un gran reto. Van a tener que anteponer el bien de los alumnos y del país a su propia tradición colectivista. Es probable que tenga que cambiar la legislación laboral.

— Para atraer a buenos candidatos habrá que cambiar la formación docente, lo cual quiere decir librar una batalla con los departamentos de pedagogía para quitar lo que no es realmente útil.

Dinero y pedagogía

Por las razones ya esgrimidas, Suecia es un buen ejemplo para comprobar los resultados de esta nueva pedagogía más lúdica y libre. Ahora aparecen cada vez más informes que señalan los peligros que conlleva esa pedagogía. Un informe de Fölster et al, particularmente contundente, se publicó en 2009[4]. Está basado en primer lugar en

---

[4] Fölster, Stefan et al. *Den orättvisa skolan*. Estocolmo: Hjalmarsson & Högberg, 2009.

cifras correspondientes al periodo 1999-2009 y estudia la relación entre educación e inversión y gasto en educación. El informe merece atención, porque desmiente unas cuantas afirmaciones comúnmente aceptadas como verdades. Los autores son economistas y describen la escuela como una organización con una meta (producir conocimiento) y con ciertos recursos (en primer lugar, los profesores). Los autores empiezan diciendo que si una empresa hiciera lo que hace la escuela pública, no sólo quebraría, sino que antes tendría que soportar la ira de los accionistas por la falta de transparencia económica. Con la ayuda de las estadísticas oficiales, los tres autores han estudiado la escuela obligatoria sueca que matricula a los alumnos entre los siete y los dieciséis años de edad. Las tesis principales del informe se presentan como «verdades desmontadas», para darle énfasis a la potencia subversiva que revelan los datos.

Bajan los resultados aunque no se han recortado los recursos. Los recursos de la escuela sueca han aumentado en un ocho por ciento desde el 1993. Sin embargo, al mismo tiempo, el número de alumnos, que después de los años obligatorios no tienen aprobadas las materias centrales, ha aumentado en un treinta por ciento en los últimos diez años. Se ha incrementado también el número de alumnos que suspenden más de una materia y el número de municipios con más de un veinticinco por ciento de alumnos suspendidos, lo cual corresponde a una duplicación del número de municipios en esa situación. ¿Cómo es posible que no todos los ciudadanos pongan el grito en el cielo?, se preguntan los autores.

No hay una clara relación positiva entre la inversión del municipio y los resultados de los alumnos. En la Dirección General de Escuelas se calcula un índice especial. Es el resultado previsible de un colegio en cierta área según el nivel de educación de los padres, el nivel de desempleo y otros indicadores socioeconómicos. Ni siquiera tomando en cuenta este índice se puede mostrar una clara relación entre la inversión del municipio y los resultados.

Lo importante no es el nivel socioeconómico de la familia. La prueba más contundente de esta afirmación es la comparación entre los resultados de los chicos y las chicas. Ya que proceden de las mismas familias, los alumnos deberían tener los mismos resultados y eso está lejos de ser así. Las chicas aventajan a los chicos en todo, y eso es particularmente notable entre los alumnos inmigrantes.

Lo decisivo para la calidad de la enseñanza no es la presencia en el aula de alumnos inmigrantes. Hay inmigrantes tanto en los colegios que han mejorado su rendimiento como en los colegios que lo han bajado, y hay grupos sin inmigrantes tanto entre los que han mejorado su rendimiento como entre los que lo han bajado.

Lo importante no son las características socioeconómicas o la situación geográfica del municipio, sino el ethos *escolar*, que también se podría llamar el «ambiente escolar». Los colegios exitosos se encuentran en todo tipo de municipio: pequeño, grande, rural y urbano. En un mismo municipio puede variar la calidad de los colegios públicos, como también puede variar la calidad de las escuelas independientes.

No se debe fomentar la autonomía administrativa municipal sin una legislación adecuada y sin evaluaciones. La combinación de una fuerte ideología igualitarista con una ausencia de leyes que permitan tomar medidas para asegurar la paz y la tranquilidad en las aulas ha llevado a que nadie se atreva a tomar decisiones. Esta ausencia de liderazgo se nota en tres niveles: en la Dirección General de las Escuelas, entre los directores de los colegios y entre los profesores en el aula.

Una y otra vez, los autores se asombran ante la manera de funcionar de la Dirección General de las Escuelas. Como ejemplo se puede mencionar que de sus 136 publicaciones de los últimos años, sólo unas cuantas mencionan el tema de cómo mejorar la enseñanza. Se recogen informaciones y estadísticas de todo tipo y hay inspecciones, pero no se toman medidas basadas en la información recogida. Los profesores en ejercicio que acuden a los cursos organizados por la Dirección General de las Escuelas cuentan que los responsables les «devuelven la pelota», preguntándoles a los profesores qué sugieren ellos. Los autores confiesan su asombro ante tanta resistencia a transmitir conocimiento en un sistema social organizado para transmitirlo.

La falta de liderazgo también se nota entre los directores de los colegios que no toman medidas para controlar y guiar a los empleados. En primer lugar, los autores señalan que el grupo clave de los profesores constituye sólo un 63 por ciento de la plantilla y que hay una veintena de otros grupos presentes en la escuela como, por ejemplo, asistentes sociales, monitores del tiempo libre, enfermeras, oficinistas y consultores pedagógicos. Desde 1999 estos otros grupos han aumentado en un 21 por ciento, mientras que los profesores han aumentado en un 10 por ciento. Cuando baja el número de alumnos en un barrio, se despide a los profesores, pero no a los empleados de las otras categorías. Los autores señalan que estas cifras constituyen una ilustración de que la escuela está dejando cada vez más su tarea principal de enseñar. Además, los autores han consultado una investigación sobre cómo se utiliza el tiempo de los profesores. En promedio, los docentes están en el aula con los alumnos durante el treinta por ciento de su tiempo y utilizan otro diez por ciento para las tutorías individuales. El resto del tiempo se aprovecha para la preparación de las clases, las reuniones y «otras cosas». Los autores no salen de su asombro. ¿Qué empresa podría prosperar si los empleados se dedicaran a «otras cosas»? La falta de liderazgo del profesor en el aula es otro problema. Los economistas no se atreven a entrar en el terreno de la pedagogía, pero citan los resultados de una línea de investigación llamada de «escuelas exitosas», que subraya la importancia de que los adultos dirijan la actividad. Volveremos más tarde a esta investigación.

La influencia de la política y la economía en la educación

No es el número de profesores lo que importa, sino la calidad. El problema no es el número de alumnos por profesor. Durante el periodo estudiado, en promedio ha habido doce alumnos por profesor. No hay mejor resultado en los municipios que tienen una ratio más baja. Al revés, algunos de los colegios más exitosos tienen menos profesores, pero utilizan mejor su tiempo. Entre estos colegios hay bastantes colegios independientes, no estatales.

En resumen, este informe dice lo mismo que el informe McKinsey: el factor más importante para la calidad de la enseñanza es la calidad del profesor. Durante varias décadas ha bajado el interés de los buenos estudiantes por entrar en la carrera docente. Las razones son varias pero, una de ellas, en la actual formación docente sueca, es que se pone mucho énfasis en la teoría pedagógica y menos en las materias que el futuro docente va a enseñar. Otra razón importante para no elegir esta profesión en Suecia es que, entre 1993 y 2007, los salarios de los docentes aumentaron en un 17 por ciento, mientras que los de los ingenieros subieron en un 32 por ciento y los de los médicos en un 52 por ciento.

Además, el ambiente de trabajo es menos grato, porque hay todo tipo de conflictos con los alumnos y sus padres. Ante la falta de vocación para la docencia, varias universidades han admitido a estudiantes con niveles bajos de conocimiento, que muchas veces no han elevado suficientemente su nivel a través de la formación docente, siendo especialmente significativos los casos de futuros profesores de primaria y de los de matemáticas de secundaria. El nivel de algunos futuros docentes es tan bajo que necesitan clases de apoyo para obtener el aprobado en su propia formación. Si ahora están bajando los conocimientos de los alumnos de la escuela obligatoria en matemáticas, en ciencias naturales y en comprensión lectora, ¿no tendrá relación este hecho con el nivel más bajo de los profesores?

La competencia de las escuelas independientes es beneficiosa. La calidad de la escuela pública en un área mejora si se abre en la misma zona una o varias escuelas de independientes[5]. Según un informe reciente de la Dirección General de las Escuelas no es correcta la acusación de que las escuelas independientes suban el nivel de las notas para atraer a más alumnos. Según los autores, las escuelas independientes obtienen un mejor resultado, en gran parte porque utilizan mejor los recursos y, sobre todo, el tiempo de los profesores. En Suecia, la posibilidad de crear colegios independientes sostenidos con fondos públicos se abrió a comienzos de los años noventa y actualmente hay en la escuela obligatoria un 12 por ciento de estos colegios. A pesar de ser relativamente pocos, hay 24 colegios independientes entre los 50 mejores colegios de Suecia y, entre los 20 mejores, hay 11 colegios independientes, todo esto después de tomar en cuenta el índice socioeconómico.

El tiempo de los alumnos debe usarse para el aprendizaje y no para otras actividades. Se han introducido en las escuelas muchas actividades loables en sí, pero que quitan tiempo al aprendizaje. Además, el «buenismo» daña seriamente la calidad de la educación, porque los propios alumnos contribuyen a disminuir la eficacia de la enseñanza por su falta de respeto por el sistema escolar. Muchos llegan tarde, están «enfermos», piden libre para actividades de ocio, además de estar ausentes sin ninguna justificación. Como contraste, los autores dan ejemplos de escuelas exitosas en barrios difíciles de otros países que casi no tienen absentismo sino que, al revés, exigen que los alumnos hagan sus tareas en casa, que acudan cuando se dan clases de apoyo y también cuando se ofrece enseñanza obligatoria durante las vacaciones.

---

[5] Las «escuelas independientes» suecas reciben la misma financiación que las escuelas públicas y son similares, en cierto sentido, a los colegios concertados españoles.

La influencia de la política y la economía en la educación

Los autores mencionan que, para Suecia, lo sucedido en el mundo de la educación es un cuento de horror. Los informes TIMMS (*Trends in International Mathematics and Science Study*) constatan que, en matemáticas, Suecia tenía el puesto número 5 en 1995 y en 2007 había bajado al puesto número 12; la puntuación ha bajado de 540 a 491. En ciencias naturales, Suecia estaba en 1995 en el puesto número 4 y en 2007 en el número 12, lo cual en puntos corresponde a un descenso de 553 a 511. Tal como andan las cosas, en la próxima medición es probable que Suecia siga bajando. En la recogida de datos de 2007, ningún país de los 18 que participan en TIMMS había perdido tanto.

¿Cómo ha sido posible que suceda todo esto? Los autores son economistas y obviamente han tomado la decisión de no decir nada sobre pedagogía. Por eso, la ideología pedagógica que está en el origen de esta transformación negativa viene a ser un dato escondido no hecho explícito. Los autores utilizan un tono inocente, partiendo de la suposición de que, para todo el mundo, la meta principal de la educación es que los alumnos aprendan cuanto más sea posible. Las recomendaciones finales de los autores son varias:

— Se deben establecer las metas claramente. Así se podrán medir los resultados y será automático que la escuela deje de lado las tareas inesenciales para la consecución de su misión.

— Los profesores deben estar más en el aula y todas las actividades que no tengan que ver directamente con el aprendizaje deben disminuir.

— Los autores recomiendan que las escuelas se agrupen en redes para poder usar un material común ya elaborado, con lo cual bajaría el tiempo necesario para la preparación de clases de los docentes y han visto cómo algunas escuelas independientes logran un buen resultado de este modo. Además, los profesores podrían funcionar de manera más flexible: algunas veces en grupos muy grandes, para explicar algo a muchos alumnos; y otras veces en grupos pequeños, para escuchar las presentaciones orales de los alumnos.

— Una sugerencia que no gustará a todos es la recomendación de considerar el trabajo docente como cualquier actividad profesional, exigiendo una presencia de cuarenta horas semanales en el centro con el mismo número de semanas de vacaciones que los demás empleados.

— Otra recomendación es la de instaurar un programa de salario flexible y abrir la posibilidad de medrar en la profesión. Se debe combinar la evaluación de los profesores con una formación continua a cargo de los mejores colegas del centro. Es importante combinar el éxito del profesor con el éxito global del colegio para que se fomente un *ethos* positivo, más que una competición individual.

— Una última sugerencia es abrir la posibilidad de una formación docente independiente pero financiada por el estado.

Es cierto que la política y la economía son importantes en la educación, pero es obvio que hay algo más, que por ahora se les escapa a los políticos. Si fuera sólo una cuestión economicopolítica, un país como Suecia estaría en los primeros puestos en las comparaciones.

En el anterior apartado hemos hablado de los factores institucionales asociados a la buena calidad de la educación. No se ha hablado de la lengua y de la lectura por la sencilla razón de que los informes de tipo político o económico no suelen mencionarlas. En ellos, son elementos «invisibles». Por eso, después de hablar de publicaciones de carácter general, vamos a fijarnos, en los capítulos que siguen, en algunos «casos» a través de los cuales veremos con mayor claridad la importancia de la lengua y la lectura para la buena educación.

El nuevo camino tomado por la pedagogía ha llevado a un notable retroceso en muchos países; por ejemplo, Francia, un país con una larga y prestigiosa tradición educativa. Así, en el próximo capítulo, dedicado al caso francés, no se va a hablar de la parte de la educación francesa que funciona bien, sino que nos vamos a fijar en el resultado educativo en los barrios periféricos de las grandes ciudades, caracterizados por una inmigración proveniente de fuera de Europa y por un alto índice de desempleo. Estos problemas no son sólo franceses, sino que Francia se va a utilizar aquí como mero ejemplo de una situación que se da en casi todos los países occidentales. Se ha elegido a Francia porque existe bastante documentación y reflexión acerca de los problemas en cuestión y porque lo que está pasando allí demuestra con claridad que si la escuela no puede, o si no se le permite, desempeñar el papel que le corresponde, las consecuencias para la sociedad son serias.

La nueva pedagogía, que confía en el interés de los alumnos por el aprendizaje, no funciona cuando aparecen grupos de jóvenes que están a la deriva. Esta nueva situación hace que problemas que parecían estar resueltos vuelvan a tener actualidad, como el de tener que insistir en el lenguaje y la lectura. Es importante subrayar la responsabilidad compartida entre los padres, las autoridades y los propios jóvenes a este respecto. La situación educativa actual es fatal para un joven que no logre «entrar en el mundo del libro» y no llegue a desarrollar la flexibilidad mental que acompaña a dicho aprendizaje. Si no desarrolla su lenguaje, quedará limitado en su comprensión del mundo y en su capacidad de comunicarse con los demás.

Por todas estas razones en los capítulos siguientes, se resumirán primero algunas denuncias a la nueva pedagogía y después se dará cuenta de algunos estudios especializados así como algunos testimonios de jóvenes profesores que han trabajado en barrios periféricos. Intentaremos que, al hilo de estos comentarios, quede claro el papel fundamental de la lengua y la lectura.

LOS ALUMNOS NO LECTORES.
EJEMPLOS DE FRANCIA

Los maestros rebeldes en la primaria francesa

Una manera de entender lo que ha cambiado con la introducción de la nueva pedagogía es leer a unos cuantos maestros de primaria que se han rebelado contra las nuevas consignas. Rachel Boutonnet ha escrito dos libros; el primero lleva como título *Diario de una maestra clandestina* y el segundo *Cómo enseño el b.a.-ba*[1]. Como indica el primer título, la autora siente que está realizando un acto clandestino cuando enseña de manera sistemática. Afirma que los institutos de formación docente en Francia no enseñan a los futuros profesores cómo enseñar, sino que dedican el tiempo a hablar de la autonomía del alumno y del respeto que merece el alumno.

La autora menciona que en su colegio se exige ahora que los maestros tengan proyectos. Ella contesta que su proyecto es enseñar. Describe minuciosamente lo que enseña a sus alumnos, dejando al lector pasmado de todo lo que contiene el primer año de estudio y de lo organizados y coordinados que están los diferentes pasos de la enseñanza.

---

[1] Boutonnet, Rachel. *Journal d'une institutrice clandestine*. París: Ramsay, 2003. El nuevo libro se llama *Pourquoi et comment j'enseigne le b.a.- ba*. París: Ramsay, 2005.

Los alumnos no lectores. Ejemplos de Francia

Una gran parte del esfuerzo del docente consiste en enseñar buenas costumbres de trabajo a los alumnos. La maestra insiste en enseñar a los alumnos una conducta ordenada como base del aprendizaje: deben entrar de manera ordenada en el aula y mantener el silencio antes de que empiece a hablar la maestra. A los más pequeños les tranquiliza la autoridad de un adulto, constata, y están orgullosos de poder comportarse tal como se espera de un alumno. Al alumno hay que enseñárselo todo: cómo tener el lápiz en la mano, cómo colocar el brazo en el pupitre para escribir, cómo ordenar los libros y los cuadernos en el pupitre, etc. La maestra enseña cómo organizar los ejercicios en los cuadernos, poniendo siempre el título del ejercicio y la fecha, subrayando además el título con la regla. Su experiencia es que los alumnos no son capaces de sacar de sí mismos los contenidos; al revés, es una excepción si se dan cuenta de algo sin que alguien se lo haya enseñado antes.

Durante el primer año, los alumnos leen cuentos clásicos, cantan, trabajan mucho la gramática, practican el manejo de las cifras de todas las maneras posibles y aprenden a identificar el lado derecho y el izquierdo. Boutonnet introduce los ejercicios gradualmente: primero copiar un texto breve; después escribir al dictado; y finalmente escribir una breve redacción. Corrige usando el color rojo. Constata que los alumnos se toman muy en serio el trabajo. Por ejemplo, los dictados y el corregido de los dictados. Después de las tres cuartas partes del primer año, sus alumnos saben leer y ella puede utilizar los últimos meses del año escolar para el repaso; así se afianza lo aprendido. La autora utiliza un método basado en las pizarras individuales que los alumnos muestran a la maestra al mismo tiempo. Para el lector es obvio que el sistema de enseñanza de la maestra es eficaz económicamente, que da un alto nivel de calidad y que es democrático, en el sentido de que no deja atrás a ningún niño. Los alumnos que más necesitan y agradecen ese tipo de formación son los hijos de padres inmigrantes.

La primaria es la base del futuro desarrollo del alumno. Una serie de profesores franceses han descrito con gran detalle por qué es así[2]. Si no se aprende en primaria a esforzarse, a ser ordenado, a decir la verdad y a aceptar la autoridad del maestro, es difícil que esto se aprenda más tarde. La primaria solía convertir en automáticas todas estas costumbres, pero ya no es así. Si no hay reglas claras de conducta ni exigencias claras de aprendizaje, el profesor debe motivar al alumno con elementos de seducción o de demagogia para mantener el orden. Ahora se supone que los alumnos pueden construir no sólo los conocimientos sino también la moral. En ese sentido se ha logrado el propósito anarquista de los jóvenes radicales del mayo del 68, que querían liberar a los alumnos de la autoridad de los adultos. Lo que no está claro es si los mismos jóvenes, convertidos ahora en padres y abuelos, consideran beneficioso el resultado de su ímpetu juvenil y el que cada vez importe más la emoción y menos la cultura y la reflexión.

Liliane Lurçat, una maestra francesa autora de muchos libros, rechaza como irreal el énfasis en la espontaneidad del alumno. Cree que es más útil ver a los niños como pequeños analfabetos a los que hay sacar cuanto antes de esta situación, siendo el proceso largo. Tienen que aprender a identificar las letras, escribirlas y colocarlas en una línea recta en la hoja. Deben aprender a darse cuenta del comienzo y del final de las palabras. Cuando la autora cuenta cómo enseña a leer y a escribir a los alumnos, su rutina es similar a la de Boutonnet: copiar, escribir al dictado y finalmente redactar, practicando constantemente la lectura y la escritura[3]. El proceso de aprender a escribir, aunque sean sólo unos párrafos, es muy largo.

---

[2] Lafforgue, Laurent – Lurçat, Liliane. *La débâcle de l'école. Une tragédie incomprise.* París: François-Xavier de Guibert, 2007.

[3] Lurçat, Liliane. *La destruction de l'enseignement élémentaire et ses penseurs.* París: François-Xavier de Guibert, 2004. *Pourquoi des illettrés? L'écriture et le langage écrit à l'école.* París: Rocher, 2004.

Los alumnos no lectores. Ejemplos de Francia

Primero unas palabras, después unas oraciones, después unas oraciones organizadas según cierta idea y finalmente unas oraciones elaboradas de manera más libre. La autora enfatiza la necesidad de que sea automático casi todo para que el alumno pueda dedicar su atención al contenido. Por eso, habla de instalar automatismos, rechazando la idea de que automatizar sea igual a no pensar. Al revés, sólo si lo manual es automático, el cerebro está libre para las tareas del pensamiento crítico y creativo.

La autora enumera lo que para ella son errores en la educación actual. Rechaza absolutamente el método de adivinar lo que significa una palabra en vez de leer con exactitud. Opina que no enseñar la lectoescritura de manera sistemática a los alumnos es un tipo de violencia institucional que se ejerce contra los seres sociales más débiles. El tema principal de la autora es denunciar el efecto negativo de los cambios pedagógicos en los alumnos de primaria; una primaria que solía ser el orgullo de Francia. Hoy, los alumnos suelen saber leer en el sentido de descifrar de manera elemental pero no siempre entienden lo que leen por tener un vocabulario limitado. Tampoco se avergüenzan de no saber, ya que los otros alumnos no saben más que ellos y saber no es una meta. No están acostumbrados a trabajar ni en el colegio ni en su casa. No entienden el concepto de trabajar sobre un texto; con tener acceso al texto creen conocerlo. En resumen, los alumnos no entienden los textos porque no tienen conocimientos previos, no tienen la costumbre de trabajar con atención ni tampoco la costumbre de luchar con tareas que requieren un trabajo prolongado. Su mundo es lo rápido: *zapear*.

Lurçat constata que después de veinticinco años de énfasis en los métodos y no en el contenido, hasta los futuros profesores necesitan ayuda para dominar la ortografía y el cálculo. Además, no quieren aprender, sino que su ambición es «sólo» convertirse en profesores. Ha surgido una situación absurda en la que se podría hablar de cientificismo, porque los futuros docentes estudian un instrumento, la pedagogía, pero no el contenido que supuestamente van a trasmitir con ese instrumento. Se trata de una contradicción, porque si los conocimientos no importan, tampoco pueden importar los métodos para conseguir dichos conocimientos. Pero es que además hay otra contradicción, porque, tanto para los futuros docentes como para sus alumnos, los estudios se han vuelto instrumentales, pero, son un instrumento o un método para nada, sin objeto.

La autora subraya que tampoco son entusiastas de la nueva pedagogía los empresarios, que dicen que algunos jóvenes no saben escuchar con atención. Pero es que, ciertamente, hay puestos de trabajo en que sí son importantes los conocimientos escolares. Si alguien trabaja en correos debe saber en qué continente están situados los países para poder cobrar el porte. Los que trabajan con ordenadores tienen que tener una buena ortografía. En las facturas, se exige exactitud en el manejo de las cifras. Si se trabaja en una oficina que presta servicio al público, hay que saber contestar a las preguntas no sólo de manera correcta, sino además de manera educada. Además, en todos los puestos de trabajo hay que estar presente cuando empieza el día laboral.

Lurçat comparte la visión del sociólogo Émile Durkheim, según el cual es la disciplina la que permite a los niños desarrollar hábitos morales. Hacer las cosas ordenadamente y con la aprobación de un adulto da a los niños una dignidad de ciudadanos. Necesitan aprender buenas costumbres y ésa es la relación entre la instrucción y la moral. Es imposible enseñarles nada si no admiten una disciplina. Cuando aprenden todos juntos en un ambiente ordenado, saben lo que les ha costado a todos lograrlo. Los nuevos pedagogos creen que los maestros solían obligar a los alumnos a estar quietos y a escuchar por tradición o porque les gustaba imponer su autoridad. Ven como innecesaria esta disciplina, ya que consideran que lo que se enseña en la primaria lo pueden construir los alumnos sin ayuda, y descartan la explicación explícita y la autoridad del profesor como un modo de facilitar el proceso de aprendizaje. Lurçat se opone a este pensamiento. En primaria, cree, los alumnos tienen que aprender buenas costumbres de trabajo y de lectoescritura y, además, automatizarlo todo y, si no lo logran, ponen en peligro toda su escolarización. La falta de esta doble automatización se muestra claramente cuando llegan a la secundaria, pero entonces es tarde. Los pedagogos de hoy hablan de incluir a los excluidos, pero no dicen que los docentes, si no enseñan las buenas costumbres desde primaria, excluyen a sus alumnos de la posibilidad de aprender. Tampoco dicen que los alumnos se autoexcluyen si se niegan a esforzarse.

Resulta también confuso que se hable tanto de evaluaciones. Se rechaza que los docentes enseñen pero se exige que evalúen el resultado. En el mundo de la educación se producen más documentos y más cifras que nunca y todo parece controlado y hasta científico, pero es algo vacío; se manejan unos cuantos términos sin relación clara con la realidad. Se habla de aprender a aprender, pero no de aprender. Se evita la enseñanza y la explicación, pero se supone que todos van a aprender. Curiosamente, se valora el contacto con la realidad en el sentido de las excursiones al aire libre, pero no lo real en el sentido de los conocimientos y experiencias trasmitidos por los libros, ni tampoco lo real en la forma de la comprobación de los conocimientos en los exámenes. Lo anti-intelectual se presenta como democrático y ¿quién puede oponerse a lo democrático? Lurçat identifica tres fases en esta política educativa: primero se introduce el colegio único, también llamado la escuela comprensiva; después, para que funcione el colegio único, se introducen los métodos llamados activos, en vez de la simple lectura de los libros; la tercera fase consiste en introducir una formación docente poco intelectual, para que los docentes se identifiquen con los nuevos métodos y con el colegio único[4].

Otro maestro francés de primaria, Marc Le Bris, denuncia también la imposición ideológica de los nuevos pedagogos[5]. Cree que el cambio de métodos y de tipos de textos tiene el efecto de disuadir a los padres de intentar ayudar a sus hijos. Le Bris tiene una larga experiencia en enseñar a leer, a escribir y a calcular a los alumnos, y ha comprobado que los métodos propuestos ahora no funcionan, mientras que él sabe por su propia experiencia que el método que él mismo solía utilizar no fracasa con casi ningún alumno. Afirma que, en cuanto a la lectura, para obtener calidad, debe haber cantidad[6]. Si el niño ha leído mucho, sabrá leer bien; pero, al contrario, si ha leído poco, vacila, no reconoce las palabras y no entiende el significado de los vocablos. Así, la lectura no es un placer para él, sino un campo minado. La lectura se basa en unas cuantas convenciones que el niño tiene que aprender cuanto antes. El autor menciona que el viejo método de pedir que el alumno lea en voz alta es una manera rápida de darse cuenta de si el alumno entiende o no lo que lee. Ve un desprecio por los libros y por el saber entre los pedagogos. No es cierto que el niño pueda ser autónomo, al revés: si es autónomo no es niño, y si es niño no es autónomo. Además, a los niños les gusta lo que está claro: el negro o el blanco; el bien o el mal[7].

El autor supone que el aprendizaje natural de la lengua materna ha sido el modelo de la nueva pedagogía. El modelo no funciona, enfatiza, porque los demás aprendizajes son todos «lenguas extranjeras», y, para empezar, la lectoescritura. Se detiene a reflexionar

---

[4] Ib. p. 167.
[5] Le Bris, Marc. *Et vos enfants ne sauront pas lire ... ni compter! La faillite obstinée de l'école française*. París: Stock, 2004.
[6] Ib. pp. 18, 73.
[7] Ib. pp. 164, 191.

sobre el sentido de lo real para los nuevos pedagogos. Cree que para ellos lo real es malo y una manera de combatirlo es hacer caso omiso de lo real. En cuanto a la disciplina, comparte la opinión de Lurçat de que es imposible organizar la educación si los alumnos no obedecen[8]. Constata que ahora se pueden observar una serie de inversiones. Según el constructivismo, los alumnos deben encontrar ellos mismos las reglas. Así, se encuentran en la situación de tener que manejar a la vez las reglas y las excepciones, lo cual es mucho más arduo. La idea de los pedagogos es que la transmisión es superflua y está conectada con la idea de que el conocimiento está de algún modo en el cerebro de los alumnos y que saldrá por sí solo cuando éstos lo quieran. Todas estas observaciones llevan al autor a sacar la conclusión de que la nueva pedagogía no es una ciencia. Ya que las teorías no están comprobadas, se trata de palabras vacías. Más bien cree que lo verdadero y lo real son incompatibles con la nueva pedagogía. Señala que no es casual que el método tradicional no tenga nombre, porque no es exactamente un método sino la transmisión de un contenido. Precisamente, la tradición consiste en subordinar el método al contenido[9].

Le Bris denuncia que la nueva pedagogía exija a los docentes que hagan evaluaciones, diciéndoles a la vez que no deben enseñar. Es como si en la medicina hubiera diagnóstico pero no tratamiento. Su conclusión es contundente: lo que está sucediendo es que, después de tantos años de civilización transmitida, estamos convirtiendo a nuestros hijos en autodidactas con toda la inseguridad que comporta esa situación. Los seres humanos nos separamos de los animales por utilizar la lengua para comunicarnos y por trasmitir nuestros conocimientos de padre a hijo. Entonces, ¿es avance o retroceso el hecho de que ya no trasmitamos nuestros conocimientos?[10].

---

[8] Ib. pp. 292-293, 276.
[9] Ib. pp. 42, 82, 159, 234.
[10] Ib. 99, 117, 329.

En otro libro, el mismo profesor subraya que la nueva pedagogía no toma en cuenta la psicología de los niños de primaria[11]. No son individualistas, sino que les encanta ser miembros de la clase, imitar a los profesores y aprender a hacer exactamente lo que hacen los alumnos más avanzados. Necesitan aprender lo básico y tener conocimientos firmes antes de empezar a aprender a través de experimentos y proyectos. El profesor constata que la precisión del lenguaje es esencial y da ejemplos de textos difíciles que los alumnos saben entender y manejar si reciben antes una preparación adecuada. Insiste en que la escuela no debe enseñar opiniones a través de la emoción, sino que debe enseñar datos y buenas costumbres de trabajo. La escuela debe ser el mundo en el que se aprende a pensar. La nueva pedagogía los trata como si fueran adultos en miniatura que ya tienen conocimientos, y no es así.

Las estructuras mentales rígidas

¿Realmente es importante aprender buenas costumbres de estudio en la primaria? Ahora existe una abundante documentación en Francia sobre las consecuencias para los alumnos, para la escuela como institución y para el país, de la mencionada política educativa, cuando los alumnos llegan a la secundaria, al bachillerato y, también, en lo que respecta a la formación docente. Si los alumnos no tienen los conocimientos que deben asegurar los niveles inferiores, si no estudian y si tampoco se comportan como alumnos, la secundaria y los niveles superiores de educación se convierten en una parodia de lo que solían ser. Vamos a escuchar primero los testimonios de unos profesores en activo para continuar después con lo que han observado los investigadores y los representantes de las autoridades.

---

[11] Le Bris, Marc. *Bonheur d'école. Peut-on encore sauver l'école française?* París: Gawsewitch, 2009. pp. 80, 128, 131, 223, 226, 308, 325.

Los alumnos no lectores. Ejemplos de Francia

Un profesor francés que trabaja en la secundaria en un barrio difícil, Alain Bentolila, lamenta la situación en la que se encuentran sus alumnos adolescentes[12]. Denuncia la abdicación de los padres y de las familias en cuanto a la educación de los jóvenes, pues estos necesitan al adulto como mediador para poder entrar en la cultura. Leyendo con aprecio un texto con un niño, el adulto muestra que el texto es digno de aprecio. Un abuelo que escucha o que cuenta algo es algo muy diferente de un flujo de palabras sin control. Una madre como mediadora no puede ser reemplazada ni por la tele ni por la escuela. Ser padres exige a los adultos que se olviden de sí mismos, que antepongan las necesidades de los hijos a las suyas y que den lo mejor de sí. Los padres necesitan sacar de sí mismos lo mejor para entregar a sus hijos un lenguaje preciso y rico en matices. No se trata sólo de una opción, sino que los hijos necesitan aprender lenguaje, lectura, pensamiento y conducta tanto como necesitan alimentos y un techo. En resumen, este profesor denuncia en primer lugar la ausencia de los padres en el mundo de los jóvenes.

También lamenta que ya no exista la primaria francesa de antes. Recuerda que para acceder a la secundaria francesa el alumno solía tener que pasar un examen, un hecho que obligaba a los maestros a enseñar cómo se estudia, a enseñar el programa en su totalidad, y que obligaba a los alumnos a estudiar. Así, la primaria y el examen funcionaban también como una garantía de cierta cultura en común.

Bentolila destaca un concepto del que se habla poco, el de «pudor escolar». La escuela ya no se caracteriza por los ritos escolares de antes, ritos que convertían a la escuela en un lugar aparte, un lugar para aprender. Tampoco se respeta la escuela como lugar

---

[12] Bentolila, Alain. *Le verbe contre la barbarie. Apprendre à nos enfants à vivre ensemble*. París: Odile Jacob, 2008. p. 64.

público. Estamos ante un retroceso cultural cuando los alumnos no aprenden a hacer una distinción entre lo privado y lo público. El pudor escolar crea un ambiente propicio al estudio y al esfuerzo, y precisamente solía ser una ampliación del mundo del alumno porque éste añadía nuevas experiencias y destrezas a lo que ya sabía. Ahora, al revés, la nueva pedagogía invita a los profesores a adaptarse a los alumnos. Los alumnos saben que ésa es la política oficial y no les da vergüenza su conducta ni su ignorancia, porque consideran que la culpa es del profesor o no es de nadie. Ya que la escuela se ha convertido en un lugar de convivencia en vez de un establecimiento para aprender, tampoco ven nada raro en su actitud. Encuentran normal dedicarse más a expresar su opinión que a esforzarse por aprender.

El autor explica los pasos hacia la lectura cuando todo funciona bien. Para los niños pequeños, la lectura tiene el carácter de acercamiento a una lengua extranjera, porque no tienen todavía el vocabulario que necesitan. Como en el caso de un extranjero, la sintaxis de un alumno de primaria es sencilla y la articulación lógica también. Leer es aprender una nueva lengua. Después de los primeros años, el alumno lee para aprender y ese proceso se acelera. En la secundaria, el alumno debe enfrentarse a textos que trasmiten nuevas materias, a través de un nuevo lenguaje. Para lograr ese milagro, necesita haber afianzado los mecanismos de la lectura. Es precisamente porque la comprensión lectora no es mecánica, sino de contenido, que la cantidad y la calidad del vocabulario almacenado en el diccionario mental es tan importante. El vocabulario es lo que permite al alumno una precisión en la comprensión y en la expresión. Si el alumno no tiene vocabulario y no tiene rapidez y precisión en su lectura, se queda anclado en textos breves que no presentan ningún interés. Entonces, ¿por qué leer? Bentolila ha trabajado noticias de prensa o de televisión con sus alumnos, pero casi no entienden nada. Por no tener la costumbre de seguir las noticias, desconocen los hechos recientes y las referencias a la actualidad. Les crea problemas el sentido exacto de las palabras, los nombres largos y el uso de la voz pasiva.

El vocabulario de los jóvenes que no quieren leer está fuertemente ligado a la proximidad y a la connivencia. Para entenderlos, es necesario compartir su mundo. En eso, están en la misma situación que los niños muy pequeños, porque no son capaces de hablar con personas desconocidas ni sobre temas nuevos, con lo cual su mundo resulta limitado. ¿De quién es la responsabilidad de su situación? En primer lugar es tarea de los padres introducir a sus hijos en la cultura. Si no lo hacen, son ellos los que marginan a sus hijos. Si el joven no es introducido en la cultura, es como si viviera en un mundo extranjero. Si lo que le caracteriza es tener poco vocabulario, un uso aproximado de la gramática y poca orientación sobre el mundo, se puede hablar de una impotencia lingüística. Además, añade Bentolila, se habla de fracaso escolar, pero después de ese fracaso vendrán otros: un fracaso profesional, un fracaso cívico y quizá un fracaso matrimonial y familiar. El problema de estos jóvenes es una combinación de un lenguaje pobre y una falta de conocimientos iniciales, una circunstancia que no se remedia, ya que se niegan a adaptar su conducta a la situación escolar. No aprenden a pesar de estar matriculados en una escuela y dentro de un sistema escolar. Ahora se habla de los «nuevos alumnos», un eufemismo para referirse a jóvenes que no se comportan como alumnos.

Se debería cultivar un amor por las palabras nuevas, porque aprender vocabulario es como aprender a comer cosas nuevas, señala el autor[13]. Sin embargo, sucede al revés porque el profesor oye decir a los machistas adolescentes que las palabras son para las chicas. En un ambiente así, los alumnos varones temen hacer el

---

[13] Ib. p. 61.

ridículo expresándose con palabras más precisas. Dicho de otro modo, la novísima teoría del entorno no funciona si se mezcla a un grupo de alumnos no trabajadores entre los estudiosos. El resultado suele ser que nadie aprende a pesar de que la teoría del entorno postula que debe suceder al revés. Todo esto está a la vista y aun así las autoridades no han reaccionado. Por eso, el autor denuncia la hipocresía de los directores, los inspectores y los sindicalistas, que ven lo que pasa pero no toman medidas; una combinación de irresponsabilidad e hipocresía.

Según el autor, la incompetencia y la mediocridad tienen el poder en el mundo de la educación y así la educación francesa es una gigantesca mentira, por lo menos en los barrios en los que él trabaja. Los alumnos necesitan desarrollar la lengua y un espíritu científico; necesitan aprender a relacionar datos, a analizarlos y a interpretarlos. El resultado de las políticas educativas introducidas durante las últimas décadas no es una convivencia entre diferentes culturas, sino una incultura homogénea. El autor constata también que la secundaria francesa recibe cada año de la primaria a 140.000 analfabetos, de los que muy pocos se convierten en verdaderos alumnos y que a la vez impiden trabajar a los otros alumnos. Como Lurçat y Le Bris, insiste en que sin una buena conducta no se puede crear un buen ambiente de estudio. El aprendizaje necesita lo contrario de lo que es el mundo de la televisión, donde todo se muestra y todo se dice. El aprendizaje está asociado al desarrollo del sentido del valor, de la belleza y del esfuerzo intelectual[14].

También son demoledores con la nueva pedagogía los testimonios de algunos jóvenes profesores en el extrarradio de París. Cuando cuentan sus experiencias viene a la memoria el título de la novela *El mundo es ancho y largo*, del peruano Alegría, sobre el

---

[14] Bentolila, Alain. *Tout sur l'école*. París: Odile Jacob, [2004] 2005. pp. 256, 179, 81-82.

mundo indígena andino. Para los alumnos que no estudian, el mundo cotidiano se vuelve un país extranjero. Un profesor de historia y geografía, Iannis Roder, ha descrito sus experiencias con adolescentes que son tan ignorantes como lo son los niños pequeños[15]. Su conclusión es que la escuela única y permisiva es la perdición de los alumnos sin recursos sociales familiares. Nieto de un inmigrante griego, él constituye una prueba concreta de que es posible abrirse camino en otro país, pero no sin esfuerzo. Analizando los problemas, llega a la conclusión de que los alumnos han sido infantilizados por la ausencia de exigencias. Sólo saben hablar el argot del barrio; no les importa mentir; no tienen paciencia, sino que todo debe gustarles enseguida; hacen la vida imposible a los estudiantes que quieren estudiar; y contestan a cualquier crítica acusando a los profesores de injustos. Todo esto lleva a que se cree un ambiente anti-intelectual en el que es imposible trabajar.

Roder nos cuenta cómo el vocabulario de sus alumnos es extremadamente restringido y cómo cometen numerosos errores al intentar leer o escribir una página. El profesor debe «traducir» constantemente los textos a versiones orales simplificadas. Dice, como Bentolila, que los alumnos no entienden el telediario porque les falta el vocabulario y también el conocimiento de los nombres propios y los sucesos de actualidad. Es una ilustración de su falta de orientación el hecho de que durante seis años el profesor haya preguntado a sus alumnos de trece o catorce años si pueden indicar dónde se sitúa su barrio en relación con el centro de París, con el resultado de que más de un ochenta por ciento no haya sabido hacerlo. Tampoco saben dónde se encuentran Gran Bretaña y Alemania. No conocen la historia, así que les da lo mismo si una película se basa en un hecho real o no. Para ellos, todo es igual de

---

[15] Roder, Iannis. *Tableau noir. La défaite de l'école*. París: Denoël, 2008.

real o irreal. Miran la tele cuarenta horas por semana, no apagando nunca el aparato. El ordenador es para comunicarse o jugar. Su ambición y obsesión es hacerse ricos inmediatamente, y de ninguna manera aceptan pensar a largo plazo para lograr esa meta. Aunque están más años en el colegio, no progresan porque no trabajan. Les caracteriza un fatalismo autodestructor. No piensan, concluye el profesor, y por esto, buscan la distracción, la única manera de divertirse sin pensar.

Según el profesor, una manera de describir por qué no avanzan los alumnos es que sus estructuras psíquicas son rígidas. Esto bloquea el desarrollo y, ya que no leen, tampoco la lectura les abre el mundo de las ideas. Tienden a dividir a las personas en buenas y malas. Los buenos son ellos y los malos los demás. Sus alumnos preadolescentes ya han decidido que las mujeres valen menos que los hombres; que una mujer con falda es una «puta»; que las mujeres de su grupo no son «putas»; y que la homosexualidad solo existe en Occidente. El «nosotros» se refiere siempre a su grupo de jóvenes del mismo origen étnico, quizás por eso tienen la obsesión de preguntar por el origen étnico de todo el mundo. Si alguien los critica, es porque es racista. No se ven como franceses; declaran que no han pedido nacer en Francia y que sus padres han venido únicamente por el dinero. Sin embargo, tampoco quieren volver al país que dejaron sus padres. Pero esto no se atreven a admitirlo ni ante sí mismos. Hablan mucho del racismo y, para ellos, el vocablo sólo se aplica a otros grupos; un magrebí o un africano no pueden ser racistas.

El profesor observa que sus alumnos no manejan la idea de la responsabilidad a nivel individual; al revés, todo lo hacen en grupo, con lo cual ésta se diluye. Dan culto a la fuerza física y a la violencia, y no se refieren nunca a la moral ni al derecho. No hay ningún respeto por las personas mayores. También resulta notable su ausencia de pudor en un lugar público como es la escuela. Su modo de comunicación se basa en el insulto. Si alguien los critica por su uso de palabrotas, siempre contestan que fue una broma. El profesor concluye que no podrán desempeñar un trabajo porque no saben escuchar una instrucción; no saben respetar un horario ni dirigirse respetuosamente a nadie. Reconocemos aquí las observaciones hechas por Lurçat. Al no hacer respetar ciertas reglas de conducta y de trabajo, la escuela contribuye a convertir a los chicos en unos adultos disfuncionales. Los incendios provocados en el extrarradio de París son sólo una indicación de la seriedad de la situación. Para algunos de estos jóvenes parece normal incendiar colegios: «¿Por qué no? ¿Para qué sirven?».

En un instituto de formación profesional en la zona norte de París, otro profesor dice lo mismo, pero subrayando, en particular, el infantilismo característico de sus alumnos, que a veces miden metro ochenta[16]. Enumera algunas de sus características: no trabajan si no es obligatorio para la nota; cualquier cosa los distrae; nadie puede tocar lo suyo, pero ellos se apropian sin más de lo que pertenece a los profesores; todo lo que ya ha pasado se olvida en seguida; viven guiados por la emoción y no por el pensamiento; solo manejan una manera de hablar que es su propio argot; no saben cómo hablar con alguien que no sea de su barrio; son casi analfabetos y el profesor tiene que leerles en voz alta las instrucciones de un

---

[16] Revol, Nicolas. *Sale prof!* París: Fixot, 1999. Otros muchos autores cuentan lo mismo aunque con menos detalles personales. Un autor que insiste en cómo la mentira de que no se necesita esfuerzo destruye la escuela es Adrien Barrot. *L'enseignement mis à mort.* París: Librio, 2000. Guy Coq en *Éloge de la culture scolaire*, París, Ed. du Félin, 2003, presenta la tesis de que la nueva pedagogía lleva a la confusión y a la incapacidad para pensar y, por eso, es un peligro para la cultura. Según él, la formación docente actual en pura ideología. Claude Meunier Berthelot ve una voluntad política de convertir a los alumnos en una futura masa fácilmente dirigida en *Le trompe-l'oeil de l'éducation ... ou de l'art de masquer la destruction méthodique de l'Institution scolaire*, París, Ed. des Trianon, 2003. Jean-François Mondot insiste en el infantilismo y el sentirse impunes de los alumnos en *Journal d'un prof de banlieue*. París: Flammarion: 2000.

ejercicio; su palabra más repetida es «respeto», hablan de sus derechos y de que todo es injusticia, pero no tienen ningún respeto por los demás. Su vida se desarrolla entre la casa, el supermercado, el instituto y la televisión. La única ley que respetan es la del más fuerte entre ellos. Les da lo mismo lo que digan: humillan a sus compañeros y en particular a las chicas y mienten constantemente pero sin considerarlo un problema. Se acercan al profesor y le hacen preguntas personales; creen que pueden ganarse una buena nota relacionándose con él. Tocan con la mano al profesor pero él no tiene derecho a tocarlos a ellos. Si les sucede un contratiempo, su reacción inmediata es amenazar e insultar. Nunca admiten lo que han hecho. A pesar de su estatura son frágiles. El profesor considera que son niños en el cuerpo de un adulto. Todos están vestidos a la última moda y con el último modelo de teléfono. Sus temas favoritos son el sexo, la ropa y el dinero. Es frecuente que maltraten los locales, insulten a las chicas y chantajeen a los alumnos más jóvenes, pero se sienten impunes. Si un profesor les advierte, en seguida le insultan o le dicen que fue una broma. Para el profesor fue una revelación llevar a los alumnos al centro de París, al museo del Louvre, para que salieran de su barrio. Se comportaron como niños muy pequeños: hablaron sin parar, comieron sin parar y fueron al baño también sin parar.

El profesor ha llegado a la conclusión que es imposible educar sin exigir que se respete la verdad, es decir que la educación moral es tan importante como lo demás, y apoya su afirmación en una experiencia precisa, la que le lleva a escribir el libro. El suceso es el siguiente: un alumno africano alto y fuerte intenta estrangularlo delante de la clase y dos de los otros alumnos lo salvan en el último momento. Con todo, lo peor viene después, cuando el profesor denuncia el hecho a la policía y los demás alumnos pretenden no haber visto nada a pesar de que todo sucedió delante del grupo; es decir, rige la ley del silencio como en la mafia. Además, el policía que interroga al alumno inculpado pregunta al chico si su acto ha sido en protesta por el racismo del profesor. El chico dice que no. Durante el juicio, los amigos del inculpado gritan insultos a la juez, a los policías y al profesor, antes de que la juez decida finalmente continuar el juicio a puertas cerradas. La última gota es que la directora del colegio no defiende al profesor agredido, sino que desea que no se hable del asunto para no dar mala fama al colegio. Hasta acusa al profesor por no haber sabido desarrollar una buena relación con los alumnos.

Las experiencias del profesor nos explican de manera clara pero dolorosa que si no exigimos a nuestros alumnos que respeten la escuela como institución, el resto de la sociedad no podrá funcionar. Ésta es una verdad que los partidarios de la nueva pedagogía no mencionan nunca. La reacción de la directora, del policía y de la juez ilustra la corresponsabilidad de las autoridades por lo que está sucediendo; también ilustra que los responsables del mundo de la educación desconfían de la voluntad de la prensa de contar de manera verídica lo que sucede en la escuela.

Una profesora francesa de arte que trabajó dos años en China durante la revolución cultural constata que ahora ve en Francia muchos de los rasgos que pudo observar en China, como el desprecio por los conocimientos, un rechazo a recompensar los esfuerzos intelectuales, y una exigencia de que los profesores escuchen a los alumnos pero no al revés[17]. También le parece «chino» el hacer caso omiso de la realidad, tanto en la formación docente como en los informes de los inspectores estatales franceses. El resultado en Francia es el mismo que en la China de entonces: baja el nivel de los conocimientos, se ve una soberbia entre los jóvenes impunes y se expande un infantilismo general. Observa que en los

---

[17] Tschirhart, Évelyne. *L'école à la derive. Ce qui se passe vraiment au collège.* París: Ed. de Paris, 2004. pp. 65, 188, 237, 11, 53-57.

colegios, tanto a nivel de los alumnos como a nivel de los docentes, reinan la mentira, el infantilismo y la confusión. Comparando esta observación con la situación de los chinos de hoy, parece que los chinos han aprendido de sus experiencias pero algunos occidentales todavía no.

No entran en el mundo de la lectura

El etnógrafo Stéphane Béaud estudió durante diez años a cuatro jóvenes de origen magrebí desde los quince hasta los veinticinco años de edad[18]. El estudio se realizó cerca de Belfort, en el este de Francia, en un barrio obrero con muchos habitantes inmigrantes. El etnógrafo nota que los padres no han querido o quizá no han sabido transmitir sus conocimientos a los hijos. Los padres de los jóvenes tienen trabajo, vuelven cansados de la fábrica y, si no tienen trabajo, se sienten deprimidos. Las madres, a veces analfabetas, se ocupan de la casa y les suele tocar la responsabilidad de supervisar los estudios de los hijos. En casa hay poca tranquilidad para estudiar o conversar, ya que son muchos los hermanos y el televisor está siempre puesto. Cuando comienza a hacer las entrevistas para la investigación, los alumnos están en la secundaria. Dicen estar a gusto en el colegio porque hay «buen ambiente». Los alumnos inmigrantes constituyen la mayoría y tienen la voz cantante. Béaud nota que los cuatro chicos no estudian realmente, nunca hacen tareas y no leen nunca fuera del colegio, mientras que las chicas inmigrantes sí suelen estudiar mucho, además de tener que ayudar en la casa. Los chicos no necesitan hacer nada en la casa. Con todas estas tareas, las chicas desarrollan una autodisciplina, algo que les haría falta también a los chicos.

---

[18] Béaud, Stephane. *80 % au bac... et après. Les enfants de la démocratization scolaire*. París: La Découverte, 2003.

Los alumnos no lectores. Ejemplos de Francia

Cuando los cuatro alumnos llegan al instituto de bachillerato, ellos mismos se dan cuenta de que los alumnos de otros barrios, a los que llaman «franceses» o «blancos», saben mucho más que ellos. Sin embargo, no reaccionan poniéndose a estudiar seriamente, sino que siguen con su estrategia anterior, que es la de intentar hacerse amigos del docente y negociar las exigencias. Como antes, sienten una urgencia de tomar la palabra continuamente y son muy sensibles a cómo se les ve. Tan sensible que Béaud habla de unos *écorchés vifs sociaux* (escaldados vivos sociales)[19]. Son conscientes de su retraso como estudiantes, pero reaccionan intentando hacerse valer por su virilidad. Se desplazan en grupos y suelen hablar mucho de su fuerza física. Si algún chico inmigrante estudia de verdad, los otros lo acusan de «blanco». Béaud dice que se podría decir que los cuatro chicos son estudiantes «ilegítimos» porque no estudian. Son «turistas escolares», de visita en el mundo del estudio. No les interesa aprender, no ven qué les podrían aportar los conocimientos, y valoran poco lo que no entienden[20].

Finalmente, los chicos entrevistados se matriculan en una sucursal universitaria cerca de su ciudad y allí están completamente perdidos. Consideran que los profesores hablan demasiado rápido. No saben tomar apuntes, no compran los libros y tampoco sacan una tarjeta de biblioteca. Simplemente no saben estudiar, y no estudian. El etnógrafo les pregunta cómo se preparan para los exámenes, y se da cuenta de que no se preparan. Presentan cualquier pretexto para no estudiar. Cuando el etnógrafo se ofrece a ayudarlos, observa un comportamiento que llama infantil, porque se distraen en seguida, no perseveran, no saben distinguir entre lo importante y lo secundario, y no tienen una meta con sus estudios. Creen que aprobar es una cuestión de suerte. Las cosas así, no es

---

[19] Ib. p. 96.
[20] Ib. pp. 116, 25.

extraño que no superen el primer año. Béaud constata que lo único que saben hacer es vivir en su propio barrio, y lo único que han aprendido es a comunicarse con su propia gente. Ni siquiera pueden vivir fuera del hogar familiar, porque no saben ganarse la vida. Tampoco saben cocinar ni hacer otras tareas de la casa. Ya que los jóvenes no han sabido sacar un título universitario, su valor en el «mercado matrimonial» tampoco es alto. Uno de ellos se casa con una chica argelina, quizá para tener alguna superioridad sobre su esposa, que no sabe nada de Francia. El matrimonio termina en fracaso. Ninguno de los cuatro chicos posee las cualidades requeridas por el mercado laboral: saber asumir responsabilidad, tomar iniciativas y poder relacionarse con personas muy diferentes. Es a la vez conmovedor y contradictorio el hecho de que varios de ellos intentan obtener un empleo de bedel en un colegio, porque afirman que les gusta el ambiente escolar[21].

En otro libro, el mismo autor ha estudiado un barrio de inmigrantes en Montbéliard, también al este de Francia, conocido por los enfrentamientos entre trabajadores franceses de edad y magrebíes jóvenes sin trabajo, que allí se han producido[22]. Los etnógrafos constatan que los jóvenes se han construido su propio mundo, un mundo paralelo entre «hermanos». En ese mundo, sólo cuentan los jóvenes como ellos mismos: todos tienen el mismo origen étnico, son varones, están en el paro y tienen que vivir con sus padres. Llevan la misma ropa, se desplazan en grupo y existe una rivalidad entre diferentes grupos, todos ociosos, y además un ambiente de agresión contra los obreros viejos. En las entrevistas, se repiten fórmulas que expresan un malestar: *on n'a pas notre place ici* («éste no es el lugar apropiado para nosotros») y *on se sent rabaissés* («nos sentimos minusvalorados»). Los etnógrafos constatan que se trata

---

[21] Ib. pp. 317, 247.
[22] Béaud, Stéphane – Pialoux, Michel. *Violences urbaines, violences sociales. Genèse des nouvelles classes dangereuses.* París: Fayard, 2003.

de un conjunto de jóvenes amargados y furiosos. Tampoco tienen una imagen positiva del mundo del trabajo, porque cada vez hay menos trabajo no calificado al que puedan aspirar. Se puede hablar, creen los etnógrafos, de una crisis de la masculinidad obrera. El trabajo ideal para estos jóvenes es un trabajo físicamente duro pero bien retribuido que les permita ganar mucho dinero en un tiempo corto, para comprarse un BMW.

En las entrevistas de la oficina de empleo, se ve que los jóvenes se hacen unas ideas poco realistas acerca de sus posibilidades. A menudo han interrumpido sus estudios, tienen notas malas y los tests de la oficina de empleo les salen mal. No leen bien y en muchas ocasiones ni siquiera saben escribir bien su propio c.v. Sin embargo, a la vez son tan sensibles que los empleados de la oficina no se atreven a hacer las preguntas usuales sobre la familia y sobre las notas. Los jóvenes no describen correctamente su situación en parte para guardar algo de dignidad. Puede suceder que intenten obtener lo que buscan en la oficina dándoles miedo a las empleadas diciendo, por ejemplo, «sé dónde vives», a la vez que se declaran siempre víctimas de discriminación, hablan de injusticia y acusan a otros de racismo. No acuden casi nunca a la oficina con sus padres, mientras que los jóvenes no inmigrantes lo hacen a menudo.

En verano los jóvenes se dedican a algo que los etnógrafos bautizan como la cultura de la provocación. Los jóvenes se divierten de manera ruidosa, y su diversión suele tomar la forma de una ocupación del espacio público con la música sonando a gran volumen para hacerse notar más. Una parte destacada de la provocación se practica también con los coches: se conduce sin carnet y se organizan carreras automovilísticas dentro de la ciudad. Por su parte, los padres de los jóvenes suelen expresar el deseo de que la sociedad ponga freno a esta actividad.

En estas familias magrebíes, el problema no son las hijas, que suelen ser serias y trabajadoras, sino los hijos, y en particular el hijo menor, el más mimado. Los chicos, machistas, se dedican a la vigilancia obsesiva de las hermanas, algo relacionado con su percepción de la virilidad, el único valor fuerte del que disponen. Los etnógrafos terminan hablando de los jóvenes como de bombas de relojería aunque, quizás porque excede sus competencias como etnógrafos, no se dan cuenta o no mencionan que la educación podría desempeñar un papel positivo para remediar tal situación.

Las violencias urbanas y la escuela

Una investigadora francesa, Lucienne Bui Trong, ha estudiado durante muchos años la degradación en los barrios periféricos. Señala claramente la relación que tiene ésta con la educación[23]. Los jóvenes problemáticos son grupos en general bien conocidos por la policía, pero, como todavía no tienen 18 años, gozan prácticamente de impunidad legal. La ley supone que alguien por debajo de esa edad no es responsable de sus actos. Como tampoco se responsabiliza a los padres, los jóvenes pueden actuar de manera antisocial mientras que la sociedad no cuenta con medidas para atajar esos abusos. Por si fuese poco, los medios de comunicación no suelen distinguir entre los actos antisociales y una supuesta reacción saludable contra las viejas convenciones sociales, quizá de moda cuando los periodistas en cuestión eran jóvenes. La cobertura mediática incluso puede estimular los actos de violencia, porque promueve una competición entre los jóvenes para conseguir aparecer en la televisión. Ha calado profundamente la idea de que si algo es «lúdico» es aceptable y hasta gracioso. Cuando provocan a otros jóvenes para humillarlos y un adulto interviene, la respuesta habitual es

---

[23] Bui Trong, Lucienne. *Violences urbaines. Des vérités qui dérangent.* París: Fayard, 2000. pp. 7, 26, 30.

que lo hacen «para divertirse» y que se trata de una broma. Si la víctima protesta, será agredido tan pronto como se ausente el adulto. Cuando los mismos jóvenes obligan a otros niños o jóvenes a darles sus pertenencias, suele ser más para humillarlos que para utilizar los objetos en cuestión. En general, los objetos serán tirados o destruidos por el puro placer de destruir algo.

La mencionada investigadora ha observado que, entre los jóvenes en cuestión, falta cualquier respeto por los adultos, por la sociedad y por la ley. No muestran empatía alguna por sus víctimas. Respetan la ley del más fuerte, que son ellos mismos, ya que la sociedad no utiliza la violencia contra ellos. Lo único que respetan es la lealtad entre los miembros del mismo grupo. Se mueven en manadas y así, en una situación tensa, suelen constituir la mayoría, con lo cual intimidan a sus víctimas y a los adultos que podrían querer intervenir. En general, el adulto no interviene porque sabe que la sociedad ha delegado en la policía el control de la violencia. Esto no quita que pueda sentirse cobarde por tener que presenciar abusos sin hacer nada, o que pueda tener miedo a ser tildado de fascista si intenta defender el orden. Con el uso de las tres palabras «respeto», «fascista» y «racista» estos jóvenes han creado una sociedad paralela, incrustada en la otra, parásita, que amenaza a la convivencia social.

La relación entre lo anterior y la escuela es que el negarse a obedecer al maestro de primaria es el primer signo de conducta antisocial. El maestro es el primer representante de la sociedad en la vida de un niño; la escuela es la primera institución en la que como alumno ocupa un lugar propio y que lo prepara para los que podría ocupar más tarde. Además, constituye un requisito legal estudiar hasta los dieciséis años, así que el alumno que no estudia o que ni siquiera acude a la escuela, está cometiendo una infracción. El negarse a trabajar en la escuela es oponerse claramente a la sociedad. Una manera de formular por qué la sociedad exige que se estudie es que si los jóvenes no adquieren vocabulario ni conocimientos sobre el mundo, no pueden formarse una idea personal, crítica, de lo que sucede alrededor de ellos. Así, corren el riesgo de convertirse en seres grupales, dirigidos por las emociones, en una sociedad que se autodefine como una sociedad del conocimiento. Es particularmente peligrosa la tendencia a dar fe a cualquier rumor, reaccionando ante cualquier suceso de manera emocional y violenta.

Esta investigadora constata, igual que Béaud, que los jóvenes en cuestión utilizan el espacio público como si fuera su casa y así chocan con otros ciudadanos: ponen su música a todo volumen; desvían autobuses; organizan carreras de coches robados; encienden hogueras; o pintarrajean edificios. Su comportamiento contrasta con el de los autóctonos en una situación degradada. Lo más frecuente entre los «franceses» o los «blancos», en las mismas circunstancias, es la depresión, el alcoholismo o el suicidio, y no los actos antisociales. Por eso, es un error ver lo que sucede como algo conectado con la pobreza. Las familias en cuestión nunca han tenido más dinero; si hubieran permanecido en los países de sus padres o abuelos, hubieran vivido peor y no quieren volver allí. Por eso la pobreza no es el problema central. La investigadora añade que no es correcto decir que no respetan nada, porque respetan la violencia. Si se instala el narcotráfico en un barrio, los nuevos jefes de ese negocio no toleran ninguna oposición, y son obedecidos[24].

Lo que nos dicen las investigaciones de Béaud y de Bui Trong es que la escuela es un espacio público, que los docentes son los representantes de la sociedad, que trabajar en la escuela es una obligación y que si la sociedad no se hace respetar en la escuela, difícilmente será respetada más tarde. A esto se deben añadir los

---

[24] Bui Trong, Lucienne. *La police dans la société française*. París: PUF, 2003. pp. 47, 74-75, 94.

testimonios de Lurçat y de Le Bris, que dicen que es imposible enseñar si el alumno no acepta las reglas de comportamiento y las exigencias de trabajo. Difícilmente se podría encontrar una «evaluación» más convincente de por qué no funciona la nueva pedagogía para los alumnos sin apoyo familiar. Estos documentos resultan «testimonios», denuncias de la investigación universitaria, de los programas de formación docente y de las políticas educativas que siguen basándose en la nueva pedagogía, como si no fallara nada, y no sólo en Francia.

¿Cómo reparar los daños?

Para entender cómo se ve el mundo desde la perspectiva de los jóvenes que no han entrado en el mundo de la escuela y del libro, es útil leer a Serge Boimare, un profesor francés que ha escrito sobre su trabajo con adolescentes con fracaso escolar, algunos de ellos inmigrantes y otros muchos no. Su libro, además, resulta ser una ilustración de cómo se aprende a pensar[25].

Para empezar, hay que acostumbrar a los alumnos a dirigir la atención hacia su propio interior y familiarizarse con su mente. El profesor cree que detrás de sus problemas se encuentra una falta de estímulo; el intercambio social y verbal entre personas, que empieza desde el primer momento, no se ha producido con normalidad en su caso y no han desarrollado su lenguaje. Sin lenguaje, son incapaces de desarrollar un pensamiento, algo anterior a la lectura. El profesor ha observado que los alumnos apenas son capaces de producir imágenes mentales, es decir, no disponen de instrumentos para pensar. No saben pasar de la percepción a la representación mental de lo percibido y, por eso, tampoco pueden analizar las

---

[25] Boimare, Serge. *Ces enfants empêchés de penser*. París: Dunod, 2008.

diferentes partes de lo percibido y ver semejanzas y diferencias con otras experiencias anteriores. Es decir, no han aprendido a pensar. Normalmente, sus alumnos intentan que no se trabaje: empiezan a hablar de otra cosa o no escuchan, lo cual no son más que inadvertidos actos de sabotaje.

¿Por dónde empezar? Generalmente les falta base hasta para entrar en el primer grado. Para poder estudiar, es necesario tener un mundo interior estructurado y saber participar en el intercambio social. Así, para empezar, a estos alumnos les faltan las experiencias que pertenecen a la etapa preescolar. Vienen de familias disfuncionales, se avergüenzan de ellas y tienen secretos. Están descubriendo la dificultad para llegar más allá de la situación de los padres, y lo que oyen decir en su casa y en su barrio es que no vale la pena esforzarse, una actitud que puede inducirles la voluntad de evitar toda responsabilidad de adulto y permanecer en una situación de niño.

El primer paso del programa del profesor es aumentar la capacidad de los alumnos para aguantar la frustración, una capacidad que podría estar disminuyendo hoy entre muchos jóvenes de todas las capas sociales a causa de situaciones familiares cada vez más estresantes. Cuando hay problemas en la familia, los padres tienen dificultad para ejercer una autoridad cualquiera; algunos no prestan atención a sus hijos mientras que otros los sobreprotegen.

El profesor también insiste en la necesidad de un tiempo de reflexión. Los jóvenes intentan escapar del trabajo mental: quieren saber la respuesta inmediatamente, evitando así tener que buscar, formular y aventurar una respuesta. Pensar es fatigoso. El profesor subraya que la ausencia de pensamiento convierte a los jóvenes en perfectos conformistas, porque sólo repiten lo que han oído en vez de cuestionarlo y suelen prevalecer en ellos unas cuantas ideas, como, por ejemplo, que ellos no valen nada, que están siendo perseguidos, que tienen al mundo entero en contra y que son víctimas de injusticias. Su idea de ser víctimas les funciona como una excusa para no cuestionarse nunca a sí mismos ni exigirse esfuerzos. No analizan sus relaciones con los otros.

Es frecuente que no sean capaces de escuchar al profesor cuando éste habla al grupo. Consideran que lo dicho no tiene que ver con ellos si el profesor no se dirige sólo a ellos. Se observa una falta de curiosidad, una falta de gusto por el saber, algo que le parece muy extraño a un profesor que ha elegido como profesión vivir entre saberes. Los alumnos declaran inútil lo que propone la escuela: los ejercicios no les sirven y los profesores explican mal. Los alumnos varones creen constantemente que su virilidad está siendo cuestionada. El lenguaje de estos jóvenes se caracteriza por ser a la vez pobre, rígido e inseguro. No es mucho mejor su lenguaje oral que el escrito. Su lenguaje hablado se caracteriza por un ritmo rápido pero entrecortado, por un uso frecuente de unas pocas palabras y por oraciones sin terminar. Los alumnos sólo manejan los temas inmediatos, bien conocidos, pertenecientes a su pequeño mundo, que abarca la casa, la escuela y el barrio. Su lenguaje les sirve bien cuando están hablando con alguien que maneja exactamente las mismas referencias, pero cuando deben explicar algo a una persona desconocida, su lenguaje es insuficiente.

Si el profesor propone un ejercicio, hay dos reacciones típicas. La primera es la de decir que ya saben lo que propone el profesor, y la segunda, contradictoria, es decir que el ejercicio es demasiado difícil. Los alumnos no aceptan la inseguridad de la duda. Lo nuevo y lo desconocido les desagrada, porque son conscientes de su falta de conocimientos para llegar a entender el asunto en cuestión. Quieren saber la respuesta inmediatamente: cómo es y quién tiene razón.

Lo fundamental del método de este profesor es la lectura en voz alta. A través de la voz del profesor y de la cercanía humana de éste, el texto se llena de interés humano. En otro sentido, al contrario, el profesor introduce una distancia entre el texto y el alumno, porque elige textos de otras épocas y otros países. Ha comprobado que ese tipo de textos ayudan al alumno a pensar en vez de a reaccionar automáticamente y con clichés. El profesor ha elaborado una clase típica, que siempre empieza con una lectura en voz alta durante quince o veinte minutos. Después hay un intercambio entre los alumnos sobre lo que han leído. El propósito es mantener vivo en la mente lo que acaban de oír para que se acostumbren a apoyarse en su mundo interior. Decir otra vez lo que acaban de oír les permite comprender mejor lo escuchado. Así, también aprenden a escucharse decir cosas nuevas y a construir entre todos un sentido, algo que constituye actos de habla novedosos para ellos. Después, el profesor les pide que redacten de manera individual de cinco a diez líneas, lo cual también es una manera de prolongar la retención de la historia. Los alumnos no tienen la costumbre de estar solos delante de una hoja en blanco, y esta situación les obliga a hacer lo que han evitado: buscar ideas dentro de sí mismos y, a la vez, palabras para expresar las ideas. El acto de escribir refuerza el pensamiento y lo fija en el recuerdo, ayudando a los alumnos a crear imágenes mentales listas para su utilización en otras ocasiones.

De esta manera la clase viene a ser un entrenamiento para obtener la capacidad de exponer un punto de vista, para obligarse a escuchar el punto de vista de otros y para discutir. El método invita al alumno a tolerar que otras personas tengan otras maneras de pensar. Para los alumnos, resulta una revolución mental que les abre un mundo más variado y más interesante. Entre un joven que repite clichés y otro que argumenta hay gran diferencia. Para realizar este paso, los alumnos necesitan modelos y los pueden conseguir a través de la lectura. Deben «matar a sus dragones» de inseguridad y cuestionar sus ideas preconcebidas, recurriendo a su propio interior.

Los alumnos no lectores. Ejemplos de Francia

Para apoyar a los alumnos en ese viaje hacia su propio interior, el profesor dispone fundamentalmente de la lengua y la cultura. Para Boimare, el milagro se logra precisamente a través de la cultura y no poniendo en primer lugar, como sugieren algunos educadores, lo afectivo. Hay educadores que creen que hay que hacer hablar a los alumnos de ellos mismos, de sus intereses y de su barrio. Boimare cree que no. Al revés, considera que los alumnos necesitan una transmisión de conocimientos y saberes fundamentales. No acepta que el alumno deba elegir lo que va a hacer y estar siempre motivado para estudiar, sino que recomienda alimentar diariamente con cultura a los alumnos y proponerles una «dieta» de textos sobre lo fundamental de la vida humana. Organizar una confrontación entre sus ideas y las de otros es practicar cada día la convivencia social dentro de un marco seguro garantizado por el profesor. Dicho de manera dramática, su método abre a los alumnos el acceso al mundo. Se podría calificar de mediación cultural. En ese trabajo mental tan arduo y al comienzo tan desagradable para los alumnos, el profesor ofrece un apoyo y una red de seguridad social y les muestra que no están tan solos como pensaban, sino que otras personas en otros lugares y en otras épocas también han tenido que luchar. El profesor ha observado que muchos de estos alumnos con fracaso escolar conservan un mundo interior infantil de magia y de creencias animistas. Hablar de las diferentes situaciones descritas en los distintos textos les ofrece una posibilidad de explorar una actitud racional nueva para ellos.

¿Qué textos elige Boimare? Busca textos de tipo histórico pero en forma novelada. Para él, la distancia en el tiempo y el espacio es necesaria. Si el texto se aleja de la verdad histórica, le sirve para comentar lo que es la objetividad. Es importante que haya un protagonista y hasta una identificación con un héroe. Estos alumnos necesitan basar su comprensión en una persona anclada en el centro del relato. Los textos de la Antigüedad versan a menudo sobre una identidad desconocida o trastocada, y así los alumnos ven reflejada su propia inseguridad a propósito de quiénes son. En la discusión, se ven obligados a pasar de una reacción emocional a un pensamiento analítico. Los relatos tratan de emociones pero la discusión invita al análisis. Si los sucesos pertenecen a otros lugares y otras épocas, los jóvenes se sienten más libres de explorar nuevas actitudes, mientras que si los sucesos son de actualidad es más difícil deshacerse de las actitudes estereotipadas. Necesitan dar el paso de lo personal y egocéntrico a lo general. Con un texto pueden empezar trabajando lo emocional, pero poco a poco se van adentrando en lo leído, buscando las causas y las consecuencias de lo que sucede.

La discusión después de la lectura tiene múltiples metas. El reconstruir la historia permite eliminar los malentendidos y establecer una comprensión general de la historia. Esta reconstrucción es un logro que se consigue entre todos: algo a lo que todos contribuyen. La discusión les permite analizar y después sintetizar lo que han oído. A los más inseguros les sirve para entender la historia, a pesar de no haberla entendido bien durante la lectura. De este trabajo también nacen preguntas sobre el texto, aunque los textos tratan de situaciones ajenas a su vida cotidiana. Si hay un dibujo, empiezan a fijarse en los detalles y a compararlo con su propio recuerdo del texto. El marco social del pequeño grupo resulta un fuerte apoyo para poder someterse a las exigencias del aprendizaje. El profesor subraya que lo que hace con sus alumnos es muy similar a la típica clase de filosofía. La costumbre es empezar con un texto y después discutir. Lo especial aquí es que estos alumnos en fracaso escolar necesitan un grupo aparte porque si estuvieran con otros alumnos más avanzados, no se atreverían a cuestionarse a sí mismos.

En relación con los textos, el profesor recomienda que no se sobreexplote un relato, sino que se intente preservar el encanto de lo nuevo. Tampoco se debe obligar a los alumnos a leer en voz alta al comienzo. Él intenta despertar primero el pensamiento y sólo después seguir con la lectura individual. Estos jóvenes carecen de las costumbres que se suelen considerar adquiridas desde el primer año de la primaria, como aceptar estar sentado, concentrarse, seguir una instrucción y organizar su trabajo en un cuaderno. No han aprendido a usar el lenguaje y la lectura como instrumentos de aprendizaje. Ellos sí que necesitan «aprender a aprender», como reza la fórmula. Para Boimare, los alumnos tienen que salir de su pequeño mundo personal, salir de su confusión, empezar a hablar del mundo y él los ayuda a conseguirlo a través de la discusión en el grupo. Cree que los partidarios de anteponer el igualitarismo escolar al aprendizaje tienen una gran responsabilidad con respecto a la situación en la que se encuentran los alumnos a los que él intenta ayudar.

Aquí podemos insertar como paréntesis las experiencias de una autora francesa que describe cómo el contacto con la cultura puede transformar la vida, por ejemplo, en los barrios pobres en Colombia[26]. Describe una situación similar a la de Boimare, convirtiendo su libro en un canto de alegría y optimismo basado en el poder transformador de la cultura, la belleza y los lazos sociales. Los vecinos del barrio que describe saben poco del mundo; ni siquiera conocen el mapa de su propio país, Colombia. La autora nos cuenta un proyecto que forma a personas como mediadores culturales para organizar círculos de lectura en voz alta en modestas bibliotecas de barrio. Todo ello orientado a personas de bajo nivel cultural. Lo que describe se podría llamar «biblioterapia».

En su presentación al libro, la autora enumera lo que da la lectura a los participantes de los círculos: acceso a nuevas experiencias, compañía y desarrollo de la capacidad de expresarse.

---

[26] Petit, Michèle. *L'art de lire ou comment résister à l'adversité*. París: Belin, 2008.

Desarrollan la sutileza verbal, la capacidad de evaluar y la comprensión de su situación en el mundo. Los participantes obtienen además un lazo con un lugar específico, la biblioteca, un lugar en el que se saben bienvenidos y donde están a gusto. El círculo les proporciona una extensión de su vida cotidiana, ampliando su red de contactos sociales. Además, al volver a sus casas, después de una reunión de lectura, los miembros del círculo tienen cosas que contar, con lo cual la mediación tiene una prolongación más allá de los miembros del círculo.

La autora insiste en la importancia de la lectura en voz alta, que da ritmo, musicalidad y calor humano, envolviendo a todos en una experiencia común. Los participantes viven una vida gris, sin color y sin calor, y el círculo resulta un «alimento», porque se apropian de lo que está en los libros. A través de la lectura están menos solos en dos sentidos: porque llegan a tener compañeros entre los participantes y porque conocen a personajes y a autores. Se enriquecen, convirtiéndose en dueños de sus recuerdos de la lectura, que se pueden describir como mundos mentales en los que los miembros del círculo pueden entrar y salir. Otra metáfora espacial sería decir que se están construyendo una habitación mental más acogedora que su vivienda real.

La autora se refiere también a cómo funcionan los círculos para drogadictos y prisioneros. Estas personas necesitan experiencias positivas para llenar su memoria de algo nuevo y diferente, y para poder mantener una conversación sobre algo que no tenga que ver con la vida que deben dejar atrás. La autora destaca el éxito de la poesía entre los prisioneros, que sueñan con un mundo más allá de los muros. Hasta copiar un poema es contribuir a crear más belleza. La materialidad de lo bello también importa, como también estar asociado con lo bello. Es la posibilidad de ofrecer placer a las personas a través de la belleza. El participar en un círculo de lectura puede ser vivido como una identidad por parte de alguien que no dispone de una identidad más atractiva.

Para la autora, lo que necesita en primer lugar el profesor es amor por la materia que va a enseñar. Lo demás es secundario. Los que incendian bibliotecas y colegios ven la cultura como una humillación porque no la entienden.

La responsabilidad de las autoridades y de los intelectuales

Según Ferry, antiguo ministro de educación de Francia, 158.000 alumnos franceses dejaron la educación en situación de fracaso escolar en 2002. Al mismo tiempo, se señalaron al ministerio 81.000 «incidentes graves» en los colegios franceses, casi todos centrados en ciertos colegios. La combinación de «falta de cortesía» entre las personas en la educación nacional y los bajos resultados, hace que actualmente las autoridades se vean obligadas a admitir que Francia tiene grandes problemas[27]. El culto a la espontaneidad, la educación a través del juego y considerar el hecho de ser joven como un valor en sí, lleva a la anarquía.

El ministro también ha declarado públicamente que la idea de educar a los alumnos «mediante el entorno», sin exigencias y sin explicarles explícitamente lo que se espera de ellos, es un tipo de adiestramiento que ha fallado[28]. Resultó muy comentado un dato que apunta el ministro. En 1995 se encontraron en el norte de Francia las pruebas de lengua de la reválida de la primaria correspondientes a los años 1923, 1924 y 1925. Se volvió a hacer el dictado y la redacción con alumnos de hoy de la misma región. Los dictados arrojaron dos veces y media más de errores y las redacciones eran peores.

---

[27] Ferry, Luc. *Lettre à tous eux qui aiment l'école. Pour expliquer les réformes en cours.* París: Odile Jacob, 2003. pp. 14, 34.

[28] Ib. pp. 28, 47-49.

Estas consideraciones son apuntaladas por un economista que denuncia que el Estado francés ha perdido la fe en sí mismo, señalando en particular, a este respecto, los campos de la defensa y de la educación[29]. Respecto de la educación constata que absorbe el 7% del PNB, pero produce un 12% de analfabetos. En PISA 2009, Francia se sitúa en el promedio de los países que participan. A la vez, desde 1990, el Ministerio de Educación ha dado empleo a 280.000 personas más, lo cual es un aumento en un 10%, cuando al mismo tiempo el número de alumnos ha disminuido en un millón en la primaria y en 200.000 en la secundaria. Los colegios públicos solían ser mejores que los concertados, pero esto ya es excepcional. El autor señala a los pedagogos y a los sindicalistas como culpables de la situación. Para ilustrar la falta de seriedad del sistema educativo, recuerda que en 2003 los profesores se pusieron en huelga durante los dos meses anteriores a las pruebas finales del bachillerato. La exaltación de la revuelta y la protesta llevaron a episodios como el de los profesores de filosofía que quemaron libros para protestar contra el Ministerio de Educación. A pesar de la huelga en cuestión, aumentó el porcentaje de aprobados aquel año del 80 al 82%. Para el economista, esto muestra que los funcionarios en cuestión son tan nihilistas como ciertos jóvenes de los barrios periféricos[30].

Según el filósofo francés Revel, se constata una desescolarización de una parte de la juventud francesa y señala, como el economista antes citado, la responsabilidad de los pedagogos y de los sindicalistas en esta situación, añadiendo también la que les corresponde a los medios de comunicación. Estos han creado un tabú para que ni siquiera se mencione el problema[31]. Según Revel,

---

[29] Baverez, Nicolas. *La France qui tombe*. París: Perrin, 2003. pp. 94-95. Traducción al español: *Francia en declive*. Madrid: Gota a gota, 2005.
[30] Ib. pp. 102-103, 71, 308.
[31] Revel, Jean-François. *Les plats de la saison*. Journal de l'année 2000. París: Seuil, 2001.

no respetan la verdad los que afirman que los alumnos no tienen responsabilidad por sus actos, sino que son productos de cierto ambiente. A pesar de varios decenios de nueva pedagogía y de resultados cada vez más alarmantes, los responsables no quieren reconocer que su propuesta no da el resultado deseado[32]. En lugar de esto, se suprime cualquier posibilidad de excelencia dentro del sistema educativo, para que no sea posible demostrar claramente lo que ha sucedido. Concluye diciendo que, si no aceptamos basar el debate público en la verdad, es que no nos hemos liberado de los totalitarismos que han marcado el siglo XX europeo[33]. Sigue la distorsión ideológica y es como si viviéramos tras un muro pero ¿cuándo caerá este muro pedagógico? En vez de hablar de los conocimientos de los alumnos, el tema central es la tolerancia y la convivencia. El Gobierno habla de enseñar un buen comportamiento ciudadano, pero no se atreve a tomar medidas contra los alumnos que no respetan el derecho de los demás alumnos a estudiar y el derecho de los docentes a enseñar[34]. Tampoco se atreven las autoridades a exigirles nada a los padres[35].

Es curioso, dice otro comentarista, que tan poca gente insista en la necesidad de recuperar el respeto por la verdad, el esfuerzo de ser objetivo y la argumentación. Está siendo cuestionado el contenido de la enseñanza en casi todas las materias, como biología, geografía, historia, lengua y literatura; todas las reglas se denuncian como «injusticias» y se nota una degradación de la situación de la

---

[32] Ib. pp. 36-37.
[33] Ib. pp. 104, 421.
[34] Brighelli, Jean-Paul. *À bonne école*. París: Gawsewitch, 2006. pp. 22, 50, 170. Ver también Barreau, Jean-Claude. *Bandes à part. Pour en finir avec la violence*. París: Plon, 2003. Escribe sobre el racismo antifrancés «extendido, habitual y violento» p. 162.
[35] Lelièvre, Claude. *L'école «à la française» en danger?* París: Nathan, 1996. p. 238.

mujer alumna o funcionaria y una intimidación a los que se atreven a defender lo establecido por la ley[36].

Un juez francés acusa a las élites francesas por la situación en la que se encuentra Francia[37]. Para él, los exrevolucionarios del 68 ya están instalados en las instituciones y en la prensa y, desde estas instancias, impiden que se diga la verdad, instaurando tabúes e introduciendo un vocabulario eufemístico. El Estado no ha corregido estas tendencias, abandonando así su responsabilidad[38]. Como tantos otros, el juez habla de nihilismo, porque los que causan destrozos y amenazan a los demás no tienen un proyecto de recambio. Señala la total impunidad de los que cometen infracciones y cita a Platón cuando éste señalaba que en el momento en que los padres se acostumbran a obedecer a sus hijos y los maestros tiemblan ante los alumnos, se da comienzo a la tiranía.

También contribuye al análisis un sacerdote que ha trabajado con grupos de jóvenes problemáticos, que ha observado que les caracteriza una mentalidad y una afectividad de niños en cuerpos de hombres adultos. El mundo mental de estos mocetones se parece al que también caracteriza a algunos niños pequeños, como el sentir placer al inspirar el miedo, sentir placer al destruir objetos, vivir en lo inmediato, vivir en un mundo irreal, de sueños, y sólo respetar la fuerza física[39]. Antes de 1970, no se veían casos de jóvenes que se negaran a aprender y no se veía la escuela como algo que produjera diferencia, sino como algo que mejoraba la vida de los ciudadanos[40]. El enfoque

---

[36] Brenner, Emmanuel (ed.). *Les territoires perdus de la République. Antisémitisme, racisme et sexisme en milieu scolaire.* París: Fayard, 2002. pp. 162, 119-121.

[37] Fenech, Georges. *Tolérance zéro. En finir avec la criminalité et les violences urbaines.* París: Grasset, 2001. p. 114.

[38] Ib. pp. 14, 23.

[39] Barreau, Jean-Paul. *Bandes à part. Pour en finir avec la violence.* pp. 24, 26, 33, 49, 104.

[40] Blais, Marie Claude – Gauchet, Marcel – Ottavi, Dominique. *Pour une philosophie politique de l'éducation. Six questions d'aujourd'hui.* París: Fayard, 2002. pp. 168-169.

pedagógico de la diferencia y la creencia de que toda diferencia es fruto de una jerarquización injusta, son ideas heredadas del mayo del 68.

En una descripción de las cualidades exigidas y desarrolladas en las escuelas francesas de élite, como la ENA, se enfatiza el manejo de la lengua de manera fluida, precisa y rápida, y la capacidad de dar cuenta de lo esencial de grandes cantidades de información[41]. Se insiste en que hacen falta muchos años de estudio para desarrollar destrezas suficientes para ser aceptado allí. Es decir si no se educa al alumno para que llegue lo más lejos posible en el manejo de la lengua y de la lectura es lo mismo que discriminarlo, porque así disminuyen sus posibilidades de abrirse camino en la sociedad.

Al mismo tiempo, gracias a esta nueva pedagogía, se ha extendido la idea de que la escuela debe imitar a la vida, ya que prepara para ésta. Puesto que los adultos no tienen deberes, tampoco deben tenerlos los alumnos. El ideal es convivir y comunicar, convirtiendo la comunicación en una política y una ética. Vale lo mismo un niño que un adulto como seres humanos, y este argumento se utiliza para hacer desaparecer la disimetría entre padre e hijo y entre profesor y alumno. Con eso, estamos a un paso de la próxima idea cultural: ya no trasmitir el saber de los adultos sino dejar que los jóvenes se apropien a su propio ritmo de los elementos que les interesen entre los que están a su disposición. En un ambiente así, no es posible enseñar, porque ya no existe la confianza necesaria en el profesor[42]. Sin embargo, vivir en lo inmediato sin exigencias es todo lo contrario de una buena educación.

Muchos intelectuales subrayan que, en cuanto a la educación, los medios de comunicación presentan tal mezcla de puntos de vista que es difícil informarse y actuar. Los medios buscan la novedad y su

---

[41] Bellier, Irène. *À l'ENA comme si vous y étiez*. París: Seuil, 1993.
[42] Ib. pp. 183, 188, 231.

«neofilia» les impide evaluar los sucesos; ya no se habla de progreso sino de novedad[43]. Algunos ingredientes del cóctel mediático suelen ser el narcisismo, el consumismo, el presentismo y el «juvenilismo». A propósito de esa mezcla de nociones, se ha creado una expresión: «la dulce barbarie». Con este término se designa la manipulación que constituye el uso de una terminología de apariencia inocua. Se ve una confusión, causada por el no llamar a las cosas por su nombre. Se habla de la «lucha contra la selección» pero no de la «desocialización» de los jóvenes. Se habla de «competencias» en vez de hablar de «conocimientos»; se habla de «valores», pero se acepta que las leyes no se cumplan[44].

Podríamos estar ante una regresión en la vida pública, ya que cada vez es más frecuente que se observe una cosa y se diga otra. En cuanto a la educación se ha vuelto muy común el eufemismo del «malestar» docente. Para no tener que afrontar el hecho de que hay ahora analfabetos en Francia, se inventa una nueva palabra: el «iletrismo».

¿Por qué no han reaccionado los sindicatos cuando se comprueba que ya casi nadie quiere ser director de colegio? ¿Por qué no han reaccionado los padres, los profesores y los psicólogos cuando se permite que se coloque a analfabetos violentos de quince años al lado de excelentes alumnos? ¿Y por qué expresa asombro la sociedad adulta cuando el resultado de todo esto es la violencia? Es adecuado hablar de una desescolarización de los jóvenes de ciertas zonas, una revolución cultural en Francia[45].

Son bastantes los intelectuales que se preguntan cuáles son los mecanismos que impiden que Francia tome medidas para salir de

---

[43] Targuieff, Pierre André. *Résister au bougisme. Démocratie forte contre mondialisation techno-marchande.* París: Fayard, 2001. pp. 153, 79, 112.
[44] Le Goff. Jean-Pierre. *La barbarie douce. La modernisation aveugle des entreprises et de l'école.* París: La Découverte, 2003. pp. 7,33, 97, 108, 121, 136.
[45] Davidenkoff, Emmanuel. *Comment la gauche a perdu l'école.* París: Hachette, 2003. pp. 91, 88. 17, 179, 185, 276, 303.

esa situación degradada. Casi todos señalan que en la prensa se ha instalado una élite hegemónica que utiliza diferentes métodos para «inutilizar» a los que piensen de otra manera que ellos[46]. Uno de sus métodos consiste en desacreditar constantemente al que denuncie lo que está pasando, identificándolo con el pasado. Se niega lo real, se presenta al igualitarismo permisivo como ideal y no al orgullo del trabajo bien hecho. Se rechaza el aprendizaje de la cultura europea como eurocentrismo y se proclama el respeto por otras culturas, sin mencionar los lados negativos de estas otras culturas y sin señalar que, precisamente, los inmigrantes han huido de ellas. Se usan palabras como «resistir», tildando de «fascista» al que no se una a ellos. Son notables el cinismo, la ingenuidad y el odio que esta izquierda exhibe consigo misma y con su país. El resultado es el reino de la hipocresía y una policía del pensamiento, algo de lo que precisamente había logrado librarse Europa. Los comentaristas están ocupados atribuyendo la culpa a unos y otros y poniéndoles etiquetas. Siempre hay un pensamiento binario en el que lo negativo es el otro y lo bueno es uno mismo.

De entre las denuncias de la situación en los barrios periféricos, destaca la de Fadela Amara en *Ni putas ni sumisas*[47]. En su libro describe cómo nació su movimiento de mujeres inmigrantes a partir de un horrible crimen: una chica fue quemada viva en París en 2002. A eso se añadieron las noticias de violaciones colectivas, todo para mantener sumisas a las mujeres de los barrios periféricos. La autora empieza con su historia personal, contando que ha nacido en Francia y que la situación para las mujeres de su grupo era mejor hasta el comienzo de los años noventa. Entonces bastantes padres de familias inmigradas perdieron su trabajo porque había menos

---

[46] Malhuret, Claude. *Les vices de la vertu ou la fin de la gauche morale.* París: Laffont, 2003. p 256.
[47] Amara, Fadela – Zappi, Sylvia *Ni putes ni soumises.* París: La Découverte, 2003. pp. 30-44.

necesidad de mano de obra no cualificada. Con el trabajo, perdieron también su estatus dentro de la familia y empezaron a tomar el control los hijos varones, que tampoco lograban insertarse en el mercado laboral. Por influencia de la religión islámica, que se reactivó en esas fechas, volcaron su frustración sobre las hermanas. Antes, las chicas tenían que luchar contra la tradición, pero en la nueva situación era aún peor: no sólo los hermanos controlan a sus hermanas, sino que se produce la tendencia según la cual todos los chicos del barrio consideran su tarea vigilar a todas las chicas: una «deriva masculina». La única supuesta superioridad que les queda es su virilidad y el único conocimiento que tienen es el de cómo funciona su barrio. Han sido tan mimados en sus familias, en primer lugar por sus madres, que son incapaces de afrontar la vida en el exterior. Desde el punto de vista de Francia, se trata de una regresión social.

La autora señala que también se ha creado una situación explosiva desde el punto de vista psicológico. La ausencia de reconocimiento social crea en los jóvenes varones una rabia que viene de la miserable vida cultural y también sexual que llevan. Dice la autora que *ils crèvent d'amour, de manque de considération et de respect* («están estallando de amor, de falta de consideración y de respeto»). Buscan sus ídolos en los guetos americanos y el único valor que les interesa es el dinero y la violencia. La autora cree que ni siquiera respetan ya a la madre, con lo cual se viene abajo la última pieza de su sistema moral. ¿Por qué no se reconoce que se está instalando una nueva mafia en toda regla? ¿Por qué no se defiende la sociedad? La solución propuesta por la autora es que la sociedad cree muchos puestos de educadores y no acepte que los varones jóvenes se hagan con el poder en los barrios, pues en su estado de impotencia, siembran el odio[48].

---

[48] Ib. pp. 52, 55, 65, 69, 137.

Los alumnos no lectores. Ejemplos de Francia

Como ha quedado claro de manera palmaria, este capítulo sobre los alumnos no lectores ha querido señalar: que el no exigir que todos los alumnos «entren en el mundo del libro» significa abandonarlos; que la sociedad se expone a enormes riesgos si no está dispuesta a defender su escuela; y que es absolutamente necesario exigir que los alumnos respeten las reglas de comportamiento y que trabajen. Si los adultos andan diciendo que no aprendieron nada en la escuela y aún así les ha ido bien, están minando el trabajo de los docentes. Si los padres defienden automáticamente a sus hijos en un conflicto, sin averiguar antes lo que ha sucedido, están socavando no sólo la autoridad de la escuela, sino también la suya propia ante el hijo. En una palabra: la responsabilidad fundamental es de los adultos.

LA IMPORTANCIA DEL PROFESOR.
EL EJEMPLO FINLANDÉS

Hemos empezado con los problemas que tiene Francia en algunas zonas con alumnos no lectores y con un ambiente escolar que rechaza la autoridad docente. El propósito de este libro sigue siendo el de estudiar la importancia del esfuerzo, del lenguaje y de la lectura en la educación. Ahora vamos a acercarnos a un «caso» muy diferente, a un país que ha conseguido llevar a todos sus jóvenes alumnos a un excelente nivel educativo, precisamente a través del énfasis en el esfuerzo, el lenguaje y la lectura.

Finlandia fue el país campeón de PISA 2003 y 2006, por lo cual vale la pena intentar entender a fondo a qué se debe ese éxito. Ya que Finlandia es un país menos conocido que Francia, es útil empezar con algunos datos sobre la historia del país. Ésta se puede dividir en tres fases: la fase sueca, la fase rusa y la fase finlandesa[1]. La actual Finlandia fue cristianizada en el siglo XII y, desde esa época, también fue una región de Suecia. En 1527, con la Reforma, se convirtió oficialmente al luteranismo, junto con el resto de Suecia. La iglesia y el Estado mostraron desde el principio un interés por la educación popular, siendo el centro erudito Turku, una ciudad situada en la costa suroeste del país. Se estudiaba en primer lugar el latín.

---

[1] Véase Kuikka, Martti T. *A History of Finnish Education*. Helsinki: Otava, 1992.

La importancia del profesor. El ejemplo finlandés

La época rusa dio comienzo en 1809 cuando Suecia perdió a Finlandia en una guerra contra Rusia. Esto coincidió con un movimiento nacionalista romántico en toda Europa. En Finlandia se promovía el finés y se daba importancia a la poesía popular y a los cuentos populares. La ocupación rusa resultó un impulso para promover una cultura finlandesa, como una manera de reunir a los ciudadanos alrededor del movimiento nacionalista. Un educador importante del siglo XIX, Snellman, intentó apartar a los finlandeses a la vez de Rusia y de Suecia. El centro de este movimiento era otra vez Turku. Se generalizó entre los finlandeses la convicción de que, por ser tan pocos, no podían conseguir nada por la fuerza; tenían que hacerse valer a través del esfuerzo y de la cultura[2].

En 1917, con la revolución rusa y la caída del zarismo, Finlandia logró su independencia, pero estalló al mismo tiempo una guerra civil. Después de recobrada la tranquilidad, tocaba organizar el nuevo país, agrario y pobre. Durante la segunda guerra mundial, Finlandia fue atacada dos veces por la Unión Soviética, que quería incorporarla otra vez dentro de las fronteras rusas. Finlandia resistió heroicamente pero, para conservar su independencia después de la guerra, tuvo que ceder territorios y pagar sumas importantes a la Unión Soviética. Hasta la disolución de la Unión Soviética, los políticos finlandeses fueron siempre muy cautos en sus relaciones internacionales, para no tener problemas con su poderoso vecino. Los finlandeses participaron durante este periodo con mucho entusiasmo en los proyectos de colaboración entre los países nórdicos; querían dejar claro que su identidad era escandinava.

En 1960, Finlandia tenía aproximadamente un 35% de la población ocupada en la agricultura; esta situación llevó a una fuerte emigración en primer lugar hacia Suecia y Canadá. Se calcula que,

---

[2] Jakku-Sihvonen, Ritva – Niemi, Hannele (eds.) *Education as a societal contributor*. Frankfurt am Main: Peter Lang, 2007, pp. 73-75.

durante un periodo bastante reducido, se fueron 300.000 personas de una población de 4,5 millones. En los años sesenta, empezó una transformación muy rápida y muy profunda[3]. A golpe de trabajo y ahorro, Finlandia mejoró su situación económica, entró en la Unión Europea en 1995 y en la zona euro en 1999. Durante la segunda parte de los años noventa y después del 2000, Finlandia ha vivido un «boom» económico. Antes no aceptaba a inmigrantes por ser un país de emigración; ahora hay inmigrantes en primer lugar de Rusia, de los países de Europa oriental y de países como Afganistán, Irán e Iraq. Sin embargo, el número total de inmigrantes es todavía insignificante.

En 2010, Finlandia tiene unos cinco millones de habitantes y se trata de una población muy homogénea. La lengua es el finés, una lengua fino-ugria no indoeuropea, emparentada con el estonio y el húngaro. A mediados del siglo XIX, había un número similar de hablantes de sueco y de finés en Finlandia y el sueco sigue siendo una lengua cooficial, pero la población suecoparlante ha ido reduciéndose como resultado de los matrimonios mixtos y de la emigración a Suecia. Actualmente, los hablantes de sueco son un cinco por ciento; tienen sus propias escuelas y su propia formación docente, concentradas en la zona sur de Helsinki y, en la costa oeste, en las ciudades de Turku y Vasa.

Como Singapur y Hong-Kong, Finlandia tiene que vivir del talante industrioso de sus habitantes. La empresa finlandesa más conocida en estos momentos es Nokia, la empresa de telecomunicaciones[4]. La historia de la empresa es típica de la Finlandia de hoy, que ya no es un país agrícola. La empresa se fundó en 1865, y entonces se concentraba en la madera y en la energía. A principios

---

[3] Ib. p.77.
[4] Véase Häikio, Martti. *Nokia – vägen till framgång*. Londres: Prentice Hall, 2003.

del siglo XX, abrió una fábrica de goma y otra de cables. En el periodo 1987-1992, la empresa compró fábricas de televisores en varios países; una mala inversión que la hundió en una profunda crisis. Pero sobrevivió trasladando sus actividades al campo de las telecomunicaciones. Cuando el historiador de la empresa intenta explicar el éxito, habla de la desregulación temprana del mercado de telecomunicaciones en Finlandia, acompañada por un marco legal adecuado, pero también apunta a la innovación técnica y a la audacia comercial. Para la historia de Nokia fue importante la disolución de la Unión Soviética, porque la empresa perdió de golpe sus contratos de larga duración con aquel país y tuvo que buscarse otros mercados. Cada vez hay menos acciones de Nokia en manos finlandesas, pero la empresa tiene todavía su sede en Helsinki y los jefes máximos son finlandeses. Sin embargo, el lenguaje de comunicación de la empresa es el inglés y la empresa tiene fábricas y centros de diseño y de innovación en varios continentes.

La educación finlandesa

Cuando los pedagogos finlandeses intentan identificar los rasgos más destacados de la política educativa finlandesa mencionan la tradición de lectura, la memoria histórica de lo importante que es el esfuerzo y el fuerte énfasis en la igualdad. En 1967, se tomó la decisión de introducir una escuela comprensiva, gratuita y casi exclusivamente estatal de nueve años, y esto fue el comienzo de una reforma educativa desde la primaria hasta la universidad, una reforma basada en una enseñanza estatal y gratuita. En las comparaciones internacionales de los años sesenta, Finlandia estaba en una posición intermedia en el *ranking* educativo. Sin embargo, al comienzo de 2000 se encontraba en la cumbre internacional.

La escuela empieza en Finlandia a los siete años, es decir, relativamente tarde. Se ha introducido recientemente también un año preescolar obligatorio desde los seis años de edad. Después de terminar el noveno a los dieciséis años de edad, el alumno que lo necesite puede quedarse otro año más en la escuela. Después de la etapa obligatoria hay una secundaria superior de tres años. Más de la mitad de los alumnos estudian formación profesional, y existen «pasarelas» para el alumno que quiera cambiar de orientación. La formación profesional también tiene una posible continuación en la educación superior. Para obtener una plaza en la Universidad, hay que superar un examen nacional y después, además, casi siempre una prueba de selección, porque hay más candidatos que plazas. Este *numerus clausus* es muy importante para explicar la aplicación de los alumnos con aspiraciones universitarias.

Finlandia tiene buenos docentes y uno de los secretos de ello es que puede haber hasta diez solicitantes para cada plaza en la formación docente. La profesión atrae a los jóvenes inteligentes y ambiciosos, siendo el salario de los profesores finlandeses bueno pero no excesivo. Los docentes reciben parte de su recompensa en forma inmaterial, sintiéndose útiles y respetados. En 2010, un profesor de primaria empieza con un salario de 2.300 € y un profesor de matemáticas y ciencias naturales de la enseñanza media empieza con 2.500 € y puede terminar ganando 4.000 € El promedio de los salarios es de unos 2.600 €

Finlandia tiene un marco curricular nacional muy concreto que tiene fuerza de ley; los profesores están obligados a enseñar el contenido del currículo. Entre otras cosas, el currículo contiene descripciones relativamente detalladas de lo que debe saber un estudiante de cierto grado con buena nota. El currículo se caracteriza por el entusiasmo por la educación, la fe en los alumnos y en los profesores y, de manera general, por la sensatez.

La importancia del profesor. El ejemplo finlandés

El «milagro» finlandés se explica también por el énfasis en la socialización de los alumnos y la no aceptación de que un alumno pueda molestar a los demás o no estudie. Para corregir cualquier eventualidad a este respecto están previstas una serie de medidas para afrontar los problemas de conducta y de aprendizaje. Además de esto, se agrupa a los alumnos inmigrantes que no dominen todavía el finés en centros especiales y, curiosamente, hay relativamente pocos psicólogos y trabajadores sociales en las escuelas finlandesas.

En resumen, el sistema finlandés no es excesivamente caro, porque se dan relativamente pocas horas durante relativamente pocos años. Se pagan salarios suficientes pero no muy altos a unos profesores que están bien preparados y trabajan mucho. A la vez, los alumnos trabajan relativamente mucho y no se tolera que nadie interrumpa o moleste cuando se está trabajando. Así, podríamos afirmar que el sistema educativo finlandés es bueno, bonito y barato.

Marco curricular para la escuela obligatoria

El currículo finlandés aprobado en 2004 enfoca lo que el alumno debe saber y debe saber hacer. Entre las metas educativas a conseguir se incluye la de que el alumno muestre una actitud responsable y respetuosa; se habla, también, de desarrollar la identidad finlandesa y europea del alumno[5]. Además, una de las metas es que el alumno entienda cuáles son sus fortalezas y debilidades. Son los mismos profesores los que solicitan apoyos especiales para los alumnos que la necesitan, y los que ayudan a orientar a los alumnos de cara a los estudios posobligatorios.

---

[5] *National core curriculum for basic education 2004*. Helsinki: Ministerio de Educación, 2004.

La enseñanza de la lengua ocupa la mitad de las páginas del currículo. La gran extensión dedicada a la lengua se explica por la división de la materia en lengua materna (finés, sueco o lapón) y en lengua extranjera. Las pocas personas que hablan el lapón viven dispersas en zonas extensas, pero, esta lengua además, se divide en tres variantes diferentes. En la descripción se utiliza el marco europeo de idiomas.

Para todos los grados y materias se especifica claramente lo que debe saber hacer el alumno. En lengua, después del primer grado, el alumno debe haber trabajado intensamente sobre la correspondencia entre sonido y letra y haber practicado la lectura y la escritura. Debe saber usar las mayúsculas y las minúsculas y separar las palabras. El alumno debe haber aprendido a escuchar atentamente, formular preguntas y contestarlas. El alumno debe saber trabajar sobre lo que ha oído, visto y leído. Después del segundo grado, debe saber escribir con letra cursiva y dominar la ortografía de las palabras usuales. Después del tercer grado, debe saber leer con fluidez y hablar sobre lo leído. Por ejemplo, debe saber anticipar lo que va a suceder en el texto, resumir los eventos y formular comentarios. En el currículum nacional se utilizan términos usados también por la nueva pedagogía, como el hecho de hablar de «estrategias». Pero, en el contexto finlandés, cuando usan esta palabra se refieren a cosas tan de sentido común como actuar con responsabilidad, aprender palabras y consultar diccionarios. Lo que los finlandeses llaman estrategias es lo que se solía llamar buenas costumbres de estudio. En la secundaria, los alumnos deben saber describir un texto desde el punto de vista de la sintaxis y del vocabulario.

En las otras materias, el programa es igual de explícito. Para las matemáticas, se insiste en encontrar similitudes, diferencias, regularidades, causas y efectos. Los alumnos deben aprender a argumentar para apoyar sus propuestas. Se subraya la importancia de poder aplicar reglas y seguir las indicaciones del profesor o del libro. Para los grados 3-5 se insiste en que el alumno sea capaz de realizar un trabajo prolongado y concentrado, como también que sea capaz de trabajar en equipo. Así se sigue con biología, química, física, ciencias sociales, lenguas extranjeras, historia, religión, deporte, salud, arte, música, taller de madera y de textil y hogar. En todas las materias, los alumnos deben aprender lo que es tradicional en el país. En literatura: las obras literarias finlandesas más famosas. En religión: el luteranismo con la opción de la fe ortodoxa o la ética. En música, cantar las canciones folklóricas y los salmos tradicionales y conocer a los principales compositores finlandeses. En arte, conocer a artistas y a arquitectos finlandeses. En deporte: nadar, esquiar y patinar. En hogar: los platos finlandeses tradicionales.

Los municipios tienen la obligación de ofrecer las materias estipuladas durante cierto número de horas, pero pueden añadir materias y horas por encima de este mínimo. Pueden organizar como quieran las pruebas, las notas, la enseñanza especial y los contactos con las empresas locales. Así es como combinan los finlandeses la centralización y la descentralización.

El punto de vista de una profesora finlandesa

Todo esto viene ilustrado de manera concreta por las comparaciones de una profesora de primaria finlandesa suecoparlante. Formada en Finlandia, trabajó primero unos años en Finlandia y después se trasladó a Suecia a trabajar[6]. Empieza diciendo que cuando trabajaba en Finlandia quería más libertad, pero después de

---

[6] Sourander, Åsa. *Sisu i klassrummet. Fem framgångsfaktorer från Finland som ger resultat.* Malmö: Epago, 2009.

haber trabajado en Suecia ve la importancia de tener unas exigencias básicas, fijas y muy estructuradas. Constata que hay bastantes diferencias entre los dos países vecinos; para ella, la clave del éxito finlandés es la sencillez. Desgranemos aquí algunos de sus apuntes.

En Finlandia, las clases son de 45 minutos y los alumnos aprenden desde el primer día a estar quietos y a escuchar. Se introducen unas rutinas firmes. Los alumnos tienen bastantes tareas y pruebas. El docente es el líder indiscutido del aula. El enfoque del sistema está en subrayar las destrezas básicas y en ofrecer una enseñanza especial a aquellos alumnos que la necesitan. El profesor de enseñanza especial tiene la responsabilidad de los alumnos que la necesitan, lo que resulta una tarea menos para el otro profesor.

Ya que el currículo incluye una descripción de lo que debe saber un buen alumno, todos, profesores, alumnos y padres, saben de manera concreta lo que se espera de un joven. Los profesores suelen usar manuales y por eso pueden concentrarse en transmitir el conocimiento y no en producir materiales. Hay pruebas continuamente y así los alumnos se acostumbran a ser evaluados y a evaluarse ellos mismos, y ven claramente lo que les falta por aprender.

El director del colegio es quien toma las decisiones administrativas, organiza el horario y es el responsable de realizar las compras de los manuales. Así, no se necesita a tantos grupos de trabajo. Los padres tienen mucha confianza en la escuela y, como la actividad de ésta no es cuestionada, el resultado es un ambiente relajado, que favorece el trabajo y el estudio.

En general, se sigue el mismo programa con todos. Hay poca adaptación individual al alumno; al revés, todos deben aprender lo que se enseña. Se trata de una enseñanza organizada por el docente, y los alumnos apenas pueden opinar sobre lo que se va a hacer o no. El currículo nacional tiene carácter de ley y el profesor tiene que dar ese contenido para asegurar a todos los alumnos su derecho a la educación. Desde tiempos inmemoriales la escala de notas va desde el 4 (suspenso) hasta el 10. Los alumnos reciben notas cada año, pero también unas notas preliminares tres meses antes del final del curso. En la primaria, en algunos municipios se dan notas orales; cada municipio decide por su cuenta. Toda la enseñanza es gratuita, incluyendo el año preescolar a los seis años de edad.

La educación especial tiene varias formas. El alumno puede quedarse con su grupo, saliendo del aula durante algunas horas por semana para trabajar con un profesor de apoyo. También se da el caso de que el profesor de apoyo entre en el aula para ayudar allí mismo al alumno. Alguna vez la enseñanza especial puede también significar ir a otro colegio en el que se concentra cierta enseñanza especial. Finalmente, puede también significar estudiar en un colegio que sólo tiene enseñanza especial.

Los docentes son pagados por las horas que dan; si dan más horas, aumenta su salario. En promedio, un docente tiene 25 horas lectivas por semana. Los alumnos tienen deberes desde el lunes hasta el jueves. Cuando la profesora describe un día normal a sus colegas suecos, éstos creen oír la descripción de la situación sueca de antes de la introducción de la nueva pedagogía.

La profesora considera un factor fundamental que en Finlandia se acepta la autoridad: los docentes, por su parte, aceptan seguir el currículo, al mismo tiempo que, tanto los alumnos como los padres, aceptan la autoridad del docente para organizar la actividad. El nuevo marco curricular nacional de 1994 aumentó la libertad del profesor, pero empezaron a aparecer grandes diferencias entre los colegios y, por eso, se introdujo relativamente pronto otro currículo, el que se acaba de describir, de 2004, que disminuyó esta libertad. Con el nuevo currículo más preciso, un alumno puede mudarse de un municipio sin quedar desfasado en sus estudios.

Las notas incluyen apreciaciones sobre la conducta del alumno. Se programan entrevistas con los padres de los alumnos y no sólo con los alumnos más jóvenes. En esas conversaciones se habla del aprendizaje, de la conducta y de las metas del alumno para el futuro próximo. En la evaluación de la conducta, los municipios siguen diferentes pautas. Algunos aplican una escala de 1 a 5 para expresar si el alumno respeta a los demás y si sabe controlar su comportamiento y sus palabras. También se evalúa si sabe planificar su trabajo y si sabe evaluar su propio rendimiento. Se considera importante que el alumno aprenda a entender cómo es él mismo. Existe una escala de medidas para los alumnos que no respeten las reglas, como quedarse en el colegio después de la jornada escolar, una amonestación escrita y, al final de la escala, la exclusión durante tres meses.

En la primaria, el aprendizaje de las letras se hace respetando cierto orden. Los alumnos deben escuchar, repetir, leer, escribir, recortar y dibujar tanto las mayúsculas como las minúsculas. Cuando empiezan a leer, el maestro suele empezar leyendo al grupo, después todos hablan sobre el texto. El paso siguiente es que los alumnos lean juntos el texto muchas veces. Finalmente, a cada alumno se le asigna una tarea de lectura y el profesor intentará escuchar varias veces por semana cómo cada alumno lee el trozo que ha practicado en casa. Esta rutina continúa durante bastante tiempo, lo cual ahorra problemas posteriores, porque evita que haya alumnos que no consigan aprender. En Suecia, cada alumno es invitado a aprender a su manera, pero tener que organizar sus propios estudios le quita tiempo, considera la profesora.

Para activar a los alumnos que están leyendo, la profesora utiliza un ejercicio sencillo que consiste en preguntarles qué sucedería si se quitara cierto episodio o a cierto personaje o, al revés, si se añadiera algo. Cuenta también un método específico que ha inventado para controlar si los alumnos han trabajado con la tarea del día, por ejemplo en ciencias sociales. Divide a los alumnos en grupos de cuatro y les pide que dibujen un «mapa de pensamiento», explicando lo aprendido. Todos los alumnos deben dibujar su propio mapa. Después de seis minutos, la profesora reorganiza a los alumnos en otros grupos y todos deben comparar su mapa con los mapas de los nuevos compañeros, mejorando su propio mapa. Así, están activos todos, discutiendo.

La comparación con Finlandia permite a la profesora observar que, en Suecia, bastantes niños carecen de la costumbre de escuchar atentamente, porque siempre han trabajado de manera individual y a su propio ritmo. Ella tiene que insistir para que la escuchen con atención y para que no tenga que repetir lo mismo varias veces. En el colegio sueco donde trabaja ahora se organizan muchas excursiones y visitas, pero la profesora considera que estas actividades más bien perjudican, porque rompen la rutina necesaria para el aprendizaje.

Subraya que hay que describir claramente a los alumnos lo que se considera un buen comportamiento. Muchas veces, los adultos creen que los niños saben cómo deben comportarse, pero no siempre es así. Es necesario decirles que hay que estar callado cuando habla otra persona, que hay que pedir la palabra y que no se puede hacer ruido de ningún tipo durante la lectura de otra persona o durante una función de teatro.

El análisis oficial del «milagro» finlandés

En un análisis del Ministerio de Educación, los autores se felicitan por el hecho de que en Finlandia existan pocas diferencias entre las escuelas[7]. Apenas hay diferencias regionales, sociales o de género. Afirman una vez más que Finlandia da mucha importancia a la igualdad pero, además, celebran que haya logrado buenos resultados

---

[7] Hautamäki, Jarkko et al. *PISA 06. Analyses, reflections, explanations.* Helsinki: Ministerio de Educación, 2008, p. 49.

sin dedicar sumas desorbitantes para conseguir esta meta. Hoy en día, todos los alumnos, padres de alumnos y profesores han pasado por la escuela comprensiva, y ésta no se cuestiona. Algo peor les va a los pocos inmigrantes y sin embargo, la opinión del Ministerio es que, si consiguen que el grupo mayoritario logre buenos resultados, esto resultará una ventaja para los que quieran instalarse en el país en el futuro.

PISA 2006 se centró en las ciencias naturales y Finlandia logró resultados por encima de los demás países escandinavos. Este resultado se ha logrado consiguiendo que casi no haya estudiantes muy malos y que los buenos sean muchos. Finlandia ha conseguido que los alumnos se interesen por las ciencias naturales y que vean que éstas son importantes para el futuro del país. En Finlandia las ciencias naturales se enseñan como materias separadas y con profesores especializados. No hay ningún problema grave para conseguir profesores cualificados, y solo un 10% de los profesores que enseñan ciencias naturales a tiempo completo no están en posesión de un especialización completa en la materia.

En ciencias naturales, los alumnos llevan tareas para la casa, tareas que les ocupan unas dos horas por semana. A este respecto, las diferentes regiones tienen bastante libertad en cuanto al modo en que se organiza la educación, aunque no la tengan en lo concerniente al currículo. Oficialmente, hay poca diferenciación en cuanto al modo en que se les imparte la educación a los alumnos con diferentes niveles de destreza, *streaming*. Sin embargo, encontramos notables variaciones en una tercera parte de los municipios, sobre todo en matemáticas y en lenguas extranjeras. Además, existen maneras informales de agrupar a los alumnos según su nivel[8].

Los profesores finlandeses son bastante tradicionales en su manera de organizar el trabajo en el aula. Usan sobre todo la enseñanza

---

[8] Ib. pp. 79-97, 140.

«de cátedra», consistente en que un profesor explica un tema al grupo entero. En las ciencias naturales, las clases magistrales se combinan con ejercicios prácticos. Los estudiantes suelen afirmar que pueden participar y discutir dentro del marco organizado por el profesor; el profesor explica, pero las conclusiones se sacan entre todos. A la vez hay instrucción y trabajo propio. Por lo visto, ese tipo de organización da mejor resultado que la mera organización individual del trabajo por parte de los estudiantes. Sería una equivocación decir que los alumnos permanecen pasivos en el modelo finlandés, ya que escuchan, intentan aprender, realizan experimentos y sacan conclusiones[9].

Se ha dado un consenso político y cultural entre los ciudadanos finlandeses en torno a la política educativa. Se prefiere una educación estatal igual para todos y que los cambios se introduzcan paso a paso y no de golpe. Cuando los finlandeses comparan su escuela comprensiva con la sueca, consideran que la suya está más enfocada a la socialización de los alumnos que a los fines políticos. Así mismo, los finlandeses parecen contentos con el equilibrio entre centralismo y regionalismo.

Los expertos finlandeses enfatizan que su país se caracteriza por una buena enseñanza impartida por profesores especializados. Sus profesores tienen actualmente una mejor formación en las materias que el resto de sus colegas nórdicos. También disponen de buenos manuales basados en el currículo. Los finlandeses no tienen exámenes obligatorios en la escuela comprensiva pero utilizan pruebas diagnósticas para comprobar el nivel de manera general. Tampoco publican los resultados de los diferentes colegios como se hace en muchos países. En otras palabras, no se controla tanto a los profesores, porque se confía en ellos. Así, el país se ahorra el gasto que suponen las pruebas nacionales y aún así logran buenos resultados.

---

[9] Ib. pp. 101-105.

Sin embargo, en el bachillerato hay pruebas nacionales que desempeñan un papel importante en el sistema educativo.

Los análisis de las respuestas de PISA de los alumnos finlandeses destacan que el aspecto más notorio de los jóvenes es que usan el sentido común. No brillan tanto en los aspectos más teóricos. Son ayudados por su buena comprensión lectora y por su buen manejo de la aritmética básica. Todos los comentaristas subrayan que no se «permite» que un alumno no lea bien. Si alguien va a la zaga de su grupo, en seguida se le organiza un intensivo programa de apoyo. Los comentaristas también subrayan que los alumnos finlandeses no deben ser considerados como unos atletas intelectuales, porque tampoco ellos pueden con todos los ejercicios; su éxito está en ser mejores que los otros. Lo que explica el buen resultado es que los alumnos han aprendido desde el comienzo a aceptar una ética de trabajo; también importa, pero menos, que suele haber sólo unos veinte alumnos por grupo, variando el número de alumnos entre doce y treinta.

En 2006, un 21% de los estudiantes recibieron apoyo a través del sistema de enseñanza especial. De ellos, un 25% estudió en escuelas especiales; y un 33% recibió la ayuda en clases especiales en escuelas ordinarias. Ahora hay un movimiento para integrar a los alumnos con problemas en clases ordinarias de escuelas ordinarias y parece que un 43% está integrado de esta forma. Los educadores constatan que es un gran reto lograr esto, porque los que tienen problemas de aprendizaje tienden a acumular también otros problemas de carácter médico o social. Los alumnos muy buenos o hasta brillantes obtienen muy poca ayuda extra[10]. Como se ha dicho, el *ethos* escolar finlandés es igualitario. En los años setenta se hicieron varios experimentos con consejos escolares para aumentar la influencia de los alumnos. El propósito era convertir

---

[10] Ib. pp. 177-178.

en más igualitaria la escuela. Sin embargo, el experimento aumentó las diferencias e hizo bajar los resultados. De este modo, los finlandeses dieron marcha atrás, volviendo a insistir en los conocimientos como método para lograr una educación democrática.

Para un observador externo podría parecer una paradoja que los alumnos no tengan muchas clases de matemáticas y aún así logren buenos resultados. Parece que la explicación es que, en todas las materias, los alumnos leen, escriben y sacan conclusiones. En todas las materias, los docentes insisten en resumir lo leído, identificar los hechos importantes del texto y, si se da el caso, preguntar a los alumnos por las intenciones de los personajes. Como en otros países, hay más interés por la lectura entre las chicas que entre los chicos, y se comenta que haría falta encontrar una pedagogía para motivar a los chicos a leer más. También en Finlandia, los alumnos de nivel social más elevado logran mejores resultados, pero la diferencia no es tan grande como en otros países.

Desde la clase preescolar, los alumnos se acostumbran a estar en un ambiente escolar y a aceptar la organización del trabajo propuesta por los docentes. Es notable que se hable del año preescolar no como una preparación para la escuela sino para el aprendizaje. Los niños de seis años deben: 1. Entender la diferencia entre lo real y lo imaginario. 2. Tomar la responsabilidad de sus propias actividades y de la colaboración con otros. 3. Aceptar la necesidad de cambiar y desarrollarse. 4. Saber entrar en contacto con nuevas personas y nuevas actividades. 5. Acostumbrarse a buscar el sentido de las cosas como la actividad central del aprendizaje. 6. Entender que hay que ser flexible y hacer muchas cosas variadas en el proceso del aprendizaje[11].

---

[11] Jakku-Sihvonen, Ritva – Niemi, Hannele (eds.). *Education as a societal contributor*. Frankfurt am Main: Peter Lang, 2007, p. 119.

Un ejemplo de actividad para niños de seis años es mirar una casa de muñecas con mueblecitos y un plano en papel representando la misma casa. Los niños deben preguntarse dónde se deben dibujar los mueblecitos en el plano. Deben identificar las plantas de la casa y las ventanas y las puertas. Para los alumnos de más edad se hacen también ejercicios en los que hay que ir de lo concreto y visible a la representación y lo simbólico. Así, aprenden a usar el modelado como un instrumento de pensamiento y de planificación[12].

La formación docente

En estos momentos, Finlandia tiene una de las poblaciones más educadas de Europa. Un 73% de la población entre los 25 y los 64 años tiene estudios secundarios superiores y un 33% tiene el nivel universitario o correspondiente[13]. Los docentes finlandeses deben tener todos un nivel universitario que corresponde a una licenciatura o un máster; también los docentes del nivel preescolar. En la formación docente, el elemento estrictamente pedagógico consiste en un año de teoría y prácticas. Para ser profesor de educación especial la exigencia es también tener un máster. Para enseñar en los niveles superiores, el futuro profesor de educación especial debe estudiar su materia principal durante por lo menos dos años, para después estudiar otras dos materias durante por lo menos un año. El desarrollo tiende hacia un menor número de periodos de prácticas pero más largos; quizá de siete semanas. Hay escuelas de prácticas en conexión con las universidades y hay profesores especializados en

---
[12] Ib. p. 123.
[13] Jakku-Sihvonen, Ritva – Niemi, Hannele (eds.). *Research-based teacher education in Finland. Reflexions by Finnish teacher educators.* Finnish Educational research association. Turku, 2006, p. 7.

orientar a los futuros docentes cuando dan sus primeros pasos. Estos puestos laborales de orientadores son muy solicitados. Los estudiantes suelen trabajar de dos en dos y compartir a un mismo profesor de prácticas. Las prácticas reciben notas como el aprobado, el aprobado con una parte pendiente y el suspenso. Se intenta trasmitir a los futuros docentes una actitud positiva frente a la investigación. En ningún lugar se expresa cierta ideología como el ideal de la formación docente. En los documentos estudiados, Finlandia aparece como un país ambicioso y con mucha confianza en su capacidad de poder mejorar más todavía sus buenos resultados; constituye un ejemplo de un círculo virtuoso.

Curiosamente, los documentos finlandeses dicen muy poco sobre la formación docente y la explicación podría ser que la calidad de la enseñanza no tiene tanto que ver con la formación en sí como con la selección de los candidatos. Hay muchísimos más candidatos que plazas. Este *numerus clausus* podría ser la parte más importante del secreto finlandés. Los jóvenes que son aceptados en la formación docente son inteligentes, tienen una buena cultura general y un buen manejo del idioma y están muy motivados. También la formación docente está descentralizada y cada región la organiza a su manera.

Es curioso que los pedagogos de la Universidad en Finlandia utilizan una terminología similar a la del resto de pedagogos; en otras palabras, la diferencia no está tanto en el discurso como en la práctica. Los pedagogos finlandeses hablan también del constructivismo, de aprender a aprender y de colocar al alumno en el centro del proceso de aprendizaje[14]. Se oye la misma terminología que se usa en otros países, pero el contenido se entiende de manera menos radical en Finlandia. Algunos comentaristas finlandeses con simpatía por la nueva pedagogía no saben qué decir del éxito de su

---

[14] Jakku-Sihvonen – Niemi, 2007, pp. 58-62.

propio país y suelen hablar de una contradicción en la escuela finlandesa: creen que el ambiente es democrático pero que la organización no lo es[15]. Parecen lamentar no poder mostrar una Finlandia caracterizada por métodos pedagógicos más modernos.

Lo que debe contener una formación docente, según los finlandeses, es un conocimiento de la asignatura, del currículo, de las necesidades de los alumnos, sobre cómo se aprende y sobre la pedagogía en general[16]. Los profesores que orientan a estos futuros docentes constatan que la práctica tiende a no corresponder a la teoría pedagógica, y que hay poca investigación sobre cómo se debe orientar a un futuro docente. Por eso, se atienen a lo concreto, discuten lo que ha pasado en el aula y basan su ayuda en escuchar, conversar y construir una confianza entre el profesor formador y el joven estudiante que se está formando[17].

Como en otros países, la escuela finlandesa también tiene ciertas dificultades para reclutar a futuros profesores de matemáticas, física, química y lenguas extranjeras, aunque no parece que los problemas sean tan grandes como en otros lugares. Ahora las autoridades intentan atraer a la escuela a personas que quieran cambiar de profesión. La formación adicional que necesitan estas personas se hace a veces por internet. Aproximadamente a partir del año 2000 aumentó la enseñanza a distancia y ahora existe una formación docente a distancia para los estudiantes domiciliados en zonas aisladas que ya trabajan como suplentes en diferentes colegios, pero deben dedicar año y medio a lo que los otros hacen en un año a tiempo completo[18].

---

[15] Ib. pp. 216-219, 226.
[16] Ib. p. 155.
[17] Ib. pp. 72, 84, 89, 90, 98.
[18] Ib. p. 124.

La importancia del profesor. El ejemplo finlandés

Northern lights: *una comparación entre países nórdicos*

Los países nórdicos son bastante similares en su política educativa y todos han sido influidos por los ideales de la nueva pedagogía. Suelen invertir bastante en la educación y hablar más de apertura que de exigencias, con la excepción de Finlandia. Los países retrasan la entrada a la educación del alumno como también retrasan el momento de dar notas hasta octavo grado con la excepción de Finlandia. Por la suspicacia de la nueva pedagogía ante las notas, los países han cambiado varias veces sus sistemas de notas, excepto Finlandia, que sigue usando la misma escala de siempre.

A mediados de los años noventa, Suecia adoptó nuevos currículos para el sistema escolar entero, currículos que enfocaban las competencias generales que se debían promover y no tanto las materias. Los finlandeses introdujeron también un currículo nacional en 1994, un currículo un poco más libre, pero los resultados empezaron a ser diferentes entre las escuelas, y decidieron introducir otro marco curricular ya en 2004, un currículo con un claro hincapié en lo que debe saber el alumno en las diferentes materias. Se cree que Suecia sirvió como ejemplo negativo. En PISA, sin embargo, puede haber ayudado a Finlandia el hecho de que su estructuración de las materias sea bastante similar a lo que se mide[19].

En cuanto a la preparación de los docentes, los finlandeses tienen ahora un nivel más alto que los demás países nórdicos. En particular, los docentes noruegos se encuentran en una situación difícil porque deben enseñar casi todas las materias hasta el décimo grado. Cuando se trata por ejemplo de las ciencias naturales, parece que su preparación no es suficiente.

---

[19] Matti, Tomas (ed.). *Northern lights on PISA 2006. Differences and similarities in the Nordic countries.* Copenhague: Nordic Council of Ministers, 2009, pp. 35, 38-39 y 43.

En cuanto a la colaboración con los padres, Finlandia sale bien parada en comparación con los demás países escandinavos. Finlandia no publica los resultados escolares como los demás países nórdicos, pero aun así los padres tienen confianza en el sistema escolar, apoyan a los profesores y no exigen tener más influencia en la escuela. Parece que sólo cuando la escuela no funciona de manera óptima, los padres intentan intervenir en el trabajo del colegio[20].

Según las encuestas que acompañan las pruebas de PISA, hay mucho interés por la lectura entre los jóvenes finlandeses, mientras que el interés por la lectura está bajando, claramente en Noruega, pero también en Suecia. Se constata algo importantísimo y es que el interés por la lectura está más relacionado con el éxito escolar que con el nivel socioeconómico de los padres. El énfasis en la lectura podría ser lo esencial del milagro finlandés. Los estudiantes que tienen un nivel socioeconómico relativamente alto pero poco interés por la lectura obtienen resultados peores que los estudiantes con un gran interés en la lectura combinado con un nivel socioeconómico relativamente modesto. Así, el interés por la lectura es más importante que el nivel socioeconómico. Esto es interesante, porque muchas veces se afirma que existe una relación automática entre el nivel socioeconómico y los resultados escolares[21]. En particular, es esencial que los alumnos lean también fuera del colegio, y se sabe que suelen leer más las chicas que los chicos. Hay más chicos que chicas entre los alumnos a los que no les gusta leer y que evitan leer si pueden, mientras que los chicos pasan más tiempo con los videojuegos. El informe dice claramente lo que saben los

---

[20] Ib. pp. 61 y 71.
[21] El texto original reza: «Students with relatively high socio-economic backgrounds but weak interest in reading do much worse on tests than students with great interest in reading combined with relatively low socio-economic background. Interest in reading beats socio-economic background! This is interesting, not least because socio-economic background is usually a good predictor of test outcomes», p. 191.

profesores, y es que una escuela que enfatiza la lectura puede cambiar la vida de los alumnos. Sin embargo, esta constatación va tan en contra de la nueva pedagogía que no todos los pedagogos que colaboran en el informe logran entender la importancia del dato. Unas páginas más adelante, en el mismo informe, se habla de nuevo de la importancia de los niveles socioeconómicos. Tampoco mencionan la importancia del esfuerzo y de las exigencias, ni de la calidad de los profesores, del currículo y de los manuales[22].

Comparando Finlandia con Suecia, Finlandia tiene una enseñanza más sistemática y Suecia una enseñanza más variada. Finlandia propone un buen programa que es igual para todos, mientras que Suecia intenta individualizar la enseñanza. Finlandia atrae a muy buenos estudiantes a la carrera docente, lo cual ya no es el caso de Suecia. En Finlandia, los salarios de los docentes se mantienen en un nivel medio o medio alto, mientras que en Suecia los salarios han bajado lentamente en comparación con los de otras profesiones.

En resumen, los países escandinavos tienen una excelente tradición en cuanto a la educación y la lectura, y todos han sido influidos por la nueva pedagogía. De los países en cuestión, Finlandia es el país que se ha mantenido más fiel a la propia tradición, conservando el énfasis en las materias y en la especialización de sus profesores. El resultado es que los expertos consideran que los alumnos finlandeses están año y medio más avanzados que los alumnos de los demás países nórdicos[23].

---

[22] Ib. pp. 134-135 y 162.
[23] Ib. p. 190.

Comentarios extranjeros al «milagro» finlandés

Un comentarista español ha ido a estudiar lo que sucede «en el bosque educativo finlandés»[24]. Subraya que hay otros países que también obtienen buenos resultados. Finlandia es un ejemplo de un buen modelo, pero no el único. Identifica como esencial que los alumnos finlandeses lean más que otros alumnos, que haya más competencia que en otros países y que el resultado escolar no dependa del nivel socioeconómico de los padres. Cree importante la tradición histórica de respeto por la lectura, el énfasis que da el colegio a la lectura y la existencia de una extensa red de bibliotecas. El autor rechaza la idea de que sea la oscuridad y el frío lo que incentive a la gente a leer. Constata que los niños leen cosas de niños, los adolescentes leen periódicos y, como adultos, quizá leerán libros.

El comentarista español se ha fijado en particular en que se sirve una comida caliente gratuita a mediodía y que los profesores y los alumnos comen juntos. Cree que es un momento importante de la jornada escolar y que es cuando los profesores enseñan a los alumnos cómo comportarse en sociedad; la respetuosa conducta de los finlandeses en los lugares públicos podría haberse aprendido en la escuela.

Otro comentario viene de una experta española que ha visto lo mismo, pero lo interpreta de manera diferente, porque su plataforma de pensamiento es la nueva pedagogía[25]. Ha observado que la Comunidad de Madrid y Finlandia tienen una población de tamaño

---

[24] Giménez Gracia, Francisco. «El bosque educativo finlandés. Algunas claves del éxito de Finlandia en PISA». *Cuadernos de Pensamiento Político*, 23. Julio-septiembre, 2009.

[25] García Ruiz, María José. *Estudio comparativo de la educación: Finlandia y Comunidad de Madrid. Análisis y recomendaciones.* Madrid: Comunidad de Madrid, 2009.

aproximadamente igual y de ahí el interés por hacer una comparación. Madrid invierte más dinero en educación, los salarios de los profesores son más altos y su formación es por lo menos tan buena como en Finlandia. El número de días estudiados es, más o menos, el mismo. Una diferencia es que, después de terminar la secundaria obligatoria, un 80% de los alumnos españoles optan por el bachillerato y solo un 20% por la formación profesional, mientras que en Finlandia las cifras son un 50% para cada tipo de formación. Sin embargo, piensa la autora, hay más «indicadores» positivos para Madrid que para Finlandia y le debería ir mejor a Madrid. Para ella, resulta una frustración que no sea así. En Madrid, un porcentaje menor de los alumnos terminan la secundaria superior en comparación con la situación en Finlandia; también son menos los estudiantes que terminan una carrera universitaria completa. La autora cree que la explicación fundamental es que la población madrileña es más heterogénea. Sin embargo, ya que los españoles aplican más la nueva pedagogía, les debería ir mejor, piensa la autora, y por eso el caso de Finlandia le resulta un enigma. Está tan convencida de que la nueva pedagogía es la correcta que no entiende lo que ve:

— Constata que la enseñanza finlandesa está más centrada en la explicación del profesor. Por eso, cree que los alumnos finlandeses son fundamentalmente pasivos[26].

— Constata que la universidad tiene un *numerus clausus*, pero no comenta la conexión entre este dato y el esfuerzo de los alumnos.

— Constata que la formación propiamente pedagógica de los docentes sólo es de un año y que este año consiste en parte en prácticas, pero no subraya la diferencia entre el modelo finlandés y el nuevo máster español obligatorio para los futuros docentes, basado en la nueva pedagogía.

---

[26] Ib. p. 106.

— Constata que Finlandia tiene una escuela comprensiva y obligatoria como España, pero no habla de la flexibilidad local del sistema finlandés.

— Critica que en Finlandia no se integre a todos los alumnos con necesidades especiales, pero no discute las consecuencias de tal integración[27].

— Para la autora, no hay milagro, porque cree que con una excelente formación docente, un estatus social elevado para los docentes, una fuerte identidad profesional, una cultura de «obediencia y autoridad», funciona cualquier modelo educativo. Para ella, la escuela refleja la sociedad y, para ella, Finlandia es una sociedad conservadora y autoritaria, «oriental».

Esta analista destaca tres características en la escuela finlandesa: su conservadurismo, su autoritarismo y su profesionalismo. Explica el buen resultado por la homogeneidad de la población[28]. La conclusión general refleja las creencias pedagogicorreligiosas de la autora. Para ella, Finlandia no es un ejemplo del triunfo de la escuela comprensiva ni tampoco Finlandia está en la vanguardia del desarrollo pedagógico.

Es muy importante tomar en serio las observaciones de esta autora, porque un número considerable de pedagogos en los países desarrollados comparten esas mismas convicciones. Durante años han leído sobre la maldad de la escuela tradicional, denunciada como burguesa y elitista, y cuando se encuentran con un ejemplo de una escuela que es todo lo que quieren en cuestión de igualdad, no les gusta que se haya conseguido con los métodos contra los que ellos predican. El caso de Finlandia pone en tela de juicio lo que se presenta como una pedagogía moderna.

---

[27] Ib. p. 132.
[28] Ib. pp. 122-123, 133 y 143-145.

La importancia del profesor. El ejemplo finlandés

Una comparación entre los sistemas educativos en Francia y Japón arroja más luz sobre el tema que estamos estudiando[29]. El comentarista francés dice que Francia obtiene muy buenos resultados, pero sólo en la mitad mejor de los estudiantes; obtiene resultados mediocres en un 35%; y obtiene resultados muy malos en un 15%, y es la situación de este 15% la que se ha estudiado en este libro. El problema de Francia es qué hacer con el 15% más bajo. En Japón se dice que hay más problemas ahora que en los años noventa, porque los diplomas ya no garantizan un buen empleo, y que cada vez más se ve una polarización entre los alumnos que logran buenos resultados y los que se rebelan contra las exigencias. El comentarista cree que les va bien a las chicas por todas partes, porque las chicas suelen aceptar las reglas de las escuelas. A los chicos les gusta competir. El ideal sería que el alumno a la vez aceptara guiarse por las reglas y que le gustara competir. ¿Más o menos como los finlandeses?

Por si alguien cree que estamos hablando de algo genético y no de una manera cultural de organizar los estudios, es interesante el dato de que en Japón hay inmigrantes de Brasil que son hijos o nietos de japoneses. Estos jóvenes de aspecto japonés no se comportan como los demás alumnos, y suelen dejar tan pronto como pueden los estudios[30]. Es decir, los japoneses no estudian por razones «genéticas» sino por razones culturales y por estar insertados en una sociedad en la que se da un alto valor al estudio. Exactamente lo mismo sucede con algunos de los alumnos finlandeses de habla finesa inmigrados a Suecia, que no siempre logran los resultados que caracterizan a los finéshablantes en Finlandia[31].

---

[29] Sabouret, Jean-François – Sonoyama, Daisuke. *Liberté, inégalité, individualité. La France et le Japon au miroir de l'éducation*. París: CNRS, 2008, pp. 50, 186, 195 y 305.

[30] Ib. p. 218.

[31] Véase, entre otros estudios, Eriksson, Riita. *Biculturalism in Upper Secondary Education. The Long Term Effects of Finnish Language Programs on Students' Educational and Occupational Careers – A Swedish Case Study*. Estocolmo: Universidad de Estocolmo, 1994.

La buena y la mala educación

Tradiciones, inteligencia, pragmatismo y flexibilidad

Un ingeniero y profesor, funcionario de la Dirección General de las Escuelas Finlandesas en Helsinki, señala en una entrevista por qué Finlandia se libró de la politización de la educación que ha caracterizado a los demás países escandinavos. Su explicación es que en Finlandia, hasta los años noventa, había una situación política compleja con múltiples partidos y los políticos estaban ocupados formando gobiernos de coalición. Como se cambiaba a menudo de gobierno, los gobiernos tenían que fiarse de los funcionarios[32]. Así, en gran medida, los políticos dejaron trabajar a los funcionarios del Ministerio de Educación sin demasiado intervencionismo.

También señala a las tradiciones sociales en Finlandia como una explicación del éxito actual. En Suecia, cree, lo democrático se entiende como discutir todo con todos constantemente; en Finlandia se entiende como votar a alguien y después dejar que la persona designada haga su trabajo; si no lo hace bien, se la destituye y se nombra a otra. Tanto en la escuela como en la familia se acepta que decida alguien sin que los otros se sientan oprimidos por eso. La escuela es vista como el lugar de trabajo de los niños y de los jóvenes; los alumnos tienen derecho a divertirse y pasarlo bien, pero esta parte de su vida pertenece a la vida privada.

El entrevistado cree que la actitud positiva ante las ciencias naturales se puede explicar por la historia finlandesa. La industria ha salvado a Finlandia en dos ocasiones relativamente recientes. La primera fue después de la segunda guerra mundial, cuando hubo que pagarle grandes sumas a la Unión Soviética y se montó una industria metalúrgica exitosa. La segunda fue durante la crisis de

---

[32] Entrevista con Henrik Laurén, la Dirección general de las escuelas finlandesas, Helsinki, abril de 2010.

principios de los años noventa, cuando se logró sacar adelante al país a través de las telecomunicaciones y la robótica. Los finlandeses saben que su supervivencia colectiva está atada a sus esfuerzos, a su trabajo y a su estudio.

Otro factor importante es la exitosa formación profesional. La mitad de los alumnos que sale de la escuela obligatoria se dirige a la formación profesional, y el éxito de esta formación tiene varias explicaciones: se han renovado las ofertas, tales estudios suelen conllevar un puesto de trabajo y, finalmente, los salarios no son malos. Además, la formación profesional tiene una continuación en la educación superior, si es que le interesa al alumno. Además, se ofrece la posibilidad de completar la formación profesional con cuatro materias teóricas para poder solicitar el ingreso en una carrera universitaria.

Una persona encargada de la formación docente de los profesores suecoparlantes en Finlandia describe el proceso de selección que se utiliza en su región[33]. En su universidad, se reciben tres veces más solicitudes que plazas hay. En el proceso de selección, se tienen en cuenta las notas de los estudios de la secundaria superior, las notas de los exámenes escritos nacionales y el número de materias presentadas. Basándose en esto, la universidad llama a una entrevista de selección. La entrevista corre a cargo de un profesor de pedagogía o de didáctica y de un profesor de la escuela de prácticas. Estos dos profesores observan el manejo del lenguaje del estudiante, su personalidad y su actitud de cara a su futura profesión. Casi nunca se acepta a alguien que no sea hablante nativo de sueco, es decir, en este caso, que sea finéshablante. La formación finesa, por su parte, no suele aceptar a hablantes con el sueco como lengua materna. La explicación es que en la enseñanza se adjudica

---

[33] Entrevista con Cristina Nygren Landgärds, Åbo Akademi, Turku, abril de 2010.

un valor muy grande a la lengua y los hablantes no nativos pocas veces dominan suficientemente bien la lengua como para ser buenos modelos lingüísticos. La lengua es el instrumento principal de los alumnos para aprender. La formación que después se ofrece a los seleccionados es notablemente flexible, porque los estudiantes pueden escoger una parte de las materias y pueden estudiar los cursos pedagógicos en el orden que les convenga.

Para hacer subir todavía más el nivel de la formación docente, el Estado finlandés subvenciona a los profesores universitarios que enseñan en la formación docente para que saquen el doctorado si no lo tienen ya. Los municipios ofrecen empleos a profesores con un doctorado, tanto dentro de la secundaria superior como dentro de la escuela comprensiva. Las tesis escritas por estos profesores universitarios, igual que las tesis de máster de los futuros profesores de colegio y de instituto, tratan generalmente de diferentes aspectos de la didáctica. Cuando se habla en Finlandia de la importancia de una formación docente basada en la investigación, hay que entender que esta investigación constituye una continuación de la actitud pragmática que caracteriza al sistema. Muchas veces las mencionadas tesis se elaboran como una reflexión sobre una experiencia, insertada dentro del marco de otras experiencias, descritas con anterioridad.

Los pocos alumnos que salen de la escuela obligatoria sin un certificado, pueden completar su formación. Ya que son pocos, no suele haber suficientes alumnos como para formar un grupo entero, sino que esta enseñanza se organiza de manera diferente en cada caso. Finlandia no da subvenciones de desempleo a personas por debajo de los veinticinco años, sino que son invitados a inscribirse en programas de prácticas o de formación profesional.

Como explicación de los éxitos educativos, una profesora responsable de una formación docente en finés señala elementos tan dispares como el respeto de la sociedad por la figura del profesor,

La importancia del profesor. El ejemplo finlandés

el alto nivel de los futuros docentes, la saludable competencia entre algunas editoriales de manuales, el no cuestionar que los alumnos tengan que trabajar, y, finalmente, la comida caliente que se sirve a mediodía y que hace que los alumnos tengan fuerzas para trabajar[34]. También señala problemas en la educación finlandesa como el bajo número de varones entre los docentes. Tantos hombres como mujeres solicitan plazas en la formación docente, pero los varones son eliminados porque tienen notas más bajas. Lo que salva a algunos varones son las entrevistas.

Unas mujeres responsables de la formación continua del profesorado suecoparlante y de la educación superior correspondiente a la formación profesional dan ejemplos de la flexibilidad y del pragmatismo finlandés[35]. Organizan cursos universitarios de verano, cursos por internet y cursos de formación docente que se pueden tomar en diferentes etapas de la carrera. Combinan la tecnología, las materias y los temas sociales. Sin embargo, como profesoras y madres no lo ven todo de color rosa en la escuela obligatoria finlandesa. Se preocupan por la integración de alumnos con problemas en el aula. Una profesora cuenta que un experimento de integración hizo perder un año entero al grupo en que estaba su hijo. Las profesoras también señalan la falta de atención a los jóvenes con talentos.

Un director de colegio que sí está contento con la calidad educativa, destaca algunas características de su escuela secundaria que educa a alumnos de entre los trece y los dieciséis años. El horario termina alrededor de las dos de la tarde y solo el jueves se continúa hasta las cuatro y media. Los alumnos reciben los manuales que necesitan como préstamo. Se hacen excursiones con los alumnos

---

[34] Entrevista con Riitta Asandi, Universidad de Turku, abril de 2010.
[35] Entrevista con Paula Lindroos y colaboradoras, Åbo Akademi, Turku, abril de 2010.

del último año para que conozcan diferentes escuelas de formación profesional. Los alumnos mayores funcionan también como personas de contacto para los alumnos más jóvenes. Los alumnos dicen dedicar una hora cada tarde a los deberes o quizá dos si hay prueba; tienen una prueba escrita cada semana según un esquema que se establece al comienzo del año escolar. Los profesores mandan un mensaje electrónico a los padres por lo menos una vez por semana para decir que todo va bien o para contar que hay algún problema especial. Tampoco Finlandia está a salvo de los problemas porque hay casos de absentismo y hay algún que otro alumno que tiene que repetir el curso [36].

Observando a un grupo de quinceañeros, es llamativo que la tan mencionada homogeneidad no es total. El grupo en cuestión cuenta con tres alumnos que son atletas de alto nivel; están ausentes frecuentemente, pero son ambiciosos y recuperan las clases perdidas con la ayuda de un compañero. Al grupo pertenece también un chico con síndrome de Asperger que no dice nada en el aula, pero que saca muy bien los exámenes de matemáticas. Oficialmente no hay itinerarios en la escuela obligatoria finlandesa, pero en este caso se puede observar dentro de una misma aula a alumnos que trabajan con un profesor de educación especial, a otros que trabajan en el nivel normal del curso y a un tercer grupo que trabaja en un nivel más alto para sacar notas más elevadas. Como en cualquier país, cuando hay muchas actividades simultáneas en un aula, se produce un susurro que puede molestar cuando un alumno intenta concentrarse. También en Finlandia algunos alumnos, a los que les queda mes y medio para terminar la escuela obligatoria, miran por la ventana con una expresión que revela que sus pensamientos están lejos del aula.

---

[36] Entrevista con Christer Karlsson, director de Sankt Olafsskolan, Turku, abril de 2010.

La importancia del profesor. El ejemplo finlandés

El director de un prestigioso instituto de bachillerato menciona que su instituto sólo acepta a alumnos con un siete de promedio, es decir que sean buenos estudiantes[37]. Recibe dos veces más solicitudes que las plazas que oferta. En Helsinki, hay institutos especializados en deporte y en arte que tienen una nota de corte muy alta para el acceso a las mismas. Por ahora, no existen institutos especializados en materias teóricas. Como contraste, en las ciudades pequeñas se pueden dar institutos que admitan a todos los alumnos que soliciten una plaza y donde el ritmo de trabajo sea relativamente relajado. Los alumnos finlandeses no eligen una línea o un programa, sino que deben juntar 75 cursillos para graduarse. Algunos de estos cursos son obligatorios, pero otros se pueden combinar según el interés del alumno. Es decir, el sistema es extraordinariamente flexible. Hacia el final del tercer año, los alumnos se presentan a cuatro exámenes escritos nacionales, pero pueden presentarse ya en el otoño y, si no les salen tan bien como quisieran, volver a hacer las pruebas en la primavera. Los alumnos ambiciosos quizá se presenten para sacarse siete u ocho materias. Pueden presentarse a un examen sin ir a las clases correspondientes. También pueden estudiar una carrera de formación profesional y completarla con las cuatro asignaturas teóricas obligatorias y así sacar dos exámenes.

El horario también merece atención. Muchas veces se trabaja en periodos bastante largos, pero con las materias «pesadas» por la mañana y las optativas, las estéticas y el deporte por la tarde. Además, esa tarde es muy breve, porque, como ya se ha dicho, suele terminar a las dos. Después de terminada la escuela, los alumnos normalmente participan en las actividades de diferentes clubes o hacen deporte.

---

[37] Entrevista con Bertel Wahlström, director de Katedralskolan, Turku, abril de 2010.

El horario escolar está organizado en periodos de seis o siete semanas después de las cuales los alumnos terminan los cursillos en cuestión y empiezan con otros. Hay clases para las que hay que estudiar mucho de manera tradicional, pero también se puede observar una tendencia a enseñar a través de tareas prácticas que deben realizar los alumnos. Por ejemplo, los alumnos deben buscar un artículo periodístico sobre cierto tema, resumirlo en clase y comentarlo. En otra clase, deben preparar un discurso de tres minutos pensando en los tres elementos de la retórica clásica: el *logos*, el *ethos* y el *pathos*. En una clase de lengua extranjera deben discutir, de dos en dos, sobre diferentes profesiones, preguntar al compañero qué profesión le gustaría tener y por qué. En algunas materias, los grupos son grandes, pero también pueden tener doce o quince alumnos. También en el bachillerato los alumnos reciben una comida caliente gratuita a mediodía, pero tienen que comprarse los manuales.

Para resumir, el éxito del sistema educativo finlandés no se basa en cierta ideología educativa, sino en una serie de decisiones que juntas crean un buen ambiente para el estudio. Al hablar de la educación finlandesa hay que mencionar la flexibilidad con la que se combinan el nivel nacional y el local. Los finlandeses siguen modificando su sistema para mejorarlo aún más. Por ejemplo, recientemente se ha introducido una importante reforma universitaria y se está reformando el marco curricular de la escuela obligatoria. Ya que muchas decisiones se toman a nivel local, no hay un único modelo finlandés sino que existen variantes. Sin embargo, hay algunos rasgos que se podrían señalar: los profesores son inteligentes, bien preparados, flexibles, respetuosos y respetados; se dirigen a los alumnos con la oferta de abrirles el mundo a través del desarrollo personal; ofrecen comentarios y solicitan respuestas, seguros de sí mismos y de su tarea como docentes; es notable que muchos de los deberes asignados tengan la forma de una pequeña investigación o de la preparación de una intervención oral en el aula. Se podría hablar de un proceso de cualificación del joven. Es difícil pensar que una educación privada pudiera dar más de lo que da la escuela pública finlandesa.

LA IMPORTANCIA DEL ESFUERZO DEL ALUMNO. EJEMPLOS DE ESTADOS UNIDOS Y, EN PARTICULAR, DE CALIFORNIA

Durante mucho tiempo, los ideólogos de la educación han presentado ésta como un privilegio de clase y han exigido que se «distribuya» a través del libre acceso, la ausencia de pago y hasta de subvenciones para estudiar. Sin embargo, no es tan sencillo cambiar la realidad, porque ese modelo no cuenta con el hecho de que hace falta voluntad y esfuerzo para aprender. Parece una verdad de Perogrullo decir que lo importante en la educación es que el estudiante estudie. Para encontrar pruebas de lo evidente, uno puede estudiar la situación en California, pero hay ejemplos de lo mismo en muchos otros países.

Si bien es conocida la historia de los Estados Unidos en sus líneas generales, quizá no sea tan conocida la historia de la educación estadounidense. En un estudio ya clásico sobre la educación en este país, la historiadora de la educación Diane Ravitch habla de una «era de oro» de la educación estadounidense entre 1925 y 1958 aproximadamente, una época en la que todavía seguía intacta la sólida tradición de lectura, había menos inmigración y no habían empezado a bajar los resultados de la famosa prueba SAT *(Scholastic Aptitude Test)*, que mide la preparación académica del alumno. La tradición de excelente educación en los Estados Unidos empieza con el nacimiento mismo del nuevo Estado, cuando los puritanos fundan el

Harvard College a los seis años de haber llegado a América. Los Estados Unidos votaron muy temprano una ley de educación obligatoria, y las empresas punteras estadounidenses han reclamado y siguen reclamando una mano de obra cualificada.

Testimonios de maestros de los años veinte del pasado siglo dan cuenta de cómo recayó sobre ellos la tarea no sólo de organizar la enseñanza sino incluso atender la higiene de los alumnos e indicarles cómo debían vestirse. Había bastante absentismo y abandono escolar en aquella época. Algunos inmigrantes no hicieron esfuerzos para que sus hijos aprendieran inglés, otros sí, pero en la escuela se dieron clases de inglés y de «americanización» para integrarlos mejor, aunque resulta imposible valorar a tanta distancia temporal la importancia de aquellas clases para los resultados finales. También estos maestros dejan constancia de cómo en los veranos, se organizaban clases de recuperación y clases para avanzar más rápido.

Curiosamente, la depresión económica influyó positivamente en la educación en dos sentidos: primero, convenció a muchos estadounidenses de la importancia de la educación como seguro para el futuro de un joven; segundo, atrajo a personas muy cualificadas a la profesión docente. Habían desaparecido otros puestos de trabajo o habían disminuido los salarios, mientras que la administración escolar decidió mantener estable el nivel de los salarios de los profesores, suprimiendo otros gastos para poder hacer esto. Hubo menos inmigración durante los años dorados de la educación estadounidense pero el problema tampoco eran todos los inmigrantes, sino que algunos de estos grupos tenían poco apego a la educación. Los rusos de origen judío, por ejemplo, tuvieron mucho éxito en la escuela, mientras que los italianos tuvieron bastante menos.

Entre los educadores estadounidenses, el año 1963 es famoso como símbolo de una serie de cambios, algunos lentos y otros más inmediatos. En 1963 empezaron a bajar los resultados de la prueba SAT en un trasfondo social de creciente incidencia de la droga entre los jóvenes y más separaciones matrimoniales en la generación de sus padres. En 1966 se celebró un congreso en la Universidad de Dartmouth que marcó la introducción del multiculturalismo. Las corrientes antiautoritarias promovieron pedagogías que daban más énfasis a la expresión de la personalidad del alumno que al desarrollo de la autodisciplina para formar una personalidad responsable.

Pues bien, la educación estadounidense podría encontrarse ahora de nuevo en una situación como la del comienzo del siglo pasado. En 2006, las minorías forman una tercera parte de la población, pero se prevé que en 2042 serán la mitad[1]. Entre 1997 y 2006 entraron unos nueve millones de inmigrantes legales y quizá unos doce millones de ilegales. En seis estados, son ya mayoría las «minorías»: se trata de California, Hawaii, Louisiana, Mississippi, Nuevo México y Texas. La situación en California es una ilustración particularmente clara en cuanto a los factores que influyen en la calidad educativa y la educación de los inmigrantes, temas que preocupan profundamente a las autoridades educativas en muchos países. La enseñanza bilingüe y las cuotas étnicas también son temas candentes en California.

En un estudio de 2010, Ravitch examina dos tendencias actuales en la educación. Empieza mencionando las enormes inversiones en la educación estadounidense durante los últimos tiempos y se pregunta por qué no han mejorado los resultados[2]. Empieza refiriéndose al

---

[1] La introducción a Darling-Hammond, Linda. *The flat world and education. How America's commitment to equity will determine our future.* Columbia University: Teachers' College, 2010.

[2] Ravitch, Diane. *The death and life of the great American school system. How testing and choice are undermining education.* Nueva York: Basic books, 2010. Dice lo mismo de las *charter schools* Jonathan Schorr en *Hard lessons – the promise of an inner city charter school.* Nueva York: Ballantine Books, 2002. Un trabajo criticando la actuación de los sindicatos docentes es Brimelow, Peter. *The worm in the apple. How the teacher unions are destroying American education.* Nueva York: Harper Collins, 2003.

La importancia del esfuerzo del alumno. Ejemplos de Estados Unidos

famoso informe «*A Nation at Risk*», de 1983, que protestaba contra los experimentos educativos en la escuela estadounidense de la época. Se había comprobado que los resultados de la prueba SAT de preparación a los estudios universitarios estaban bajando y las comparaciones internacionales mostraban que el nivel estadounidense no era ya el que los americanos suponían que debía ser. Pasaron los años, y la preocupación aumentó a pesar de los excelentes resultados en algunos estados como Massachusetts y Minnesota.

El centro de interés de la investigación de Ravitch se centra en dos fenómenos visibles a partir de 1990: el control burocrático de las escuelas a través de las pruebas estandarizadas y una mayor posibilidad de elegir colegio. El gran interés del texto de Ravitch está en su enorme precisión, gracias a la cual pueden observarse los resultados de ambos fenómenos. Ravitch explica que la preocupación de los políticos por el empeoramiento de los resultados escolares provocó que se decidiese entregar poder a ciertos líderes supuestamente fuertes para que consiguieran elevar los resultados, por ejemplo en las ciudades de Nueva York y San Diego. Ravitch cuenta que lo que sucedió fue una mezcla antieducativa de las ideas favoritas sostenidas tanto por la izquierda como por la derecha. De la izquierda se tomó un programa de lectura que la enfocaba como un método, algo supuestamente práctico y democrático. En matemáticas, se favoreció un programa constructivista. Así, se invirtieron enormes sumas en la formación continua de un profesorado escéptico o directamente recalcitrante. De la derecha y del mundo de los negocios se tomó la idea de considerar la educación como un problema de gestión. Imponiendo un control de los métodos usados por los profesores y de los resultados de los alumnos, se imitaba el control de calidad de la industria a través de pruebas continuas. El resultado para la calidad de esta intervención política fue nulo o directamente negativo, según Ravitch, ya que la manía de las pruebas de lengua y matemáticas disminuyó el espacio en el horario para las otras materias y empobreció el currículo.

Subraya Ravitch que, por el contrario, países exitosos como Japón y Finlandia enseñan un currículo amplio. Cuando llega el momento de una prueba, los alumnos de estos países logran buenos resultados porque entienden los temas planteados en los ejercicios y no porque hayan aprendido métodos. La autora da también numerosos ejemplos de cómo los centros pueden manipular los resultados de los tests en vez de mejorar realmente la enseñanza. Se puede, por ejemplo, reclasificar a ciertos alumnos como con dificultades, reorganizar los centros escolares en más pequeños o cambiar los baremos de lo que se considera aceptable. Esto último es especialmente fácil en los Estados Unidos, ya que el país no tiene un currículo nacional en el que se puedan basar las pruebas.

La otra tendencia analizada por Ravitch ha sido la de ofrecer a los alumnos la posibilidad de elegir otro colegio si la escuela más cercana a su domicilio no les inspiraba confianza. En este sentido, se han incrementado las *charter schools*, colegios concertados, algunos con una especialización particular. Estas escuelas suelen ser más pequeñas que los colegios públicos. Varias fundaciones con preocupaciones sociales han invertido sumas ingentes de dinero en proyectos educativos de este tipo, pero la repuesta por parte de las familias no ha sido la esperada. En la práctica, pocos alumnos están dispuestos a viajar y sólo unos cuantos se han aprovechado de la oferta de ayuda gratuita después de la jornada escolar para mejorar sus resultados. Ravitch constata que la expectativa era que las *charter schools* dieran mejores resultados. En otras palabras, la conclusión de la autora es que la calidad no se consigue ni por el control burocrático ni por la libre elección.

Tampoco cree esta investigadora en la posibilidad de encontrar a unos superprofesores que en unos cuantos años vayan a poder subir el nivel de los alumnos con mucho retraso al de la media.

La importancia del esfuerzo del alumno. Ejemplos de Estados Unidos

No está impresionada por los resultados del programa *Teach for America*, que intenta que jóvenes profesionales brillantes dediquen dos años de su vida a enseñar en barrios difíciles, aunque no quieran después seguir como profesores. Cree que es poco probable que puedan ser muy buenos porque casi todos los nuevos profesores pasan los primeros años de su trabajo aprendiendo. Tampoco le convence la evaluación de la calidad de los docentes para distinguir a unos superdocentes a través de la calidad de los resultados de los alumnos. El resultado de un grupo también depende del esfuerzo de los alumnos y del apoyo de los padres, y estos factores no suelen aparecer en la evaluación del profesor.

Ravitch subraya lo difícil que es copiar el éxito de una buena escuela precisamente porque lo esencial es el *ethos*. Habla con gran aprecio de las tradicionales escuelas católicas en los Estados Unidos pero constata que por razones fundamentalmente de costes están desapareciendo. La autora no presenta ninguna solución a los problemas de la educación, pero subraya que no se ha intentado el camino de reivindicar más respeto y mejores salarios para los profesores. Las dos tendencias politicoeconómicas estudiadas por la autora muestran poco aprecio por los profesores.

Un autor estadounidense denuncia cómo las corrientes contraculturales a partir de los años sesenta han coadyuvado a la disminución del uso de la forma escrita elaborada de la lengua culta en los EE.UU, es decir, denuncia un desprecio por la lengua en la educación[3]. En la esfera pública se ve hoy una tendencia hacia un lenguaje más íntimo e informal y menos diferencias entre una conversación privada y pública. La ruptura con la tradición anterior se puede fechar en los Estados Unidos en el simposio celebrado en

---

[3] McWhorter, John. *Doing our own thing. The degradation of language and music and why we should, like, care.* Londres: Arrow, 2004.

Dartmouth en 1966; a partir de ese momento, el ideal en la educación se aleja del aprendizaje de la lengua y de la literatura y se acerca a la expresión del alumno, de su personalidad y de sus opiniones. Por ejemplo, casi ha desaparecido de la escuela la poesía, un género que se apoya en la escritura. Los límites impuestos por el poema estimulan la capacidad de inventar y la densidad de la expresión. Solía haber poetas conocidos por todos, y los alumnos solían aprender de memoria por lo menos algunos poemas y así tomar contacto con el uso elaborado y bello de la lengua. El autor comenta un estudio suyo sobre los discursos y las cartas de varios presidentes estadounidenses en el que se comprueba que manejaban diferentes registros para los discursos oficiales, las cartas y, probablemente, la conversación. Como contraste, con la contracultura se introdujo la costumbre de separar cada vez menos el registro oral del registro escrito. Lo escrito siempre se ha calculado más; sin embargo, precisamente las corrientes culturales actuales sospechan de lo que no es espontáneo. Se ha pasado a escribir como se habla, con lo cual se ha perdido lo escrito como registro especial. Los profesores ya no se atreven a enseñar reglas ni a corregir a sus alumnos. En los periódicos, las columnas de consejos sobre la lengua solían decir cómo se debía decir o escribir, pero hoy los cronistas no osan dar consejos; sólo mencionan cómo se podría pensar alrededor de un dilema lingüístico.

La educación en California

Hablar de la educación en California es en gran parte hablar de la educación de los inmigrantes. En 1995, un 35% de todos los alumnos inmigrantes en el sistema escolar estadounidense se encontraban en California. Las escuelas californianas han cambiado mucho en un tiempo breve[4]. Entre 1985 y 2000, los alumnos pertenecientes a una minoría étnica aumentaron de un 46,9 a un 62,1%. El número de alumnos con un inglés limitado aumentó de un 12,6 a un 24,9%. Entre estos alumnos con inglés limitado, los hispanohablantes aumentaron su cuota de un 72,6% en 1986 a un 82,6% en 2000. Muchos de los inmigrantes son pobres y en California, entre 1989 y 2000, los alumnos con derecho a una comida gratuita aumentaron de un 31 a un 47%.

Como en otros estados, las autoridades californianas han intentado remediar la situación con una reducción del tamaño de los grupos, programas de educación bilingüe y unos famosos proyectos de escritura que la conciben como un proceso. Sin embargo, el resultado no es el que quisieran las autoridades y, además, diferentes grupos étnicos adoptan diferentes actitudes frente a la misma escuela obligatoria y gratuita, con lo cual California resulta una ilustración de la importancia de la actitud del alumno. Los mejores alumnos son los asiáticos, después vienen los «anglos», es decir, los americanos de origen europeo, después los afroamericanos y, al final, los hispanohablantes, en su mayoría de origen mexicano.

California tiene una población como la española y constituye más o menos la séptima economía más grande del mundo. Son exitosas las industrias como el cine, la música, la informática, la viticultura y el turismo. Los californianos adultos son cultos, viven en una parte hermosísima del mundo y son pioneros del ecologismo. A pesar de esta buena situación, los resultados escolares californianos están bajando y esto no sólo es culpa de ciertos problemas presupuestarios del estado, porque si fuera así bajarían los resultados de todos los alumnos y éste no es el caso.

---

[4] Hook, Jennifer van – Stamper Balistreri, Kelly. «Diversity and change in the institutional context of immigrant adaptation: California Schools 1985-2000». *Demography*. Vol 39. N 4. November 2002. pp. 639-654.

La buena y la mala educación

Los hispanos y los afroamericanos son bastante similares en su manera de pensar y de actuar[5]. Piensan que para tener éxito lo importante es haber nacido inteligente, tener al profesor a favor suyo y tener suerte, es decir, el esfuerzo no importa. No suelen estudiar en casa. Tanto los alumnos como los padres piensan que es importante lograr el diploma de la *high school*, pero lo conciben como un papel, no como un conjunto de conocimientos. Además, los estudiantes no temen mucho el fracaso escolar. Conocen a otros que también han fracasado y pueden citar nombres de estrellas del mundo de la música y del deporte que no han terminado la *high school* y aun así han llegado a ser ricos y famosos. En otras palabras, los alumnos están influidos por un estilo de vida anti-intelectual que ven en la televisión y por compañeros que no valoran la educación.

Es llamativo que estos estudiantes cambien a menudo de escuela. En algunos centros escolares en Los Ángeles, hasta un 35% de los estudiantes cambian de colegio durante el año escolar[6]. Se van porque la familia se muda, porque no están a gusto en el colegio o porque, por su mala conducta, el colegio los invita a buscarse otra escuela. No solamente hay estudiantes que dejan el grupo durante el año lectivo, sino que también hay otros que se incorporan durante el año lectivo y que quizá no saben lo que ya ha aprendido el grupo. Es un eterno volver a empezar y así es imposible obtener buenos resultados. Los afroamericanos se mudan menos, terminan la *high school* en mayor medida y obtienen mejores notas que los latinos.

---

[5] Ream, Robert Ketner. *Uprooting children. Mobility, social capital, and Mexican American underachievement.* Nueva York: LFB, 2005. Steinberg, Laurence. *Beyond the classroom. Why school reform has failed and what parents can do.* Nueva York: Touchstone, 1996.

[6] Ream, op. cit.

La importancia del esfuerzo del alumno. Ejemplos de Estados Unidos

Para los alumnos de origen étnico europeo, el problema fundamental es que se dedican a tantas actividades que no les da tiempo de estudiar. El psicólogo Laurence Steinberg resume diez años de estudios basados en una muestra de 20.000 estudiantes de la *high school*, llegando a la conclusión de que los jóvenes anglos apenas estudian. Si duermen siete horas por noche, les quedan 120 horas por semana. Los estudiantes dedican unas veinticinco horas por semana a comer, lavarse y transportarse. Cuenta para cada jornada escolar siete horas de estudio académico, descontando el almuerzo, las pausas y la gimnasia. Los alumnos participan en actividades extracurriculares como el deporte o la música durante unas diez a quince horas por semana y una de las razones es que necesitan esta experiencia como mérito cuando solicitan una plaza en un *college*. Además, los estudiantes trabajan entre quince y veinte horas por semana, por ejemplo en una hamburguesería o una gasolinera. En los EE.UU., hay una larga tradición de trabajar durante los estudios, pero hoy en día no es para costearse los estudios sino para poder comprarse la ropa que está de moda o quizá un coche. Los estudiantes también dedican de veinte a veinticinco horas por semana a actividades sociales como hablar por teléfono, conversar en el patio del colegio, ir a una cafetería y salir con los compañeros durante el fin de semana. Ven televisión entre diez y quince horas y, con todo esto, es un milagro, considera Steinberg, que logren encontrar el tiempo para estudiar unas cinco horas por semana en casa. Los jóvenes consideran importante obtener un diploma y quieren poder seguir estudiando en un *college*, pero en general no se sienten angustiados. La presión social por ser popular entre los compañeros excede con mucho la presión de tener éxito en los estudios.

Los estudiantes de origen asiático en California son chinos, japoneses, coreanos o vietnamitas. Algunos vienen de familias instaladas desde hace tiempo pero la mayoría lleva poco tiempo en los

Estados Unidos. El éxito escolar de los hijos es el factor social más importante para la familia, y los padres prefieren que los hijos no trabajen y que se concentren en los estudios. Si hace falta dinero en la familia, trabajarán más los padres. En cuanto a los resultados escolares, la meta es que los hijos obtengan la nota más alta y si para eso necesitan ayuda, los padres están dispuestos a pagarles un profesor particular o a matricularlos en una escuela privada por la tarde o durante el fin de semana. Ante un resultado decepcionante, los padres y alumnos asiáticos reaccionan pensando que el alumno no se habrá esforzado lo suficiente. Los estudiantes asiáticos participan también en actividades extracurriculares, pero sólo en una o dos. En cuanto a los amigos, dedican menos tiempo a la vida social y, además, suelen relacionarse con buenos estudiantes. Su meta es una plaza en una universidad conocida, y logran este sueño en porcentajes muy por encima del resto de la población. Los estudiantes no quieren ni pensar en el desastre que sería fracasar en los estudios. El éxito de los estudiantes asiáticos es tan grande que los otros alumnos los ven a todos como inteligentes, aunque estadísticamente no todos ellos pueden haber nacido tan inteligentes. En algunos casos, sus éxitos despiertan envidias.

Cuestionamiento de la política educativa

Los datos que acabamos de estudiar resultan una refutación de las creencias en las que se basan las políticas educativas en muchos países occidentales. Supuestamente, el nivel educativo del hogar decide el éxito o fracaso del alumno. Sin embargo, según lo visto, resulta que el hogar de una familia china sin educación es un buen ambiente de estudio, si la familia sueña con que los hijos salgan adelante y aprovechen las oportunidades que les brinda el nuevo país.

La importancia del esfuerzo del alumno. Ejemplos de Estados Unidos

Supuestamente, el nivel económico de la familia es determinante. Sin embargo, unas familias asiáticas que han llegado con los bolsillos vacíos a los EE.UU. logran que sus hijos salgan adelante. ¿Por qué no logran lo mismo las familias pobres hispanas o afroamericanas? Por otro lado, las familias más acomodadas pueden tener grandes dificultades para convencer a sus hijos para que se esfuercen, ya que éstos ya tienen todo lo que desean y no ven por qué deberían estudiar en lugar de divertirse.

Supuestamente, es una gran ventaja haber nacido en el país en cuestión. Sin embargo, resulta que les va mejor a los asiáticos recién llegados, que a los anglos y los afroamericanos nacidos en el país. Además, les va ligeramente menos bien a los asiáticos de la segunda generación que a los de la primera. Es decir, cuando los alumnos se adaptan al país ven que no hace falta trabajar tanto y se vuelven algo menos ambiciosos.

Supuestamente, el tener otra lengua en la casa es una dificultad. Sin embargo, los alumnos asiáticos tienen otra lengua en la casa y les va estupendamente, mejor que a los estudiantes anglos. Los alumnos asiáticos no suelen pedir que la escuela norteamericana les enseñe la lengua de sus padres. A veces estudian esa lengua en clases particulares durante el fin de semana, pero sobre todo toman clases para lograr un alto nivel, por ejemplo en matemáticas. La educación bilingüe está asociada en primer lugar con los estudiantes hispanohablantes que constituyen precisamente el grupo que menos progresa. Además, si la dificultad de la nueva lengua fuera un factor esencial, les debería ir mejor a los hispanohablantes que a los asiáticos, ya que el español se asemeja más al inglés que las lenguas asiáticas.

La política que antepone la igualdad a otras metas educativas invita a los padres a entregar la educación a la escuela, pero estos datos muestran que es esencial el interés y la preocupación de los padres por la educación de sus hijos, ya que se refleja en los esfuerzos de los hijos. ¿Importa la calidad del colegio? Sí, importa pero tiene una relación con lo anterior. Los padres con interés por el éxito de sus hijos buscan buenos colegios, por ejemplo, mudándose a un barrio con buenos colegios. Además, si su hijo tiene un mal profesor, los padres suplen las carencias de esta enseñanza mediocre con clases extra para que el hijo salga adelante a pesar de todo. Un factor muy importante es que los buenos colegios ofrecen al estudiante un buen ambiente, con compañeros que también se dedican a estudiar. En la adolescencia, como es sabido, los compañeros son muy importantes.

Todo esto tiene una enorme importancia para diseñar una buena política educativa. Hay que intentar que todos los padres sean «asiáticos». Para lograr eso, el sistema escolar tiene que mandar a todos el mensaje de que el alumno debe dedicarse a estudiar. Hay que precisar, a través de las pruebas nacionales y los exámenes, lo que se espera del alumno, elevando y no bajando las exigencias. Es un enorme despilfarro organizar y financiar un sistema escolar para después no hacerlo respetar. Invertir en la educación no lleva automáticamente ni a la calidad ni a la igualdad. Un país que no exige que los alumnos y las familias se comporten de manera respetuosa con el sistema educativo, no logrará un buen resultado.

Padres y alumnos de origen asiático

Los pedagogos multiculturalistas suelen sostener que los alumnos necesitan modelos de su misma etnia entre los profesores. Sin embargo, los asiáticos en los Estados Unidos constituyen un claro contraejemplo de esto, porque les va muy bien a pesar de que casi no hay asiáticos entre el profesorado[7]. Obviamente, la relación entre la etnia del profesor y el resultado del alumno no es tan automática

---

[7] Lan Rong, Xue. «The Continuing Decline in Asian American Teachers». American *Educational Research Journal*, 1997, verano. Vol 34, n 2, pp. 267-293.

como se había dicho. La profesión docente no atrae ni a los alumnos asiáticos ni a sus padres, porque no da ni prestigio ni un salario alto. Los alumnos americanos de origen asiático aprovechan a fondo la educación americana para lograr sus metas individuales, pero no quieren dedicar su vida profesional a mantener un sistema educativo que no respeta mucho al profesor.

¿Cómo entienden su papel los padres de familias inmigrantes de Corea, Vietnam, China y Japón?[8] Si el colegio no da tareas en primaria, los padres suelen comprar cuadernos de trabajo para sus hijos y les hacen trabajar por lo menos una hora cada tarde de manera regular. No permiten que sus hijos vean televisión más que durante un cierto tiempo y, por el contrario, es frecuente que los jóvenes tomen una o dos clases extra por la tarde. Como a estos alumnos les suele ir bien académicamente hablando, los profesores les dan tareas estimulantes en las que colaboran con otros alumnos igualmente interesados por los estudios. En resumen, si les va bien a estos alumnos asiáticos es porque sus padres, sus profesores, sus compañeros, y ellos mismos, esperan que obtengan buenos resultados. Posiblemente, les podría ir mejor todavía si el colegio dedicara más esfuerzo a desarrollar sus destrezas verbales y sociales. Todos los alumnos necesitarían tener padres «asiáticos».

Dos hermanas coreanas han contado sus experiencias en los Estados Unidos y cómo sus padres crearon un ambiente en que se conjugaba el amor por las hijas con el amor por el conocimiento[9]. En todo momento, sus padres manifestaron admiración por el conocimiento y por el estudio así como por el esfuerzo por desarrollarse en todo sentido. Rodearon a sus hijas con buenos modelos, trayendo a

---

[8] Schneider, Barbara – Lee, Yongsook. «A Model for Academic Success: The School and Home Environment of East Asian Students». *Anthropology & Education Quarterly,* vol 21, pp. 19 90.

[9] Kim Abboud, Soo – Kim, Jane. *Top of the class. How Asian parents raise high achievers – and how you can too.* Nueva York: Berkley Books, 2005.

casa a adultos que habían estudiado y seguían estudiando. La educación de las hijas era el proyecto principal de la familia. Las hijas mencionan momentos en que los padres, para poder apoyar a sus hijas, desistieron de sus propias posibilidades de avanzar profesionalmente. Las autoras creen que los padres asiáticos automáticamente adoptan el papel de profesores en sus casas.

Dando sus mejores consejos para la educación, las autoras dicen que es importante saber aceptar que no hay recompensas inmediatas. Si la meta es sacar buenos resultados en los estudios, se debe enfocar el estudio y no dividir la atención entre el deporte, los amigos y el estudio. Hay que prestar atención a los detalles y trabajar a largo plazo, preparar las pruebas con mucha antelación y decirse a sí mismo una y otra vez que el éxito educativo abrirá muchas posibilidades. Las autoras señalan que los padres educan llevando ellos mismos una vida ordenada. También hay críticas: constatan que, en general, los padres asiáticos no valoran mucho el conocimiento de las lenguas extranjeras y que existen padres asiáticos que presionan demasiado al hijo. Las autoras creen que si los padres no envuelven al hijo en su cariño y si no muestran un verdadero aprecio por el conocimiento, aprender no será atractivo para el hijo. Recomiendan que no se vea mucha televisión porque la televisión ofrece malos modelos. Las autoras agradecen a sus padres la educación recibida y dicen haber aprendido en su casa que los verdaderos héroes de la sociedad son los médicos, los profesores y los padres. Quizá sea útil subrayar otra vez que el éxito escolar no tiene que ver con la etnia, sino más bien con la actitud hacia la educación en la casa.

Lo anterior viene confirmado por un estudio realizado en un instituto de bachillerato, llamado Whitney High School, en Cerritos, en el extrarradio de Los Ángeles[10]. Desde los años ochenta, Whitney

---

[10] Humes, Edward. *School of dreams. Making the grade at a top American high school*. Orlando: Hartcourt, 2003.

La importancia del esfuerzo del alumno. Ejemplos de Estados Unidos

tiene la fama de ser el mejor instituto público de California. Siempre ha aceptado a relativamente pocos alumnos, sus profesores son buenos, y una prueba de ingreso ha mantenido un nivel de calidad. Esa misma prueba ha hecho protestar a los profesores de los demás institutos con el argumento de que Whitney está captando a alumnos que podrían contribuir a elevar el nivel de los otros institutos. Según el sistema de distribución de los recursos en vigor en California, el dinero público va sobre todo a las escuelas con problemas, lo cual significa que Whitney ha recibido relativamente poco dinero. Whitney resulta otro ejemplo de que es posible compaginar lo bueno, lo bonito y lo barato en el mundo de la educación.

La «receta» de Whitney se puede copiar fácilmente: no tener demasiados alumnos para que todos conozcan a todos; prestar atención a todos los alumnos; tener altas expectativas; estudiar de manera tradicional y con rigor; trabajar mucho; involucrar a los padres en el estudio de sus hijos; tener una visión a largo plazo; y, finalmente, tener el mínimo de empleados administrativos. El éxito de esta receta es tal que han surgido academias que preparan a los niños para hacer la prueba de selección de Whitney. Lo triste es que el éxito de Whitney refleja que ha descendido la calidad de los demás colegios estatales.

Años atrás, Whitney se caracterizaba por la experimentación intelectual y pedagógica y ofrecía cursos interdisciplinares voluntarios para abrir la mente de los jóvenes, todo ello combinado con excursiones, viajes y clubes. Con el tiempo, esto ha ido cambiando debido a la creciente competencia por ingresar en las buenas universidades. También ha cambiado el grupo de alumnos que solicitan ingreso en el colegio. La buena fama atrae a muchas familias asiáticas que quieren lo mejor para sus hijos, familias que tienen como meta una plaza en una universidad de prestigio; a estas familias sólo les interesan los cursos que lleven a sus hijos a la realización de esta meta. Hasta han aparecido empresas de viviendas que intentan atraer a compradores coreanos describiendo las ventajas de este instituto público y gratuito al que tendrían acceso los hijos de los nuevos propietarios.

A los alumnos vietnamitas en la región de Los Ángeles les va muy bien, lo cual a veces crea un resentimiento contra ellos, por ejemplo entre los afroamericanos y los latinoamericanos[11]. Los vietnamitas llegan sin nada y no piden subvenciones. Han querido venir a los Estados Unidos para disfrutar de una libertad de la que no gozaban en su país de origen. Les caracteriza una alta estima por las ciencias naturales. Una costumbre suya es organizar grupos de estudio en las casas, ayudándose entre ellos. No hay relación entre su clase social y el éxito en los Estados Unidos, pero se ve una resistencia en algunas familias contra los estudios superiores de las mujeres. No suelen pedir que la escuela americana ofrezca clases en su lengua. Les suele asombrar que los otros estudiantes no aprovechen más la posibilidad de estudiar y los critican por no respetar a los profesores. En muchas escuelas, el mejor alumno es vietnamita.

En Orange County, cerca de Los Ángeles, se constata que los vietnamitas han creado un Little Saigon que constituye la ciudad vietnamita más grande del mundo fuera de Vietnam, con un 22 % de vietnamitas en el distrito escolar[12]. Casi no hay fracaso escolar entre ellos. No hay diferencia entre chicos y chicas, no hay diferencias entre clases sociales y no hay polémica alrededor de la lengua. Se señala como explicación de su éxito la valoración del estudio, la cohesión de la familia y la cultura del esfuerzo. No todos los jóvenes pueden escribir en la lengua de sus padres y no todos

---

[11] Centrie, Craig. *Identity formation of Vietnamese immigrant youth in American high school.* Nueva York: LFB, 2004.

[12] Tsuboi Saito, Lynn. *Ethnic identity and motivation. Socio-cultural factors in the educational achievement of Vietnamese American Students.* Nueva York: LFB, 2002.

La importancia del esfuerzo del alumno. Ejemplos de Estados Unidos

los padres hablan bien el inglés, pero lo esencial no es si los alumnos hablan en sus casas el vietnamita o el inglés, o una mezcla, sino que estudien las materias del currículo. También se dice en bastantes informes que no es raro que los jóvenes critiquen a sus padres por ser demasiado estrictos, y se dan conflictos familiares cuando los padres prohíben a sus hijos perder el tiempo con la tele o los amigos. Lo que se dice de los vietnamitas se dice también de los coreanos en los Estados Unidos. Su estrategia para el éxito es la ayuda mutua, el esfuerzo, la búsqueda de información y de buenas escuelas[13]. No piden enseñanza en coreano. Su mayor obstáculo es la resistencia de otros grupos minoritarios, celosos de los éxitos de los coreanos, relativamente recién llegados.

Las actitudes descritas se parecen a las de las familias que no emigran. En un estudio de 1983 sobre la educación en Japón se menciona la importancia de que la familia refuerce el mensaje educativo[14]. Tanto en la escuela como en la casa, se enfatizan la responsabilidad, la estabilidad y la conducta respetuosa. El currículo japonés es nacional, las metas son comunes, y hay pocas clases optativas. En resumen: la organización es sencilla y barata. Los alumnos se mudan relativamente poco. El año escolar es largo, lo cual permite a los alumnos aprender más. Después del colegio, van a sus casas con lo cual reducen las tentaciones de distracción. Los comentaristas dan como explicación para el éxito educativo japonés que la idea misma de la escuela pública está basada en la meritocracia, algo que han olvidado ciertos reformadores occidentales[15].

---

[13] Lew, Jamie. *Asian Americans in class. Charting the achievement gap among Korean American Youth*. Nueva York: Columbia University Press, 2006.
[14] Rohlen, Thomas P. *Japan's high schools*. Berkeley: University of California Press, 1983.
[15] También en Hood, Christopher P. *Japanese Education Reform*. Londres-Nueva York: Routledge, 2001, se constata que es una creencia generalizada en Japón que lo que diferencia a los alumnos es el esfuerzo. Por eso, si le va mal a alguien tiene que esforzarse más.

Pero, ¿es cierta la afirmación de que los resultados de los alumnos asiáticos se logran a costa de su bienestar psicológico?[16]. Hay comentaristas que suponen que los éxitos asiáticos exigen un precio psicológico demasiado alto a estos estudiantes y que, por eso, no se debe lamentar que los estudiantes norteamericanos logren resultados menos buenos en las comparaciones internacionales. Entre otras cosas, se repite la idea de que hay muchos suicidios de jóvenes en los países asiáticos. Para investigar este asunto, un equipo comparó a los estudiantes adolescentes de Taiwán, Japón y los Estados Unidos en cuanto al estrés, la depresión, la agresividad y la ansiedad. Los investigadores constatan que el dato de los suicidios japoneses se refiere a la situación caótica después de la segunda guerra mundial y que, actualmente, las cifras tanto para el suicidio como para la criminalidad adolescente son más altas en los Estados Unidos que en Japón. El estrés estudiantil es más bajo en los países asiáticos estudiados que entre los jóvenes estadounidenses, algo relacionado con las múltiples actividades realizadas por éstos: quieren hacer deporte, trabajar, salir con los amigos y lograr buenos resultados, y el tiempo no da para tanto. En otras palabras, la solución del estrés norteamericano no tiene que ver con las actividades de la escuela sino con la disminución del número de las actividades extraescolares. El artículo termina con las palabras siguientes: «El resultado más importante del estudio es meridiano: se puede llegar a tener un excelente nivel académico tal como lo logran los estudiantes de Taiwán y Japón sin aumentar necesariamente el estrés psicológico según la autoevaluación del estudiante»[17].

---

[16] Crystal, David et al. «Psychological Maladjustment and Academic Achievement: A Cross-Cultural Study of Japanese, Chinese, and American High School Students». *Child Development*. Vol 65. N.3 Junio, 1994. pp. 738-753.

[17] «The major message conveyed by the findings is clear: high academic achievement, such as that exhibited by students in Taiwan and Japan, can be attained without necessarily increasing students' reports of psychological distress.» p. 752.

La importancia del esfuerzo del alumno. Ejemplos de Estados Unidos

Padres y alumnos de origen hispano

Cuando se compara la situación de los alumnos de origen asiático con los de origen hispano en los Estados Unidos es llamativa la ausencia casi total de los padres en lo que dicen estos alumnos. Un artículo comparativo estudia el éxito y el fracaso escolar entre los alumnos de origen mexicano y japonés en un colegio al sur de San Francisco, un colegio en el que un 57% de alumnos llevan apellidos hispanos[18]. La investigadora identifica entre los alumnos a grupos con diferentes actitudes frente al estudio.

Respecto de los estudiantes japoneses dice que suelen tener una profesión específica en mente y se han informado sobre lo que se exige para poder entrar en la carrera en cuestión. Nunca faltan a clase y sacan buenos resultados. La familia y los amigos de la familia constituyen para los alumnos una red de contactos y de informaciones. Los alumnos están firmemente convencidos de que si trabajan, tendrán éxito, y su esfuerzo cuenta con el apoyo de la familia. Si participan en un club, eligen una asociación sin signo étnico.

Entre los alumnos de origen mexicano, la investigación identifica cinco actitudes diferentes frente a la educación. El primer grupo está formado por los recién llegados que se identifican como mexicanos; muchas veces han realizado parte de su escolarización en México. Tienen problemas con el inglés pero su actitud hacia el colegio y los profesores es de respeto e interés. Los alumnos del segundo grupo se ven como mexicanos, pero en general han nacido en los Estados Unidos; hablan español con sus padres pero inglés con sus hermanos; mantienen relaciones con sus familiares

---

[18] Matute-Bianchi, Maria Eugenia. «Ethnic Identities and Patterns of School Success and Failure among Mexican-Descent and Japanese-American Students in a California High School: An Ethnographic Analysis». *American Journal of Education*, nov., 1986.

en México. En el colegio, los alumnos de estos dos grupos suelen participar en clubes sociales mexicanos. El tercer grupo es el formado por los americanos de origen mexicano, que muchas veces hablan poco español. Si participan en clubes, eligen asociaciones no específicamente mexicanas. A muchos de ellos les va bien en el colegio. El cuarto grupo se autodefine como «chicano». En el colegio estudiado, constituyen un 40-50% de los alumnos con apellido de origen español. No estudian e insultan a los compañeros que intenten sacar buenos resultados. Su absentismo es alto, no hacen las tareas y no acuden a clase con sus libros. El quinto grupo se autodenomina con el apelativo de «cholos»; estos jóvenes nunca participan en las actividades del colegio, visten de manera llamativa y suelen estar involucrados en actividades antisociales.

La investigación subraya que se ven importantes diferencias en las actitudes entre los estudiantes de origen mexicano, pero que sus planes casi nunca tienen la precisión que tienen los de los alumnos asiáticos. Cuando los mejores estudiantes mexicanos describen sus metas en la vida dicen que quieren tener un buen empleo, un buen coche y una buena casa. No conocen muchas profesiones, pero saben que hay que obtener buenos resultados en el colegio para ser un adulto exitoso. Algunos estudiantes cuentan con el apoyo de sus padres, pero no todos. Hay grupos de estudiantes de origen mexicano que no se interesan por el colegio y pasan el día sin hacer gran cosa. El colegio tiene actividades diseñadas para ellos, pero no acuden. Si van al colegio, es para ver a sus amigos. Dicen no haber reflexionado sobre lo que les gustaría hacer de adultos, pero saben lo que no quieren hacer y es trabajar tan duro como algunos de sus padres o hermanos. Sin embargo, no hacen nada para evitar encontrarse pronto en esa misma situación. Una y otra vez repiten que no saben cómo va a ser su futuro. Viven en el aquí y ahora y sus planes no van más allá del próximo fin de semana.

La importancia del esfuerzo del alumno. Ejemplos de Estados Unidos

Contra este trasfondo, es fácil entender el propósito de un empresario latino que quiere animar a otros latinos a no dejar escapar las posibilidades que les brinda el nuevo país[19]. Él mismo llegó a los Estados Unidos sin estudios pero decidió compaginar el trabajo con el estudio para salir adelante. Insiste en que los obstáculos encontrados por los latinos son sobre todo psicológicos y que el latino debe decidirse a vencerlos. Los obstáculos discutidos consisten en el temor a ser rechazado o a fracasar y la tendencia a evitar el riesgo y a inventarse excusas. El autor invita a los latinos a mostrar lo que valen, a superar el pasado familiar y a actuar de manera positiva y honrada. Los invita a no utilizar estereotipos cuando evalúan a la gente, ni tampoco pensar que por pertenecer a una minoría tienen a todos en contra, algo que él llama el peor enemigo del latino. Advierte que hay tanto racismo entre los latinos o entre diferentes minorías como entre los angloamericanos. El consejo del empresario es que el latino no sea resentido y desconfiado sino que cumpla siempre, y que se rodee de gente buena y hasta brillante. Recomienda fijarse una meta a cinco años y perseverar. No menciona la educación bilingüe, las subvenciones, ni los programas especiales para latinos. Considera que lo que deben saber los jóvenes sobre América Latina lo pueden enseñar los padres en la casa y que, de manera general, el apoyo de los padres es fundamental. El mensaje del autor a los suyos es que deben ir a un *college* sin falta, que deben aprender bien el inglés y no pedir favores a nadie.

Una guía sobre los estudios superiores para estudiantes latinos en los Estados Unidos viene a decir lo mismo, pero en un lenguaje neutro y administrativo[20]. Los consejos se podrían dirigir a cualquier

---
[19] Sosa, Lionel. *El sueño americano. Cómo los latinos pueden triunfar en Estados Unidos.* Nueva York: Plume, 1998.
[20] Valverde, Leonard A. (ed.) *The Latin Students' Guide to College Success.* Westport: Greenwood Press, 2002.

estudiante en cualquier país. Se enumeran las becas que pueden pedir los estudiantes latinos. La guía da consejos prácticos, como el de estudiar el contenido de la clase de antemano para poder entender bien lo explicado y para poder hacer preguntas; dedicar suficiente tiempo al estudio para poder asimilar bien los contenidos; concentrarse, tomar apuntes, organizar grupos de estudio y participar en alguna actividad extracurricular. El estudiante debe concentrarse en la meta a largo plazo y nunca dudar de su capacidad de sacar buenos resultados. En ningún momento se habla de programas especiales bilingües o adaptados a estudiantes latinos.

¿Para quién es positiva la ideología del multiculturalismo?

En la situación descrita, a muchos pedagogos se les ha ocurrido que la solución sería cambiar el contenido de los textos para hacerlo más atractivo para los diferentes grupos de alumnos. El acercamiento psicológico a los personajes del texto sería más importante que el aprendizaje de vocabulario y de conocimientos generales sobre el mundo. Pues bien, como hemos visto, los responsables estadounidenses invierten mucho dinero en la educación y se preguntan por qué no mejora la calidad y una de entre las posibles respuestas es que ha cambiado el contenido de lo que se enseña. Una investigadora ha estudiado el contenido de los manuales de lectura para alumnos de seis a trece años de edad y ha descubierto que se han introducido grandes cambios durante las últimas décadas en cuanto a la selección de textos y al vocabulario presentado a través de los textos[21]. Los Estados Unidos tienen una excelente y antigua

---

[21] Stotsky, Sandra. *Losing our language: how multicultural classroom instruction is undermining our children's ability to read, write, and reason.* Nueva York: The Free Press, 1999.

tradición de lectura y los manuales solían contener extractos de libros clásicos para niños y jóvenes y textos sobre personajes y eventos famosos. Hoy en día es más frecuente que haya textos escritos especialmente para las antologías, textos que tratan de niños en general pertenecientes a algún grupo minoritario. Para explicar ese cambio, la investigadora describe algunas ideas que están detrás del mismo: 1. La idea de que sería beneficioso para el alumno leer sobre personas similares a él mismo; 2. La idea de que ningún dato en un texto pueda ser criticado por ningún alumno o ninguna familia: la noción de lo políticamente correcto. Todos los textos deben mostrar una actitud positiva hacia todo tipo de diferencia étnica, religiosa o de composición familiar; 3. La idea de que los alumnos deben poder entender el texto sin ayuda del profesor.

Para los editores de manuales es fundamental que ningún grupo de *lobby* haga campaña contra el libro, porque en ese caso no se aceptará y no se venderá. Vender es más importante que hacer aumentar el vocabulario de los alumnos. Han desaparecido los libros de fantasía, de aventuras y de animales. El vocabulario es menos variado en el sentido de que han desaparecido las palabras abstractas, precisas y cultas. Sin embargo, no siempre es más fácil el vocabulario porque los textos de hoy se refieren a otras culturas y muchas veces contienen nombres propios no ingleses y referencias a objetos inusuales en los Estados Unidos. Es frecuente que ni los profesores ni los alumnos sepan pronunciar algunos de los nombres de las personas y los objetos que aparecen en el texto. Además, los alumnos no pueden volver a usar la expresión, ya que los textos siguientes tratan de otros ambientes, con lo cual no hay aprendizaje porque falta la repetición, falta la inserción en un marco más amplio y falta la cohesión en el programa. La investigadora ha encontrado un sesgo muy evidente en los textos porque los no blancos siempre son descritos como buenos y como víctimas de la sociedad. También la naturaleza es descrita como víctima de la sociedad. Ningún hecho heroico logrado por un hombre blanco es contado. La conclusión de la investigadora es que los textos intentan formar las actitudes emocionales de los alumnos más que entregarles hechos sobre su sociedad o convertirlos en buenos lectores. También constata que a pesar de que los alumnos de los grupos minoritarios son los héroes de los nuevos manuales, estos alumnos tienen problemas muy grandes con la comprensión lectora. ¿Quizá necesiten más vocabulario, más conocimientos generales y un entrenamiento sistemático en lectura?

Para arrojar luz sobre la cuestión, se puede mencionar un estudio sobre los indígenas norteamericanos y su situación educativa. En el prólogo del libro, un diputado indígena anima a los suyos a educarse[22]. Cuenta sus propias dificultades familiares y cómo se sobrepuso a todo para educarse y convertirse en una persona de provecho. El tono del texto se parece al del empresario latino, citado arriba. Sin embargo, después de este prólogo sigue una serie de estudios escritos por investigadores universitarios. Todos vienen a decir que los indígenas están siendo discriminados, que hay que enseñarles en su propia lengua y que los profesores deben aprender de ellos mismos y no al revés, es decir, lo contrario de lo que dijo el diputado prologuista. Este caso podría servir de ejemplo para preguntarse si el multiculturalismo en la educación es una reivindicación de los alumnos pertenecientes a diferentes minorías y de sus padres, o bien de grupos de activistas universitarios.

Una investigadora inmigrada ha luchado con la burocracia que administra los programas bilingües[23]. Ella vino a los Estados Unidos como inmigrante y dos años después ya no tenía problemas con el inglés. Cree que el bilingüismo adquirió su actual conflictividad en

---

[22] Reyhner, Jon (ed.). *Teaching American Indian Students*. Norman-Londres: University of Oklahoma Press, 1994.

[23] Porter, Rosalie Pedalino. *Forked tongue. The politics of bilingual education*. Nueva York: Basic Books, 1990.

la lucha por los derechos civiles durante los años sesenta. Es entonces cuando aparece la idea de que sería un derecho civil que el alumno pudiera conservar su lengua de origen a pesar de haber dejado atrás su país para buscarse un futuro mejor. La autora lleva años intentando mejorar la situación de los recién llegados y señala como obstáculo a un grupo universitario, más político que intelectual, que funciona como un *lobby*, luchando por conservar sus puestos de trabajo dentro de los programas bilingües. El sueño estadounidense solía ser la integración, el *melting pot*, pero por la influencia de este grupo se nota ahora un desprecio por la asimilación y una idealización de la diferencia cultural.

La autora ha trabajado en particular con los alumnos puertorriqueños en el área de Boston. Constata que el problema más importante es que las familias se mudan muy a menudo, tanto dentro de la ciudad norteamericana como entre los Estados Unidos y Puerto Rico. Otro problema es que la burocracia bilingüe da a los alumnos unos profesores bilingües que a veces dominan mal el inglés y, entonces, ¿cómo pueden ayudar a los alumnos con el inglés? La situación ha llevado a que bastantes familias saquen a sus hijos de la escuela estatal y los matriculen en las escuelas católicas, no tanto por ser católicos practicantes, como para que sus hijos aprendan correctamente el inglés. Ante esto, la autora se pregunta cuáles son las motivaciones de los activistas antes mencionados; no ve en su actuación un amor por las lenguas, por el conocimiento ni por los alumnos. El programa que la autora propone para los alumnos inmigrados es la escolarización en inglés desde el principio, mucho contacto con los angloparlantes, unos profesores bien educados en la enseñanza del inglés como lengua extranjera, un ambiente a la vez de bienvenida y de altas expectativas, todo acompañado por una colaboración estrecha y prolongada con los padres.

Otra investigadora ha estudiado lo políticamente correcto en los libros de texto estadounidenses, interesándose por los intereses de los grupos de influencia sobre las decisiones de qué libros de textos van a recibir una subvención económica[24]. Los Estados de Texas y California son los mercados más grandes y, por eso, sus grupos de aprobación tienen la voz cantante en el mercado del libro de texto. Ningún padre de alumno ni ningún grupo de *lobby* debe poder ofenderse por nada; éste es el nuevo objetivo de estos libros. Da la casualidad que en Texas hay más *lobby* de la derecha cristiana y en California hay más voces multiculturales de izquierda. Atrapados entre estos dos grupos, los autores de antologías casi no pueden usar textos escritos antes de 1970. Los verdaderos textos literarios no cumplen con los requisitos de lo políticamente correcto. Por eso, los editores recurren a textos escritos específicamente para poder ser incluidos en antologías. Texas no quiere ver divorcios, abortos o violencia. California no quiere ver personajes estereotipados, con lo cual lo usual está proscrito: una mujer no puede estar cocinando o cuidando a sus hijos porque sería un estereotipo sexista; una persona de edad no puede estar sentada ocupada con algo sedentario porque se trataría de un prejuicio respecto de las personas mayores; un afroamericano no puede ser buen deportista porque sería un estereotipo racista. No se pueden usar las expresiones que contengan *man*, como *mankind* o *postman*, porque sería sexista. Tampoco se puede decir «el alumno» en masculino para referirse a los alumnos en general. Los personajes en los textos deben corresponder a su porcentaje de la población estadounidense en este momento. Como comenta la investigadora, el resultado es intelectualmente deshonesto, porque los textos no reflejan cuál ha sido la historia del país. Se entrega a los alumnos una imagen de la realidad que no corresponde a la realidad histórica, reescribiendo la historia. Además, se confunde a los alumnos,

---

[24] Ravitch, Diane. *The language police. How pressure groups restrict what students learn.* Nueva York: Vintage, 2003.

ya que los personajes en los textos no se comportan como suelen comportarse las personas reales.

Los textos resultan un compromiso entre lo que pueden aceptar diferentes grupos de adultos como expresión de sus deseos para el presente y el futuro próximo. Todos los textos empiezan a parecerse los unos a los otros y la literatura ya casi no entra en el programa. Lo que se ofrece son textos que parecen pertenecer más al programa de las ciencias sociales entendidas como un programa para cambiar la sociedad y no como un conocimiento descriptivo de ésta. ¿Cómo pensar que de este programa van a salir jóvenes aficionados a la lectura?[25] Entre las propuestas para cambiar la situación, están las de abolir las comisiones de aprobación de textos y las de exponer al escrutinio público las prácticas en vigor ahora y formar mejor a los docentes para que no acepten la imposición de libros sesgados[26]. Sucede algo similar también en otras materias. El premio Nobel de Física Richard Feyman ha descrito cómo funcionaban las comisiones de aprobación de libros en California[27]. Como ciudadano responsable, acepta colaborar con ellas en lo tocante a los libros de matemáticas y de ciencias naturales de primaria. Sin embargo, muy pronto se da cuenta de que, por un lado, los docentes no se interesan realmente por el lado científico de lo que enseñan y, por otro, las editoriales intentan influir sobre su opinión. Ante estas dos constataciones, dimite.

Quienes han estudiado específicamente los efectos del multiculturalismo «desde dentro» son dos profesores universitarios afroamericanos que trabajan en universidades de prestigio en California, John McWhorter y Thomas Sowell. McWhorter es lingüista y ha escrito varios libros sobre el tema de la lengua y la lectura. Señala

---
[25] Ib. pp. 97-98.
[26] Ib. p. 168.
[27] «Judging books by their covers» en Feynman, Richard. *Surely you are joking, Mr Feynman*. Londres: Vintage, 1992. pp. 288-302.

tres enemigos de los afroamericanos: el victimismo, el separatismo y el anti-intelectualismo[28]. El autor empieza dando datos históricos para mostrar que grandes grupos de afroamericanos están prosperando en los EE.UU. y que es un error identificar a todos los afroamericanos con los habitantes de los guetos urbanos. Tampoco cree que el racismo blanco sea el obstáculo más importante. No, argumenta el autor con mucha fuerza, el obstáculo son las estructuras mentales negativas cultivadas por los propios afroamericanos. El autor ve como pilar del desastre entre los afroamericanos el culto a lo que llama la «victimología»; el resentimiento viene a ser una parte esencial de la propia identidad y es alimentado, en vez de superarse. El resultado del victimismo es que se busca un separatismo autocomplaciente en vez de luchar para mejorar. Además, se actúa como si una víctima no tuviese nunca obligaciones morales. Todo esto se acompaña por un fuerte antiintelectualismo que se basa en la emoción en vez de centrarse en los conocimientos y el pensamiento. Según el autor, la situación ha empeorado por las ideologías dominantes de las últimas décadas. Otra enfermedad es el separatismo, que es una consecuencia del victimismo, y consiste en no participar en la sociedad, sino en quejarse entre los suyos de lo mal que va todo. En educación, el separatismo lleva a los jóvenes afroamericanos a pensar que la vida cultural es «blanca» y que, por eso, un afroamericano no tiene motivos para interesarse por ella. El victimismo también explica por qué a los afroamericanos no les gustan los coreanos: es que los coreanos les muestran lo que hubieran podido hacer ellos[29]. Tampoco les gustan los inmigrantes recientes de África y del Caribe, porque les va muy bien en la educación y demuestran que la actitud de los afroamericanos no está

---

[28] McWhorter. John H. *Losing the race. Self-sabotage in black America*. Nueva York: Free Press, 2000. p. xi.
[29] Ib. p. 43.

La importancia del esfuerzo del alumno. Ejemplos de Estados Unidos

basada en realidades. El autor opina que las cuotas para las minorías hacen que muchos estudiantes afroamericanos no trabajen tanto como hubieran podido, porque saben que van a tener una plaza en un *college* por el sistema de cuotas y de «afirmación positiva». Para el autor, no exigirles un esfuerzo a los afroamericanos es infantilizarlos[30].

También demuestra que es falsa la idea de que a los afroamericanos les va mal porque no tienen a profesores de su propia etnia. Los africanos y los caribeños obtienen buenos resultados sin tener representación entre el profesorado. Tampoco está la explicación en tener escuelas bien financiadas, algo demostrado con varios ejemplos. El problema es más bien de actitud, está en el pensar que estudiar es algo «blanco». El autor ha sido profesor de la Universidad de Berkeley y su experiencia es que los afroamericanos y los latinos que fracasan están en esa situación porque no trabajan lo suficiente. El autor nos señala que en el jazz y en el baloncesto no hay cuotas para afroamericanos y les va especialmente bien en estos campos. ¿Por qué no debería ser igual en el estudio?[31]

Sowell, otro profesor universitario afroamericano que trabaja en una universidad prestigiosa en California, ha observado lo mismo[32]: ya en 1993 denunció que no se obligaba a estudiar fuertemente a los jóvenes afroamericanos para obtener una plaza en un *college*; esta «bondad» los dejaba mal preparados para la vida. La crítica del autor era doble y se dirigía a la vez a las autoridades y a los propios estudiantes afroamericanos. El autor ha trabajado durante muchos años con estudiantes afroamericanos y constata un resultado doblemente lamentable: los ve como incompetentes

---

[30] Ib. pp. 50, 71, 103.
[31] Ib. pp. 115, 119-123, 125. 130-133, 255.
[32] Sowell, Thomas. *Inside American Education*. Nueva York: The Free Press, 1993.

desde un punto de vista intelectual y, además, como confundidos moralmente. Observa entre ellos una hostilidad hacia la sociedad estadounidense que los deja sin saber qué hacer. Para Sowell es un escándalo que no se enseñe a pensar a estos jóvenes[33].

Sowell ha estudiado una colección de manuales de lectura muy usada durante décadas, llamada McGuffey, y le llama la atención que en el quinto grado se pensaba que los alumnos podían leer a Shakespeare. Esto hoy sería impensable, lo cual es un indicio de cómo ha bajado el nivel. Constata que si alguien dice públicamente que ha bajado el nivel, las autoridades ocultan lo sucedido, negándolo; se culpa de ello a la influencia de los cambios sociales, fuera de la escuela y, finalmente, se pide más dinero. Sowell subraya que los resultados del SAT han bajado también entre los mejores, por tanto no es honesto decir que bajan los resultados porque ahora hay más alumnos que realizan el test. Una razón por la cual no vale la pena dar más dinero es que ese dinero no llega a las aulas, sino que se lo queda la burocracia. Otro factor negativo que se podría añadir es el enorme e influyente sindicato docente NEA, que se interesa más por la política que por mejorar el nivel de conocimientos de los jóvenes estadounidenses[34].

Un objetivo importante para Sowell es denunciar el doble rasero con el cual se juzga a los estudiantes: se «protege» a las minorías de manera paternalista y el resultado es que se autosegregan y no entran en contacto con un mundo exterior en el que no pueden valerse. Sowell ve paralelismos con la China de la revolución cultural en hechos como que los alumnos que no estudian o provengan de un ambiente sin cultura intelectual estén en condición de negociar sus notas con los profesores y el hecho de que actividades no académicas cuenten para la admisión. Cree que las cuotas de

---

[33] Ib. pp. x, 3.
[34] Ib. pp. 7, 8, 11, 16.

La importancia del esfuerzo del alumno. Ejemplos de Estados Unidos

admisión para las minorías han creado infinidad de puestos de trabajo en la administración de las universidades y que estos burócratas van a defender a toda costa las políticas actuales. Así se generan costes en las universidades que, al final, van a tener que pagar los contribuyentes o las familias[35].

Además, Sowell ha visto un efecto que no suele ser muy comentado. Si los afroamericanos con notas buenas, pero no excelentes, son aceptados en las universidades más competitivas, donde no lograrán graduarse, a la vez, desplazarán quizá a estudiantes anglos que tendrán que ir a una universidad menos prestigiosa, pero donde se podrán sacar la carrera con buenas notas. Así, se crea un *mismatch*, negativo para todos, pero sobre todo para los afroamericanos. Sowell repite una y otra vez que la mayoría de los estudiantes afroamericanos que intentan obtener una plaza en un *college* son de clase media, han estudiado en escuelas étnicamente mezcladas y no han necesitado un profesor modelo de su propia etnia para llegar a la universidad. ¿Por qué entonces tener cuotas?[36]

---

[35] Ib. pp. 146, 87, 92, 103.

[36] Ib. pp. 153, 281. Además, pp. 296-297, el autor formula unas duras denuncias contra los activistas y contra las autoridades educativas que se han dejado convencer por los activistas: 1. They have taken our money, betrayed our trust, failed our children, and then lied about the failures with inflated grades and pretty words. 2. They have used our children as guinea pigs for experiments, targets for propaganda, and warm bodies to be moved here and there to mix and match for racial balance, pad enrollments in foreign-language programs mislabeled «bilingual» or just to be warehoused until labor unions are willing to let them enter the job market. 3. They have proclaimed their special concern for minority students, while placing those students into those colleges where they are most likely to fail. 4. They have proclaimed their dedication to freedom of ideas and the quest for truth, while turning educational institutions into bastions of dogma and the most intolerant institution in American society. 5. They have presumed to be the conscience of society and to teach ethics to others, while shamelessly exploiting college athletes, overcharging the government, organizing price-fixing cartels, and leaving the teaching of undergraduates to graduate student assistants and junior and part-time faculty, while the tenured faculty pursue research and its rewards.

Lo problemático no es la mezcla de personas de diferentes orígenes; al revés, puede ser muy estimulante conocer a gente de otro origen. Lo que puede hacer bajar la calidad educativa es colocar juntas a personas que no tienen el mismo nivel ni los mismos intereses. Esa es la conclusión final de un trabajo sobre lo más valorado por los estudiantes de Harvard. Los estudiantes más felices con su experiencia universitaria son los que han aprendido mucho[37]. Casi todos los estudiantes constatan que la autoestima surge de haber vencido muchos obstáculos y no de otra cosa. Opinan que el gran reto es empezar a organizar su propio tiempo, porque al comienzo parece imposible leer todo lo que se pide. Los que fracasan en los estudios es porque no han aprendido a organizar su tiempo y porque tienen tendencia a aislarse en vez de buscar ayuda y afrontar los problemas. Los estudiantes consideran útil escribir, pero no es necesario escribir siempre textos muy largos. Entregar una sola hoja puede suponer tanto esfuerzo como escribir algo más largo. También es útil leer en voz alta lo escrito en conexión con la discusión en grupo. Un ejercicio apreciado es tener un minuto para resumir en un trozo de papel lo más importante de lo aprendido ese día en clase. Muchas veces, las clases más difíciles son consideradas a la vez las más interesantes. El contexto más favorable es, pues, una fuerte exigencia intelectual combinada con el apoyo por parte de los compañeros y los catedráticos. Los estudiantes valoran tener cursos muy estructurados y una retroalimentación frecuente por parte de los catedráticos, quizá con continuas pruebas rápidas, para estar seguros de no quedarse rezagados. A la vez, para estos alumnos seleccionados y motivados, funcionan algunos de los métodos recomendados por la nueva pedagogía. Les motiva tener tareas de investigación, tener que entregar informes escritos, trabajar en

---

[37] Light, Richard J. *Making the most of college. Students speak their minds.* Cambridge: Harvard University Press, 2001.

equipo y tener conversaciones en pequeño grupo con el catedrático. Se valora de manera muy positiva la posibilidad de llegar a conocer a personas de otros ambientes, porque todos están en el mismo nivel y tienen los mismos intereses. Las amistades se forjan en las discusiones sobre el contenido de los cursos.

A la vista de estas opiniones, aunque provengan de alumnos ya universitarios, lo que resulta llamativo es que ciertas metodologías adecuadas para unos alumnos, que son una excepción y en una situación excepcional, se haya introducido en situaciones muy diferentes. Es como si los pedagogos pensaran que los buenos resultados de los alumnos exitosos dependieran únicamente de la metodología. No se toman en consideración los conocimientos previos de los alumnos, sus aptitudes, sus intereses, sus metas y su esfuerzo.

Las experiencias estadounidenses muestran que ni la inmigración ni las diferencias en sí son problemáticas para la calidad de la educación. Lo verdaderamente nocivo es negarse a trabajar. En todos los países desarrollados hay una oferta educativa amplia, y el problema no es el acceso sino el aprovechamiento de lo que no sólo se ofrece de manera gratuita sino que es obligatorio según la ley. Si la sociedad permite que los menores de edad se rían de lo estipulado por la ley y se rían de los representantes de la sociedad, hay motivos para ser pesimista ante lo que puede depararnos el futuro.

LA IMPORTANCIA DE LA CALIDAD DE LA ENSEÑANZA. EJEMPLOS ASIÁTICOS

Continúa el viaje a través del mundo de la educación. En este capítulo vamos a acercarnos a algunos países asiáticos exitosos en el campo de la educación y, en particular, vamos a estudiar allí la enseñanza de las matemáticas. Los países de los que se va a hablar en primer lugar son Japón y China que, a su vez, comparten muchos rasgos con Singapur, Corea del Sur, Hong Kong y Taiwán. Son países que invirtieron en una expansión rápida de sus sistemas de educación después de la segunda guerra mundial, y cuyo éxito, comprobado por ejemplo en los informes PISA, también resulta un desafío para la nueva pedagogía y por esa razón no suele hablarse de él en los manuales pedagógicos occidentales. Cuando empezó el éxito asiático, muchos de los alumnos vivían en familias y países de pocos recursos económicos, las escuelas tenían pocos recursos, pero todos estaban dispuestos a esforzarse para salir adelante. El capítulo se basará de manera concreta en tres libros que comparan la enseñanza de las matemáticas en la primaria en China y Japón y en los Estados Unidos. En esa comparación, los Estados Unidos representan a los países occidentales, influidos por la nueva pedagogía. Los ejemplos vienen a decir que, desde el primer grado lo importante es que el docente conozca la materia y no tanto las diferentes teorías pedagógicas. Ilustra este capítulo la

La importancia de la calidad de la enseñanza. Ejemplos asiáticos

importancia de cierta especialización del docente y vuelven a aparecer en los ejemplos la importancia del apoyo de la familia y del esfuerzo del alumno.

The learning gap

En 1992, Harold W. Stevenson y James W. Stigler causaron gran revuelo con un estudio comparativo entre la calidad de la enseñanza de lengua y matemáticas en el primer y el quinto grado de primaria en los Estados Unidos, China (Beijing y Taipei) y Japón. Los autores tienen formación de psicólogos y uno habla japonés y el otro chino[1]. Los investigadores se sorprendieron porque los primeros resultados de las comparaciones internacionales decían que las escuelas asiáticas obtenían mejores resultados que las estadounidenses. Así, comparan el nivel de los alumnos y las actitudes de los docentes y de los padres. Parece que los padres americanos se muestran más optimistas que los asiáticos en cuanto a la educación de sus hijos. Han oído que hay problemas en el sistema educativo, pero no creen que sea el caso en el colegio de sus propios hijos. Sin embargo, en la investigación, los mejores alumnos americanos están por debajo de los peores de los alumnos asiáticos. Tampoco hay muchos alumnos muy buenos en los EE.UU. En la investigación, entre los cien mejores alumnos del quinto grado, había uno en los EE.UU, 11 en Taiwán y 88 en Japón.

En su informe, apuntan a un factor importante, que consiste en que la escuela y la familia den el mismo mensaje al niño. Los investigadores consideran fundamental que los padres asiáticos transmitan la idea de que la escuela es lo más importante para el niño.

---

[1] Stevenson, Harold W. – Stiegler, James W. *The learning gap. Why our schools are failing and what we can learn from Japanese and Chinese Education.* Nueva York: Touchstone, 1992.

Creen que los padres americanos confían demasiado en que la escuela se ocupe de la educación de sus hijos. El colegio es el centro de la vida de los alumnos en Asia y los padres apoyan al hijo por todos los medios a su alcance. Casi siempre los padres organizan para el hijo por lo menos un rincón personal para hacer las tareas. Los maestros asiáticos están en contacto constantemente con la casa a través de un libro de contacto y mandan mucho trabajo para casa. En el quinto grado, en los EE. UU., los alumnos utilizaban cuatro horas por semana para las tareas, en Japón seis y en Taiwán trece. Los alumnos asiáticos no tienen vacaciones largas, y por eso el aprendizaje es constante. Además, hacen deberes durante las vacaciones, trabajando en unos cuadernos correspondientes que son realmente atractivos, o contando con la ayuda de los periódicos, que tienen páginas especiales para niños cuando no hay escuela. A los niños asiáticos entrevistados les gustaba más el colegio que a los niños americanos, a pesar de que trabajaban más. Además, los autores consideran que los niños asiáticos entrevistados y observados eran niños activos y felices, no ansiosos.

Los grupos asiáticos son muy grandes. Los investigadores vieron entre 38 y 50 niños en las aulas. El ser tantos en el grupo aumenta el sentido de pertenencia al grupo. Para no perder tiempo más tarde con amonestaciones, los maestros enseñan desde el principio cómo deben comportarse los alumnos. No hay nunca interrupciones de las clases por parte de no docentes. Hay tiempo para jugar durante los recreos, lo cual facilita la concentración de los niños durante las clases. Hay pocos bedeles y pocos empleados de limpieza: los niños participan en la limpieza de las aulas. En los EE.UU., los investigadores oyeron quejas a propósito de los grupos grandes y de la falta de equipamiento. En Asia hay grupos más grandes y menos equipamiento, así que la explicación del buen resultado asiático tiene que ser otra.

La importancia de la calidad de la enseñanza. Ejemplos asiáticos

Para los maestros estadounidenses es importante no dañar la autoestima del alumno. La consecuencia es que no atraen la atención del alumno sobre sus errores, de forma que éstos no se subsanan. Pensar que hay que evitar hablar de lo negativo y erróneo para no afianzarlo, podría ser una influencia del conductismo. La actitud asiática es diferente: ven en el error un indicio de que al alumno le queda todavía por aprender y la expectativa de los maestros es ver a los alumnos atentos y esforzándose. Los autores señalan como negativa la idea extendida en los EE.UU. de que la capacidad es innata. Es una idea determinista, totalmente ajena a la democracia y también al *ethos* de la educación, que es optimista. La pedagogía del esfuerzo funciona bien en el deporte y en la música, ¿por qué no funcionaría también en las demás materias escolares? Cuando en Occidente nació la idea de la democracia, estaba fuertemente ligada a la meritocracia. Hoy en día, la democratización de la educación se interpreta a menudo como sinónimo de exigirles menos a los estudiantes.

Quizá influya en los resultados de matemáticas que los materiales de lengua y literatura han cambiado. En Asia se lee sobre héroes y también sobre niños que han logrado resultados estupendos en sus estudios. En los EE.UU., los textos critican típicamente a los héroes estadounidenses, pero no a los representantes de otras culturas. Es como si hubiera una obligación de detallarles a los niños estadounidenses todas las críticas contra lo propio, pero ninguna contra lo ajeno.

Los autores creen que las familias asiáticas se conocen entre ellas y que les da vergüenza que a su hijo le pueda ir mal, lo cual constituye un control social muy fuerte. Otra medida de control social es que un maestro asiático pregunta a menudo al grupo entero si cierta respuesta es correcta, lo cual resulta un aprendizaje más sólido y público que si el maestro comenta algo a un alumno individual. La enseñanza asiática es analítica pero hay un ritmo pausado; se resuelven unos pocos ejemplos y no toda una batería de ellos.

A los alumnos americanos se les trasmite la idea de que un problema matemático debe poderse resolver en diez minutos y si no es así, el problema es demasiado difícil y el alumno está justificado para dejar de trabajar con él. Los autores han mirado los currículos de la *high school* y han comprobado que entre 1910 y 1950 la proporción de materias teóricas bajó en un 60% en Estados Unidos. Es decir, cuando se ha introducido una escuela obligatoria y gratuita para todos los jóvenes, la tendencia de la nueva pedagogía occidental ha sido la de eliminar dificultades, y no la de enseñar más y mejor. Como se ha mencionado, circula una idea en Occidente de que los alumnos asiáticos estarían muy presionados y de que el porcentaje de suicidios sería más alto en Asia por esa razón. Stevenson y Stigler muestran que este dato no es correcto y que el porcentaje de suicidios es muy similar en los EE.UU. y en los países asiáticos estudiados.

En los países asiáticos, el currículo es igual en todo el país. Todos deben aprender lo mismo. En los EE.UU., cada Estado tiene su currículo y, además, se valora que haya una variación intrínseca en ellos. Los manuales asiáticos son poco densos, pero los alumnos deben aprender todo lo que contienen. Otro dato interesante es que muchos maestros asiáticos de primaria prefieren enseñar matemáticas a enseñar lengua, una diferencia reseñable con los países occidentales.

En la comparación salen otras diferencias. En Asia, el maestro dirige el aprendizaje, mientras que en EE.UU. se recomienda que los alumnos trabajen mucho por su cuenta. En el sistema asiático, el alumno oye la explicación, hace ejercicios en el aula y después tareas en la casa, con lo cual es difícil que no se haya dado cuenta de lo que contiene el currículo. En Asia resulta una técnica didáctica frecuente dejar que los alumnos presenten varias soluciones para después discutirlas. Se aprovechan a fondo las malas respuestas. A pesar de haber estudiado pedagogía, los maestros estadounidenses no han recibido una formación adecuada en la materia. Ni la sociedad ni los padres ofrecen a los maestros el apoyo que éstos necesitan. Los maestros asiáticos tienen menos años de preparación pero saben más de la materia. En general, enseñan tres o cuatro horas por día y dedican el resto del tiempo a su preparación, mientras que los maestros americanos tienen una carga docente más pesada. Es difícil obtener una plaza de docente en los países asiáticos. El elogiar a un alumno para animarlo se usa bastante en los EE.UU. y muy poco en Asia. En Asia, hay poca tolerancia para los errores, pero el ambiente es activo y los alumnos participan en la discusión.

Los autores acaban recomendando que los maestros americanos tengan más tiempo sin clases y que puedan dedicarse a estudiar cómo mejorarlas. También denuncian que en los EE.UU. el dinero de la educación no se dedique sólo a la enseñanza sino también a muchas otras cosas. Recomiendan que se vuelva a la idea del esfuerzo, tradicional en la sociedad americana. El éxito asiático no es «asiático», sino el resultado del esfuerzo y la persistencia. Además, la organización de la escuela en Asia les recuerda a los investigadores la organización de las escuelas en los EE.UU. hace 50 años, con hileras de bancos y el escritorio del maestro delante del grupo. Algo que resume la diferencia de enfoque es que cuando los autores preguntan a los maestros cuál es la cualidad más importante de un maestro, los asiáticos contestan que es explicar de manera clara, mientras que los estadounidenses, formados en la nueva pedagogía, contestan que es querer a los niños. El libro se puede resumir diciendo que los buenos resultados se obtienen con unos docentes aplicados en su trabajo, con el apoyo de los padres, y con una mentalidad de los alumnos que les hace ver el trabajo escolar como el «trabajo de los niños».

The teaching gap

El mismo Stigler, en colaboración con James Hiebart, publicó otro informe muy conocido: *The Teaching Gap*[2]. Se basa en los materiales recogidos en la comparación internacional TIMMS (*The Trends in International Mathematics and Science Study*). Se han realizado grabaciones en clases de matemáticas para los alumnos de quince años en Alemania, Estados Unidos y Japón. Lo más interesante de la experiencia es cómo se llevan a cabo las clases en Japón, donde se sigue en matemáticas una estructura didáctica que podría llamarse «solución estructurada de problemas». Normalmente el profesor empieza repasando lo que el grupo hizo la vez anterior. Después el profesor presenta a los alumnos un nuevo problema, quizá escrito en la pizarra, que cada uno debe intentar solucionar por su cuenta durante unos diez minutos. Muchas veces, los alumnos luchan con el problema sin poder solucionarlo y tienen que aguantar cierta frustración. Después trabajan un rato en pequeños grupos. Mientras tanto, el profesor circula entre los bancos para ver qué soluciones se están produciendo. Después pide habitualmente a tres alumnos, representantes de soluciones diferentes, que escriban sus variantes en la pizarra. La última parte de la clase se dedica a discutir si son aceptables o no las soluciones y por qué. Así, la concentración está en un solo problema y el tiempo se dedica al trabajo de los alumnos y a la discusión. Se considera normal que los alumnos afronten e intenten solucionar problemas difíciles y están acostumbrados a ello. Así, las matemáticas son una asignatura en la que los alumnos se dedican a resolver problemas.

Pudiera parecer en una mirada superficial que el profesor tiene un papel secundario en este proceso, pero no es así. El profesor es

---

[2] Stigler James H. – Hiebert, James. *The teaching gap. Best ideas from the world's teachers for improving education in the classroom.* Nueva York: The Free Press, 1999.

quien enfoca la atención de los alumnos frente a un problema determinado y quien organiza la discusión durante la última parte de la clase. La estructura de la clase queda detallada claramente en la pizarra cuando termina la clase. Esta manera de organizar esquemáticamente lo aprendido funciona como una ayuda para acordarse del camino recorrido. En resumen: el profesor diseña el problema, prepara un «andamiaje» adecuado y dirige la discusión sobre las diferentes soluciones. Esto funciona a pesar de que suele haber un promedio de 37 alumnos en las aulas japonesas, mientras que en Alemania y en los Estados Unidos suele haber unos 25 alumnos. También hay que notar que las clases no se interrumpen nunca en Japón por terceras personas; hay un respeto por lo que en ella se está haciendo.

En los Estados Unidos, es frecuente que el profesor presente las matemáticas como una serie de reglas y de procedimientos que hay que aplicar. Típicamente utiliza un proyector o un ordenador para su presentación, porque quiere mantener la atención de los alumnos. Los alumnos están aprendiendo términos y practicando métodos. En la nueva pedagogía se habla de desarrollar el pensamiento y de enseñar conceptos, pero lo que ven los investigadores es que los profesores más bien enfocan su trabajo a intentar ayudar a los alumnos a evitar el fracaso y a veces también el esfuerzo. No suelen dejar que los alumnos luchen con los problemas, sino que les muestran lo que deben hacer para salir adelante. A pesar de la buena voluntad del profesor, podría resultar más aburrido practicar la aplicación de unas reglas aprendidas que intentar resolver problemas.

Los profesores japoneses se ocupan ellos mismos de su formación continua. Normalmente, los profesores trabajan juntos una o varias horas por semana para producir una clase magistral perfecta. Al final, dan la clase ante los ojos críticos de algunos alumnos y colegas; después se reúnen los profesores para discutir cómo salió, mejoran la clase y la dan otra vez a otros alumnos. Se incluye en la preparación la adecuada distribución del tiempo de la clase y el cómo organizar la pizarra. Parece un método muy sencillo, pero es eficaz. Si mejoran los resultados en un cinco por ciento cada año, la mejora es enorme al cabo de unos cuantos años. El resultado actual de los japoneses es el resultado de cincuenta años de pequeñas mejoras graduales. Además, la colaboración entre los docentes crea una fuerte motivación para mejorar el rendimiento. Otro efecto es que los profesores se ven a sí mismos como profesionales de la enseñanza.

Los autores americanos terminan su estudio recomendando que se imite el método japonés y que los profesores intenten definir unas metas medibles. Es decir, critican una pedagogía no enfocada en el aprendizaje de las materias. Los investigadores critican la presencia de demasiado personal no docente en las escuelas estadounidenses, cuestionando ese uso del dinero público.

Knowing and teaching elementary mathematics

Un libro que profundiza nuestra comprensión de las diferencias entre el modelo asiático de enseñanza y el estadounidense es un estudio escrito por la investigadora chino-estadounidense Lieping Ma. Se centra en los maestros de primaria en China y en los Estados Unidos[3]. Para empezar constata que los maestros chinos obtienen mejores resultados a pesar de tener una preparación más breve, pero señala también que los maestros estadounidenses enseñan más materias y tienen más clases por semana que los maestros chinos. Como hemos visto, según la nueva pedagogía el docente es

---

[3] Ma, Lieping. *Knowing and teaching elementary mathematics*. Mahwah: Lawrence Erlbaum, 1999.

La importancia de la calidad de la enseñanza. Ejemplos asiáticos

sólo una presencia facilitadora, con lo cual podría parecer menos necesario un alto nivel de especialización en el maestro. Las autoridades también podrían pensar, debido a este planteamiento, que el docente debe estar presente más horas en el aula, ya que su tarea es sólo la de ejercer de facilitador.

Los docentes chinos dan unas tres clases al día y además sólo enseñan una materia. Además, influye mucho en la motivación y la selección de los maestros el que la consideración social de éstos sea más alta en China. La investigadora constata que hay una relación entre lo que saben los maestros y lo que los alumnos pueden aprender en sus clases, y también entre lo que saben los maestros y lo que esperan de los alumnos. Ha notado que los maestros que saben poco de matemáticas usan un lenguaje cotidiano, no preciso, lo cual contribuye a la confusión de sus alumnos. Un ejemplo es que la investigadora oyó decir a una maestra estadounidense que «7-12» no se puede calcular, lo cual es inexacto: se puede calcular, pero se obtiene un número negativo. Si un maestro hace afirmaciones imprecisas o incorrectas está dificultando el aprendizaje de los alumnos en vez de apoyarlo.

El método utilizado por la investigadora fue dar ejercicios a los maestros y luego escuchar la explicación que daban a los alumnos sobre esos ejercicios. La primera tarea tenía que ver con la sustracción «52 − 26 =». Los maestros americanos hablaban de «pedir prestado» del número 5, lo cual lleva a una confusión. Hablar de pedir prestado puede inducir a los alumnos a pensar que se trata de dos números diferentes, individuales, y no de un solo número. Además, la idea de pedir prestado se asocia a la idea de «devolver», pero no se va a devolver nada. Si en vez de esto se enseña a los alumnos la noción de que los números se pueden «descomponer», estarán acostumbrados a ver que 52 es igual a 50 + 2 o bien a 40 + 12 o bien a 30 + 20 + 2. Las variantes son muchas y todas vienen a expresar el número 52. Los maestros chinos usan la expresión «descomponer una unidad superior». Utilizando un término adecuado, el maestro ayuda al alumno a entender cuál es la operación matemática que puede o debe realizar. Además, los maestros chinos usan no un solo método sino varios cuando explican un problema; algo relacionado con ver las matemáticas como solución de problemas y no como la mera aplicación de reglas.

Cuando se trata de la adición y la sustracción, los maestros chinos subrayan que se trata del mismo fenómeno o de dos facetas de la misma operación. Dan un fuerte énfasis a la adición y a la sustracción de los números entre 1 y 20. Cuando el alumno domina realmente esta parte, el resto es fácil. Las operaciones inversas son fundamentales, y los alumnos pueden aprender este concepto ya al comienzo de sus estudios de matemáticas. Además, comprender este fenómeno les convence de que las matemáticas tienen sentido y se pueden entender.

En la segunda tarea, los maestros debían realizar la multiplicación «123 veces 645» y explicar a un supuesto alumno que lo había hecho mal por qué no se puede proceder así. El supuesto alumno ha colocado el producto en una línea recta debajo de las unidades más bajas. Algunos maestros estadounidenses ponían el énfasis en el cómo y no en el por qué. Incluso había algunos que no entendían profundamente la idea del valor de las unidades en el sistema de posiciones, es decir, lo que debían explicar. Querían enseñar conceptos pero no los entendían. La investigadora constata que es imposible que el maestro enseñe bien algo que no sabe. En la tercera tarea, los maestros debían realizar la siguiente operación: «1 3/4 dividido por1/2». Además, debían inventar una situación en la que se podía utilizar este cálculo. Varios maestros chinos mencionaron que hubiera sido más fácil realizar el cálculo con decimales. Subrayaban la utilidad de ver la multiplicación y la división como dos facetas de lo mismo. En general, solucionaron la tarea diciendo que el problema es igual a 7/4 dividido por 1/2. Es decir, la relación

La importancia de la calidad de la enseñanza. Ejemplos asiáticos

de 1/2 a 7/4 es igual a la relación entre 1/1 y 2 veces 7/4, es decir 14/4, es decir el resultado es 3 1/2 o 3,5. Todo esto es lo mismo que 1,75 dividido por 0,5, lo cual es como 17,5 divido por 5, que es igual a 3,5. Todos los maestros chinos del estudio realizaron el cálculo correctamente, frente a sólo un 43% de los maestros estadounidenses. Y ningún maestro estadounidense pudo inventar un buen ejemplo. Bastantes maestros estadounidenses de bajo nivel confundieron el dividir por 1/2 con el dividir por 2. La buena voluntad o los cursos de didáctica no suplen la falta de conocimientos de la materia. Los maestros chinos más avanzados ofrecieron varias alternativas, ilustrando así que se puede ser creativo en matemáticas. Unos de los ejemplos dados por los maestros chinos fue: se necesita actualmente 1 3/4 tonelada de acero para producir cierta máquina y eso es la mitad de lo que se solía usar. ¿Cuánto acero se solía usar? Otro ejemplo: un campesino ara 1 3/4 unidades de un campo en medio día. ¿Cuánto podría arar en un día entero?

La cuarta tarea consistía en una situación en la que un supuesto alumno se acerca al maestro diciendo que ha encontrado un principio de geometría. Ya que un cuadrado de 4 por 4 centímetros da un perímetro de 16 centímetros y un área de 16 centímetros cuadrados, y ya que un rectángulo de 4 por 8 centímetros da un perímetro de 24 centímetros y un área de 32, el alumno pretendía haber descubierto una ley que decía que cuando aumentaba el perímetro aumentaba también el área. La tarea para los docentes era decir cómo responderían si se tratara de un alumno suyo. Algunos maestros estadounidenses dijeron que felicitarían al alumno por su interés por las matemáticas y nada más. Otros dijeron que dirían al alumno que hablarían más del asunto al día siguiente, cuando el maestro hubiese podido consultar un manual. Los maestros seguros de sus conocimientos pidieron al alumno que inventara otros cinco ejemplos para ver si la regla era válida en todos los casos, es decir, pidieron que el alumno investigara más la afirmación.

Resulta que la afirmación no es correcta porque, por ejemplo, un rectángulo de 1 por 8 centímetros tiene un perímetro de 18 centímetros y un área de 8 centímetros cuadrados.

La investigadora resume sus observaciones diciendo que ya en la primaria aparecen unos diez o veinte términos matemáticos con los cuales el alumno debe familiarizarse para aprender bien. La enseñanza en la primaria se podría llamar no sólo «primaria» sino también «fundamental» o «elemental» y en los dos casos se señala que el profesor está poniendo las bases del futuro aprendizaje del alumno y que es importante que tenga buenos conocimientos y sepa cuál es la importancia de lo que enseña para la estructura de la disciplina. En las entrevistas con la investigadora, los maestros que sabían menos no hablaron menos pero utilizaron menos terminología matemática que los que sabían más.

Según la investigadora, el secreto de los buenos resultados chinos no se encuentra en la formación docente china, bastante mediocre según ella, sino en que los maestros tienen una hora por semana para estudiar juntos. Los que enseñan la misma materia en el mismo nivel leen juntos el currículo y la guía del profesor. Un docente chino no tiene que planificar el contenido, que está ya decidido, sino que sólo tiene que planificar cómo explicar bien lo que los alumnos deben aprender. La tarea del docente consiste en encontrar buenos ejemplos y explicaciones claras. Como contraste, en los países occidentales, la formación continua suele consistir en que los docentes escuchen a expertos que vienen de fuera, lo cual suele dejar poca huella en el aula. Lo más llamativo en los ejemplos asiáticos podría ser la absoluta claridad sobre las metas, el énfasis en el pensamiento, el uso de un vocabulario apropiado y el orden en el aula.

Entre los comentaristas occidentales hay diferentes maneras de explicar los éxitos asiáticos. Un investigador francés subraya que los niños chinos tienen grandes ventajas por el hecho de usar el chino para decir los números, ya que en su lengua[4], el número 11 se dice «diez uno», el 12 se dice «diez dos», el 20 se dice «dos diez», el 30 se dice «tres diez» y así. Por eso mismo, es fácil entender el sistema decimal. En chino los nombres de los números son breves, con lo cual también hay menos carga para la memoria. Quizá por eso ganen dos años sobre los niños occidentales, por tener un sistema numérico más sencillo. Además, aprenden a componer y descomponer números cuando llegan a saber contar hasta 9. Si deben adicionar 7+8 pueden empezar descomponiendo el 7 en 5+2. Después adicionan 8+2, que son 10, y añaden el 5 que les queda. El sistema funciona sin excepciones. En cuanto a la lectura, la situación es al revés, porque los alumnos asiáticos deben luchar con los signos que son más difíciles que el alfabeto latino. Tardan un poco más en los primeros niveles, pero después les va tan bien o mejor que a los alumnos occidentales.

Hay un aspecto que comparten los países asiáticos con Finlandia y es la competición para obtener una plaza en la educación superior. Los jóvenes son muchos y las plazas pocas. Hemos hablado ya de la «receta» del éxito, que sería una buena enseñanza combinada con el esfuerzo, pero también cierta competitividad. Bastantes expertos occidentales evitan hablar de estos factores y prefieren describir la educación asiática y la finlandesa como autoritarias y no aceptables actualmente en Occidente.

Las escuelas excelentes versión occidental

Hay una corriente occidental que quiere mejorar la calidad de la educación y que recomienda algo bastante similar a los modelos asiáticos. La iniciativa se fundamenta en la investigación de las

---

[4] Brissau, Rémi. *Comment les enfants apprennent à calculer. Le rôle du langage, des représentations figurées et du calcul dans la conceptualisation des nombres*. París: Retz, [1989] 2005.

escuelas exitosas y en el estudio de los métodos para lograr que un colegio en un barrio difícil funcione bien. Se podría resumir de la manera siguiente[5]:

— *Hay que tener muchas expectativas puestas tanto en los alumnos como en los profesores.* Se busca un ambiente en el cual el alumno intente superarse a sí mismo. Casi siempre se necesita un plan preciso para que tanto profesores como alumnos sepan lo que se espera de su trabajo. La escuela se debe ver como un lugar de trabajo y no sólo de convivencia. Debe haber recompensas tanto para alumnos como para docentes si se logra un buen resultado y una sanción en caso contrario.

— *No se debe tolerar ningún absentismo.* La escuela debe tener un sistema que indique inmediatamente si alguien está ausente. Si es una ausencia no justificada, la reacción debe ser inmediata. Es importante que los alumnos sepan con todo detalle que su ausencia se notará en seguida y será objeto de medidas. Esta atención a la asiduidad es una consecuencia lógica de intentar mejorar los resultados. Si los profesores y los otros alumnos trabajan sistemáticamente para mejorar el resultado, no se puede admitir que alguien socave ese logro común que es un aula en la que todos los alumnos deben estar al nivel de lo que se espera de ellos.

— *Se debe crear un ambiente tranquilo caracterizado por la actividad ordenada de los alumnos.* Éstos necesitan un ambiente ordenado y previsible para poder concentrarse en el aprendizaje. La escuela debe fomentar el orden, la pulcritud y el silencio cuando éste se requiera. El orden es un reflejo exterior del logro «interior» que representa el aprendizaje. Cuando se habla de disciplina, eso es lo que se busca.

---

[5] Tooley, James – Howes, Andy. *The seven habits of highly effective schools.* Londres: TC Trust, 1999.

La importancia de la calidad de la enseñanza. Ejemplos asiáticos

— *Es saludable saberse en competición con otras escuelas y otros alumnos.* El saber que otros están trabajando también para lograr resultados es un incentivo para utilizar bien el tiempo. La competición más importante es con uno mismo.

— *El ambiente físico de la escuela debe reflejar la importancia de la educación.* Si el edificio es atractivo, la escuela limpia y no hay ni pintadas ni basuras a la vista, es más fácil que los alumnos se sientan importantes para la comunidad. El ambiente exterior es uno de los modos por los que la sociedad muestra que respeta la educación y se respeta a sí misma.

— *Se debe prever un apoyo psicológico, médico y social a los alumnos.* El apoyo principal se lleva a cabo a través de la organización diaria del trabajo y un ambiente enfocado al aprendizaje. Las escuelas exitosas también designan a un adulto como responsable o tutor de un grupo de alumnos. A su vez, este adulto puede pedir ayuda cuando sea necesario para que ningún alumno se encuentre solo con sus problemas, sean cuales sean. Sin embargo, el número de personas no docentes no debe ser muy alto.

— *Diagnosticar lo que ya sabe el estudiante.* Se considera importante saber cuáles son los conocimientos previos del alumno para poder organizar un programa de aprendizaje. No es para «clasificar» a los alumnos, sino para asegurarse de que aprovechen al máximo su tiempo de estudio.

— *Formular metas.* Para fomentar el esfuerzo y saber si se avanza, es importante proponerse metas. Si no, ¿cómo saber si hay avance y si se aprende todo lo que sería posible?

— *Comprobar el desarrollo regularmente y dar retroalimentación.* La nueva pedagogía ha querido que la iniciativa venga del propio alumno y una consecuencia ha sido que no se ha podido comprobar el resultado de una actividad no planificada por la escuela, ni se ha querido. Esta nueva línea de investigación dice que, al contrario, hay que hacer un seguimiento del desarrollo para aumentarlo.

— *Subrayar la responsabilidad del propio estudiante por su aprendizaje.* Nadie puede «dar» una educación a un joven que no quiere educarse. Con los alumnos es válido el viejo proverbio de que uno puede llevar un caballo al río pero no obligarlo a beber.

— *Ofrecer una enseñanza de buena calidad.* Reclutar a buenos profesores, darles posibilidad de mejorar su enseñanza y no ocupar su tiempo con burocracia.

— *Completar la enseñanza del profesor con otras vías al aprendizaje.* Una buena biblioteca y el acceso a programas informáticos interesantes pueden mejorar el aprendizaje.

— *Ofrecer ayuda al aprendizaje a todos los alumnos, estén en el nivel que estén.* En otras palabras, debe haber apoyo no sólo para los alumnos con problemas sino también para los más adelantados.

Además se habla en este estudio de cómo deben actuar los directores de colegio y cómo deben colaborar con los padres. Todo esto es de sentido común y coincide con la práctica de los especialistas en diferentes campos. Los deportistas necesitan por ejemplo no sólo fuerza física, agilidad y entrenamiento técnico para el deporte en cuestión, sino también una alimentación adecuada y un tiempo suficiente para dormir. Un actor que quiere abrirse camino se mantiene en forma, toma cursos para mejorar los aspectos técnicos de su profesión, estudia idiomas, se relaciona con personas importantes de su campo y lee la prensa especializada. Hagamos lo que hagamos, llegar a ser bueno en algo supone un entrenamiento largo, variado y enfocado según las metas. Lo curioso es que se haya introducido en las escuelas una filosofía pedagógica que no tome en cuenta esto que sabemos todos. Al revés, dejamos que los jóvenes pasen los años de su niñez y juventud sin exigencias. Va a ser muy difícil para ellos cambiar las malas costumbres adquiridas. Las escuelas que no enfocan el aprendizaje del alumno de manera seria y sostenida están poniendo en peligro no sólo el desarrollo intelectual del alumno sino también su desarrollo social y psicológico, en contra de lo que se suele decir. El joven del que no se espera nada, se hunde en el aburrimiento y los problemas de mala conducta, droga y problemas psíquicos no estarán lejos.

TODAS LAS MATERIAS SON LENGUAS

Hemos hablado ya de lo que debemos aprender del sistema educativo en Finlandia en cuanto a la calidad del profesor y su buen manejo de la lengua. En el ejemplo de California hemos subrayado la importancia del esfuerzo de los alumnos para aprender. En los estudios realizados sobre el extrarradio de las grandes ciudades de Francia hemos visto las consecuencias de que ese aprendizaje no se lleva a cabo. Pues bien, en el apartado que empieza ahora vamos a dar otro paso más, pues analizaremos algunas materias concretas y cómo cada una de ellas contribuye al aprendizaje no sólo de la materia en cuestión sino también al aprendizaje general de la lengua, a la comprensión lectora y al desarrollo del pensamiento. Además, cada materia es un mundo, un «país» con su propia lengua «extranjera» y un tipo especial de textos. El alumno debe descodificar el nuevo lenguaje y la manera de pensar en ese «país extranjero», conquistando esa nueva lengua y ampliando su lengua materna.

Sólo una pequeña parte del aprendizaje de la lengua se hace en las clases de lengua y literatura. La parte más importante del desarrollo del lenguaje tiene lugar durante el estudio y el uso del lenguaje en otras materias, mientras se lucha con las tareas escolares en casa y durante la lectura que realizan los alumnos durante su tiempo de ocio. Mediante el uso del lenguaje en nuevos contextos, el alumno desarrolla la riqueza, la flexibilidad y la corrección de su lenguaje. En este capítulo se insistirá una y otra vez en que el aprendizaje sistemático de una materia contribuye simultáneamente al aprendizaje de ciertos datos, a la comprensión del mundo y al aumento del vocabulario y de la flexibilidad en el uso del lenguaje.

Las matemáticas

Circula la idea de que las matemáticas serían menos «verbales» que otras materias y que, por eso, deberían ser relativamente más fáciles que otras asignaturas para los alumnos con menos seguridad en el uso del lenguaje. Sin embargo, también las matemáticas se aprenden en un diálogo entre el profesor y el grupo y consisten fundamentalmente en la lectura de problemas y en el uso de una terminología exacta.

El investigador francés Rémi Brissau subraya que cuando los niños aprenden a dar nombres a los números, esto les permite contar o establecer el rango de un objeto en una unidad ordenada. Aprenden a manejar la representación de algo plural bajo forma unitaria. En las matemáticas, cuando abstraemos, no pasamos de lo concreto a lo abstracto sino de una representación abstracta a otra más abstracta y más general. Cuando contamos tres perros, en realidad no pasamos de los perros al número 3 sino pasamos de tres perros «alineados» mentalmente y contados, por ejemplo, poniendo una piedra delante de cada uno de ellos. Después se cuentan las piedras y sale el número 3. Para contar sirve cualquier cosa, por ejemplo las piedras o las crucecitas, pero no es posible representar un número sin ordenar antes las representaciones. Cuando estamos acostumbrados a contar, lo hacemos mentalmente sin una ayuda concreta.

La buena y la mala educación

En la educación preescolar y primaria se utilizan a veces unas reglitas de diferentes colores, para afianzar el concepto de número. Una reglita puede representar siete y otra tres; son unidades y, a la vez, diferentes cantidades. Otra manera de practicar lo mismo es usar fichas y sobres. Se colocan en un sobre siete fichas, se cierra el sobre y se escribe en él el número siete. Eso muestra a los alumnos que realmente hay siete fichas dentro, pero no es necesario contarlas cada vez sino que podemos fiarnos del número escrito en el sobre. Con eso, se da un paso hacia la manipulación mental de las cantidades. El autor también subraya lo útil que es aprender de memoria la suma de los dobles y otras «tablas» y también practicar el cálculo mental. Además, menciona el famoso método francés de enseñanza primaria que consiste en que los niños escriban la respuesta con tiza en una pequeña pizarra individual y, cuando el maestro da una señal, todos le muestran sus respuestas. Así, el maestro puede comprobar de un vistazo que todos hayan comprendido. Ya hablamos de ese método en un capítulo anterior.

Las matemáticas consisten en lenguaje escrito tanto como el latín y, por eso, la lectura es central y las matemáticas son una lengua o un «registro» especial, un modo de utilizar la lengua[1]. Lo que caracteriza este lenguaje es que combina el uso de la lengua normal con una terminología precisa y con un sistema de símbolos. La coherencia se puede crear a través del uso de palabras como «ya que» y «por eso» que marcan una coherencia explícita, pero también puede obtenerse por la repetición de ciertas palabras de una oración a otra.

En un texto matemático, las nuevas palabras pueden ser nuevas de varias maneras: algunas pueden ser totalmente desconocidas para el aprendiz de matemáticas, mientras que otras existen en la

---

[1] Österholm, Magnus. *Kognitiva och metakognitiva perspektiv på läsförståelse inom matematik*. Linköping: Universidad de Linköping, 2006.

lengua normal pero adquieren un sentido específico dentro de las matemáticas, como cuando se habla de números «complejos». Algunas palabras como «todos» o «ninguno» adquieren un sentido muy preciso y más complicado, y los números funcionan como sustantivos. En los textos matemáticos, hay poca redundancia y una sintaxis compleja. Es usual tener que leer un texto matemático varias veces y tener que trabajar con un lápiz en la mano. Los textos son especiales también porque dominan dos «subgéneros»: los ejercicios para alumnos y los artículos escritos para otros matemáticos.

Ya hemos comentado a propósito de los resultados finlandeses de PISA que hay una relación positiva entre la comprensión lectora general y las matemáticas. Al entender un texto matemático, utilizamos los esquemas usuales de comprensión lectora. Primero se trata de «descodificar» las palabras; después hay que ver cómo están relacionadas dentro de la oración; y finalmente, el lector debe decidir lo que significa lo leído. En las matemáticas, el texto constituye una red de significaciones extraídas a través de las palabras presentes en el texto pero, a la vez, se entiende a través de los conocimientos previos. Los conocimientos previos nos han dado esquemas para interpretar lo que leemos. Los textos matemáticos se suelen leer teniendo en la mente a la vez un nivel de comprensión general y otro más «matemático». Practicar mucho nos da una comprensión más rápida y nos permite tener más elementos a la vez presentes en el cerebro. La comprensión del problema es el primer paso hacia su solución. Los alumnos leen los textos matemáticos enfocando las cifras, lo cual no es el caso en otros textos. En un texto no matemático, si se dice que alguien tiene cinco euros, se entiende como que tiene algún dinero; en un texto matemático, se entiende como que tiene exactamente cinco euros y que este hecho es esencial. Bastantes alumnos intentan evitar los textos matemáticos porque no los entienden y no se fían de sus propios conocimientos. Sin embargo, el sistema simbólico es un instrumento útil que deben aprender a utilizar; les permite trabajar de manera rápida con la solución del problema. Por eso, deben aprender a servirse de la «lengua» de las matemáticas.

Otro ejemplo de la relación entre las matemáticas y el lenguaje lo constituye la prueba general de admisión a la universidad sueca como una manera alternativa de probar la aptitud del alumno para los estudios superiores. La universidad encargada de preparar la prueba le dedica mucho cuidado. La prueba contiene varias partes: matemáticas, capacidad de leer gráficos, vocabulario y, además, comprensión lectora en sueco y en inglés. Lo que es interesante en conexión con las matemáticas es que no se pide que el estudiante haga cálculos sino que indique con qué operación se podría solucionar el problema en cuestión. Otra tarea es señalar, entre varias alternativas, exactamente qué datos son necesarios para poder resolver un problema. En la prueba sobre la capacidad de leer gráficos, se suelen presentar alternativas entre las que hay algunas que no corresponden a una información dada previamente. Puede ser una información correcta pero no recogida en el gráfico. En otras palabras, la comprensión lectora es lo fundamental en todas las secciones de la prueba. Para las personas jóvenes, la parte más difícil suele ser la del vocabulario, porque suelen haber leído menos que las personas de más edad.

Después de haber estudiado cómo se enseñan las matemáticas en algunos países del este asiático y el tipo de pensamiento que se exige por ejemplo en la prueba para acceder a la universidad, da que pensar lo que pasa con la enseñanza de las matemáticas en la escuela obligatoria en un país que ha adoptado la nueva pedagogía. Un investigador que es uno de los pioneros de la didáctica de las matemáticas, que ha trabajado tanto en países africanos multilingües como en Suecia, vacila entre su apoyo y su crítica a la nueva pedagogía, y entre su idea de lo que es una buena enseñanza de matemáticas y su voluntad de adoptar una actitud positiva hacia los hablantes de otras lenguas. Por todo eso, sus textos resultan, sin quererlo quizá, un resumen del debate didáctico actual[2]. A propósito de África constata una y otra vez las dificultades que causa en la enseñanza la coexistencia de muchas lenguas porque, subraya, el lenguaje desempeña un papel fundamental en la exploración matemática. La enseñanza de las matemáticas consiste, en gran parte, en la conversación del docente con los alumnos para evaluar con ellos diferentes soluciones de un problema. En ese sentido, el autor dice lo mismo que los estudiosos del caso asiático. También afirma una y otra vez que los alumnos tienen que aprender correctamente y con seguridad a sumar, restar, multiplicar y dividir porque si no, no podrán avanzar nunca en las matemáticas. El requisito previo para poder dedicarse a resolver problemas es haber automatizado los conocimientos básicos. El profesor no entiende por qué la nueva pedagogía presta menos atención que antes a enseñar estas bases, si manejar bien lo elemental da seguridad al alumno y disminuye a la vez el estrés y la carga cognitiva. Con otras palabras, está diciendo lo mismo que los analistas que explican los éxitos finlandeses.

Rechaza la tendencia actual de afirmar que no todos tienen que aprender las matemáticas «teóricas» sino que serían suficientes unos conocimientos «cotidianos». Cree que, muy al contrario, los que más necesitan saber las tablas de adición y de multiplicación son los alumnos con dificultades. Cada pequeño error causa trastornos en el trabajo del alumno y le hace perder fe en sí mismo. Además, el autor no entiende la tendencia a diagnosticar los problemas en vez de prevenirlos. Critica que no se «instalen» bien los conocimientos básicos antes de continuar con problemas más sofisticados. Cree que se debe practicar mucho el cálculo mental y

---

[2] Kihlborn, Wiggo. *Mathematics and language in Moçambique. On relations between the childrens' mother tongue and their basic skills in arithmetic.* Gotemburgo: Department of Didactics and mathematics, Gothenburg University, 1991. pp. 29-39, 43, 48, 51, 58, 66, 69, 98, 105.

que el método de dejar que los alumnos trabajen solos y se corrijan con una clave ha llevado a que los alumnos «abusen» de la clave. Copian la respuesta y el profesor quizá no se da cuenta. Además, no se debe aceptar que el tiempo de estudio no se aproveche bien. Y para colmo, después de observar el trabajo en muchas aulas, llega a la conclusión de que es imposible que un profesor pueda individualizar la enseñanza en la medida en la que lo exigen los planes de estudio. Es más sencillo y más realista hacer trabajar a la mayoría de los alumnos en un nivel adecuado para sus conocimientos previos. Otra observación curiosa del autor es que dice que la observación de las aulas le ha hecho sentirse más feminista, porque a menudo unos alumnos varones sin interés por el estudio acaparan la atención del profesor en perjuicio tanto de las chicas como de las matemáticas.

El mismo investigador aparece como coautor de un curioso libro que describe un proyecto para formar a inmigrantes como docentes de matemáticas[3]. Ese libro reúne casi todos los temas que se abordan en este libro, pero desde una perspectiva diferente, y viene a ilustrar cómo un matemático que conoce bien la importancia de la terminología, que aboga por la precisión y por recuperar la importancia del aprendizaje, llega a contradecirse y no saber qué decir cuando, al mismo tiempo, quiere estar a favor de la nueva pedagogía y el multiculturalismo. Los autores de este libro al que me refiero, primero dicen que han comprobado que es un problema generalizado que los futuros profesores de matemáticas saben menos. Constatan que algunos nuevos métodos como pedir a los alumnos que inventen ellos los ejemplos dan resultados superficiales resultando una pérdida de tiempo. Mencionan sin comentarios que han recibido visitas de profesores africanos que preguntan

---

[3] Löwing, Madeleine – Kilborn, Wiggo. *Språk, kultur och matematikundervisning*. Lund: Studentlitteratur, 2008.

cómo pueden aprender los alumnos si no está silenciosa el aula. Unos profesores de Singapur les han preguntado cómo pueden ser eficaces los profesores en Suecia cuando no hay un currículo nacional preciso y los alumnos no saben con exactitud cuáles son las exigencias. Los autores no ofrecen ningún comentario en su libro. Después de estas constataciones generales, el libro da cuenta de las experiencias de unos cursos para inmigrantes que desean trabajar como profesores de matemáticas en la escuela sueca. Ahí es donde los autores son tan políticamente correctos que resultan incoherentes. Constatan que a los futuros profesores inmigrados les cuesta mucho enseñar en la nueva lengua porque tienen que concentrarse demasiado en el correcto manejo de la lengua. Los futuros profesores se quejan de estar cansados siempre, y no les alcanza la energía mental para una enseñanza focalizada de la materia. Por eso, no hablan demasiado de matemáticas en sus clases, sino que pierden el tiempo hablando de otros temas. Los autores hablan de la carga cognitiva que supone hablar en una lengua extranjera y mencionan que no es suficiente que un profesor inmigrado aprenda un lenguaje cotidiano sino que también necesita un lenguaje especializado, además de buenos conocimientos de matemáticas y de didáctica. Sin embargo, los autores no se atreven a decir a las claras que la sociedad debería exigir a cualquier futuro profesor tener a la vez buenos conocimientos de la lengua y de la materia. Es lo que hacen los finlandeses, como hemos visto. Los autores hasta parecen culpar a los suecos del cansancio de los inmigrantes.

Para resumir, las matemáticas son creadas por la lógica, son sistemáticas y se practican utilizando los instrumentos del lenguaje y del pensamiento. Están construidas socialmente pero no de cualquier modo. Los docentes exitosos en esta asignatura ponen a sus alumnos a resolver problemas, porque no hay ningún buen método que no se base en luchar con la materia misma. El lenguaje es fundamental porque hay que analizar primero el problema con el fin de ver qué datos son relevantes y cuáles irrelevantes. Entender en qué consiste el problema supone más de la mitad de la solución. Enseñar las matemáticas es enseñar a pensar de manera creativa, porque suele ser posible resolver un problema de varias maneras. Los instrumentos de toda esta actividad son el lenguaje y la lectura.

Las ciencias naturales

Quizá no todos se den cuenta de que también el aprendizaje de las ciencias naturales es un aprendizaje de lengua. Pero si nos detenemos a observar cómo se enseñan las ciencias naturales, veremos reaparecer la importancia de leer con atención, de usar una terminología precisa y de saber aguantar cierta frustración. Veremos cómo también las ciencias naturales se basan en un buen manejo de la lengua y la lectura, además del uso de las matemáticas.

Los libros sobre la enseñanza de las ciencias naturales hacen mucho hincapié en la comprensión de los conceptos, en la discusión y en el uso preciso del lenguaje.

En países como Gran Bretaña, las ciencias naturales son una de las tres materias clave junto con la lengua y las matemáticas, y se enfatiza el aprendizaje de competencias generales a través de las ciencias naturales. Las recomendaciones formuladas a los docentes subrayan el uso del lenguaje como aspecto central en el aprendizaje. Ya en la primaria se da tiempo y espacio a la exploración en las ciencias naturales, para que esta materia llegue a tener su verdadera relevancia también en los alumnos muy jóvenes[4]. Como en otras materias, la tarea del profesor es estructurar cuidadosamente las oportunidades para que los alumnos mejoren su capacidad de

---

[4] Ward, Hellen et al. *Teaching science in the primary classroom: a practical guide*. Londres: Paul Chapman, 2005.

observar, discutir con los otros alumnos y sacar conclusiones y saber argumentarlas. Hay que reservar tiempo para pensar, para discutir, para formularse preguntas y no abandonar un tema muy rápidamente sino seguir trabajando las ideas y conectando los datos encontrados con observaciones anteriores. Las preguntas del profesor deben permitir al alumno llegar más lejos con su pensamiento. Se recomienda a los profesores combinar la observación con el dibujo del objeto, para lograr que el alumno observe con más atención. El haber observado con atención un objeto da a los alumnos una base de experiencias propias que les permite cuestionar afirmaciones que no correspondan a lo que ellos han observado.

Unos ejemplos pueden ilustrar cómo el estudio significa a la vez aprender sobre las ciencias naturales, aprender lengua y aprender a pensar. Para mejorar la capacidad de observación de los alumnos jóvenes, un ejercicio recomendado es dar a los alumnos fotos aumentadas preguntándoles lo que representan. Pueden ser objetos presentes dentro del aula que los alumnos deben intentar identificar. Otro ejercicio más es darles un objeto escondido dentro de un bolso o una caja y pedirles que adivinen qué es, basándose en el peso y la forma. Otro ejercicio consiste en pedir a cada uno de los alumnos que describan en un papel una piedra, para después colocar las piedras todas juntas y leer las descripciones escritas en voz alta, con el resultado previsto de que, si la descripción es lo suficientemente precisa, los demás alumnos podrán reconocer fácilmente la piedra en cuestión. Si se repite el ejercicio, mejora cada vez más la precisión a la hora de describir. Ése es también un ejercicio que los padres pueden hacer con sus hijos en casa. En todos estos ejemplos es obvia la relación entre el uso del lenguaje y la práctica de las observaciones.

Otro ejercicio es mostrar diez objetos a los alumnos y pedirles que los clasifiquen. Podríamos pensar en un peine, una muñeca, unas llaves del coche, un cuchillo, un periódico, un martillo, un chupete, una galleta, una silla y una planta. El interés del ejercicio consiste en que hay innumerables maneras de clasificar estos objetos. Según el tamaño, podrían clasificarse en grandes y pequeños; según el material en metal, papel o plástico; según el destinatario del objeto en cosas usadas por niños o por adultos; según el color; según su uso en función de si son instrumentos o no. Hasta se podrían formar categorías con un solo elemento: la galleta podría estar en la categoría de lo comestible. Ese es otro juego que pueden montar los padres en sus casas. El agrupar objetos según diferentes principios es una preparación para clasificaciones futuras más rigurosas.

Otro ejemplo de la combinación de lenguaje y pensamiento es dejar que los alumnos practiquen la formulación de preguntas. Una posibilidad es darles una patata y pedirles que formulen diez preguntas sobre la patata. El próximo paso puede ser introducir alguna diferencia, como darles una patata ya cocida o una patata coloreada. Otra tarea sería darles alguna sustancia en polvo y pedirles que formulen preguntas. Otro ejercicio es mostrarles un vaso de agua junto a una sustancia en polvo y pedirles que formulen por lo menos otras diez preguntas. Todo es lengua y pensamiento.

Desde el comienzo, el profesor puede prever diferentes maneras de dar cuenta de las observaciones, para que los alumnos practiquen cómo presentar sus datos. En las presentaciones, se les debe exigir también que saquen conclusiones y que usen un vocabulario científico. Muchas veces podría ser útil hacer primero una presentación oral y después otra escrita. Así el tema «madura» en la mente de los alumnos. Las actividades intelectuales ejercidas por los alumnos son numerosas y variadas: observar, comparar, clasificar, cuestionar y comprobar. Es importante que los profesores trabajen con metas concretas y realistas que los alumnos deben saber realizar, como por ejemplo hacer un experimento y después dar cuenta del resultado usando una terminología adecuada[5].

Los profesores de ciencias naturales utilizan a menudo la técnica de tomar como punto de partida el pensamiento ingenuo del alumno, organizando quizá un experimento «fracasado», para mostrarle que tiene que cambiar su manera de pensar[6]. Las ciencias naturales utilizan modelos que son productos del pensamiento y no de la naturaleza y, precisamente, los alumnos deben desarrollar su pensamiento. Otra práctica interesante que se puede realizar es identificar lo que es importante en un texto, pidiendo a los alumnos que lo reduzcan a la mitad y que después cuenten a otro alumno el nuevo contenido. El paso final puede ser reducir el texto a una sola oración que lógicamente debe constituir la síntesis del texto en cuestión.

En las ciencias naturales, una pregunta típica es «¿y si fuera de otro modo?». Los alumnos deben aprender a preguntar, cuestionar, relacionar, pensar en cómo podría cambiar el proceso observado y, al final, evaluar su propia actividad. Antes de hacer un experimento, se pide a los alumnos, por ejemplo, que adivinen cuál va a ser el resultado. Esto agudiza la observación y ayuda a la memoria. Muchos profesores hablan de crear un «conflicto» entre la idea previa del alumno y el nuevo concepto para que estén alerta durante el experimento. Es importante explicar también un resultado

---

[5] Véase también Wallace, Belle – Cave, Diana – Berry, Andrew. *Teaching problem-solving and thinking skills through science*. Abigdon: Routledge, 2009, para ilustrar que no todos los docentes trabajan así. Ese libro entiende de otro modo lo que es enseñar en la primaria. El libro contiene fotos grandes, un texto fragmentado y se caracteriza por un tono exageradamente positivo. Las fotos muestran niños trabajando pero, precisamente, es difícil mostrar visualmente la calidad del pensamiento desarrollado. Representan una pedagogía centrada en el niño, pero no necesariamente en el aprendizaje. Para ellos, lo importante es que sea divertido.

[6] Liversidge, Tony et al. *Teaching science. Developing as a reflective secondary teacher*. Londres: Sage, 2009.

esperado. La destreza del profesor está en organizar situaciones de tal manera que los alumnos hablen del experimento y no de ellos mismos. Hacia el final de la clase, se repasa el resultado que quizá contraste con las ideas previas de los alumnos sobre el fenómeno estudiado. Algunos profesores preparan un final lúdico, para que los alumnos automaticen los nuevos conocimientos: el profesor enumera afirmaciones de las que algunas son erróneas y los alumnos deben identificar cuáles son correctas y cuáles erróneas, o bien el profesor formula respuestas y los alumnos deben formular las preguntas correspondientes. Las preguntas que se utilizan constantemente son, por ejemplo: ¿Qué quieres decir con esa palabra?; ¿Puedes poner un ejemplo?; ¿Por qué dices eso? Además, los alumnos elaboran documentos de diferente tipo como dibujos, tablas o textos cortos, pero siempre con una terminología precisa. Como se ve, la actividad verbal es constante y variada. La clase típica de ciencias naturales podría consistir en preguntar a los alumnos cómo ven un fenómeno, introduciendo después un experimento y pidiéndoles posteriormente que hagan una predicción: ¿qué va a suceder? Después viene la fase de observación, y finalmente la discusión y la comparación con otros fenómenos.

Más ejemplos para ilustrar que las clases de ciencias naturales son clases de lengua. ¿Cómo puede llevarse a cabo un experimento con alumnos de primaria? Por ejemplo, se les da a todos un clavo de hierro y se les pide que lo pongan en algún lugar donde crean que vaya a oxidarse. Después de dos semanas, deben volver al colegio con los clavos y el profesor organiza una exposición, identificando los clavos de cada uno de los alumnos con una etiqueta. A continuación, el profesor les pregunta a los alumnos dónde pusieron su clavo, por qué y si el resultado corresponde a su expectativa. El paso posterior es comparar los clavos y decidir cuál es el más oxidado y el menos oxidado. Finalmente, el profesor pregunta por qué se oxida un clavo. Algunos alumnos suelen creen que el oxígeno está dentro del clavo y que se limita a «aparecer». Para comentar esa idea, el profesor puede tener a mano una pequeña sierra para partir en dos uno de los clavos; así, los alumnos ven que el metal está intacto dentro del clavo. Se logran varias metas a la vez: se usa una terminología precisa; se aumenta la experiencia del mundo que tiene el alumno; los alumnos practican el arte de la argumentación; y, en el mejor de los casos, llegan a pensar que aprender es una actividad divertida. El aprender a pensar es algo que se hace paso a paso, y la acumulación de experiencias es lo que consigue el buen resultado.

Otro tema de investigación para los alumnos de primaria puede ser el de la vida. Primero los alumnos dicen, por ejemplo, que estar vivo es poder moverse. Entonces, ¿está viva una planta? ¿Y el fuego? Para vivir, ¿es necesaria la luz? ¿Crece todo lo que está vivo? Muchos adultos no podrían contestar estas preguntas. A veces es útil e interesante comparar las creencias de los alumnos con las creencias comunes en otras épocas. Lo que los niños piensan puede haber sido el pensamiento general.

En química, a los alumnos les cuesta entender conceptos como sustancia, pureza, masa, densidad, sólido, líquido y gaseoso. No suelen entender que un gas tiene masa. Creen a menudo que el agua cambia de volumen al helarse. Se resisten a aceptar que el agua se hiela o llega a su punto de ebullición a cierta temperatura. En cuanto a los ácidos y las bases, surge a menudo una confusión con el sentido de esas palabras en el lenguaje natural. Los alumnos no entienden que el aire pesa. ¿Qué es una nube? ¿Una vela flota en el agua o se hunde? ¿Y por qué? ¿Cambia algo si la vela es más larga? ¿Se hunde más fácilmente una vela con agujeros que otra sin agujeros? ¿Por qué? Hace falta mucho tiempo para incorporar nuevas ideas y usarlas de manera automática. Se necesita mucha práctica. Con esta perspectiva, no se entiende que se permita a algunos alumnos destruir la concentración de los demás alumnos. El tiempo es breve y hay tanto que aprender... No convence la idea de que los alumnos puedan «construir» su propio conocimiento, ni siquiera colaborando en equipo. En su trabajo, los alumnos necesitan ser guiados por un profesor con buenos conocimientos y un lenguaje preciso.

La capacidad profesional de un profesor incluye saber planificar, para poder hacer un seguimiento del desarrollo de sus alumnos. Cada clase tiene un propósito que puede ser aprender a dibujar un diagrama, copiar una estructura biológica, explicar cierto fenómeno o saber enumerar los factores que influyen en un proceso. La meta se debe comunicar a los alumnos y debe ser algo que se pueda observar con precisión. Es importante darles información sobre su evolución, es decir, decirles cómo les va en la materia.

En un libro español de didáctica de las ciencias naturales se muestra lo difícil que es lograr que los alumnos adopten conceptos científicos a pesar de tener éstos una relación con el mundo inmediato en que viven[7]. Uno de los problemas es que los alumnos tienen conceptos no científicos, «alternativos» o «folclóricos», que son resistentes a la instrucción. Los alumnos tienden a interpretar lo nuevo según sus esquemas de antes, en vez de reevaluar los conocimientos anteriores según lo aprendido recientemente. Además, si sus conceptos anteriores están socialmente compartidos, es decir, si están aceptados por los adultos de su cultura, el joven no ve por qué debería cambiarlos. Piensa y dice tranquilamente que el sol «sale», la manta «da calor» y el color es una «cualidad» del objeto[8].

---

[7] Pozo, J.I. – Gómez Crespo, M.A. *Aprender y enseñar la ciencia*. Madrid: Morata, [1998] 2008.

[8] Un libro que estudia la dificultad de enseñar nuevos conceptos es Driver, Rosalind et al. *Making sense of secondary science. Research into children's ideas*. Londres: Routledge, 1994.

Otra dificultad señalada en el aprendizaje de las ciencias naturales es que sobra la información y escasea el aprendizaje de los conceptos que permiten comprender la información. En otras palabras, la enseñanza de las ciencias naturales no debe utilizarse para buscar información sino para aprender conceptos. Además, entender en qué consiste la ciencia es difícil. Los autores nos recuerdan el cuento de Borges en el que éste menciona la idea de un mapa tan grande como el área que intenta reproducir. En otras palabras, Borges atrae nuestra atención sobre el hecho de que primero tenemos que reducir la realidad a un modelo o un esquema para poder después pensar, manipulando el modelo. Los autores ilustran con un esquema la diferencia entre cómo se aprenden los hechos y los conceptos:

	Hechos	Conceptos
Consiste en	Copia literal	Relación con conocimientos anteriores
Se aprende	Por repaso	Por comprensión
Se adquiere	De una vez	Gradualmente
Se olvida	Rápidamente si no hay repaso	Más lenta y gradualmente

Los autores nos dan un esquema sobre la diferencia entre el pensamiento no científico y el científico en las ciencias naturales:

Pensamiento concreto, no científico	Pensamiento formal, científico
Centrado en la realidad	Se refiere a lo posible, no a lo real
Se basa en los objetos realmente existentes	Son proposiciones, posibilidades. Se expresan en un lenguaje especial
Incapacidad para formular y comprobar hipótesis	Naturaleza hipotética deductiva. Formulación y comprobación.

Para ilustrar lo difícil que es desarrollar un pensamiento científico, los autores relatan un experimento con dos grupos: uno de adolescentes y otro de historiadores y físicos adultos. Se trataba de comprender un texto de física y otro de historia. Los físicos entendieron el texto de física de manera científica pero los historiadores entendieron el texto de física casi al mismo nivel que los adolescentes. Lo mismo pasó con el texto de historia: los historiadores lo entendieron de manera científica pero, a pesar de tener los físicos una formación científica en otra área, éstos entendieron el texto casi al nivel de los adolescentes. La conclusión es que pensar de manera sistemática y científica es bastante más difícil de lo que se cree y el pensamiento está más ligado a un área de especialización de lo que se podría creer.

El pensamiento científico es un enorme logro, y es frágil: es posible el retroceso. Los autores constatan que aprender química y física en parte es como cualquier aprendizaje, porque se aprende leyendo, resumiendo y escribiendo informes pero, además, se utilizan gráficos para resumir la información y los alumnos deben aprender a aprovechar datos recibidos de esa forma. En resumen, los autores demuestran el enorme trabajo que supone aprender a servirse del pensamiento elaborado dentro del campo de las ciencias naturales. A la vez, proponen su libro como manual para los futuros docentes y es obvio que no quieren problemas con los pedagogos, porque utilizan varios conceptos de la nueva pedagogía, pero lo hacen a su manera. Dicen «aprender a aprender» pero con el significado de «aprender mucho»; dicen «constructivismo» pero entienden «aprender activamente», no de manera juguetona ni fortuita. Hablan del gran volumen de aprendizaje que implica aprender ciencias naturales y apenas mencionan la posible presencia en las aulas de alumnos que no quieran estudiar las materias en cuestión. Rechazan como no realista la idea de ver a los alumnos como mini investigadores, subrayando que los alumnos no tienen que construir el conocimiento, sólo reconstruirlo.

Otro autor presenta el estudio de las ciencias naturales en el bachillerato casi totalmente como un estudio de lengua[9]. Constata que los alumnos usan la lengua para muchos propósitos como observar, describir, comparar, clasificar, analizar, discutir, formular hipótesis, teorizar, cuestionar, retar, argumentar, diseñar experimentos, llevar a cabo procedimientos, juzgar, evaluar, decidir, concluir, generalizar, divulgar, escribir y, a su vez, enseñar. Observa también que, en los informes de laboratorio, el alumno debe aprender a usar esquemas ya listos para entregar la información sobre el resultado de un experimento, practicando en particular la expresión en voz pasiva y los verbos de acción, además de una terminología especial.

Resumiendo, el estudio de las ciencias naturales es notablemente verbal a pesar de ser visto como un un quehacer práctico y experimental. Es digno de mención que el método más citado para desarrollar el pensamiento del alumno es el diálogo entre el profesor y el grupo sobre un experimento organizado por el profesor. Un buen manejo del lenguaje es a la vez requisito y resultado de las clases de ciencias naturales. Como se ha mostrado, el aprendizaje incluye una intensiva y variada práctica lingüística. Desde el punto de vista de este aprendizaje del lenguaje, el alumno adquiere conceptos y terminología precisos, a la vez que practica diferentes modos de usar el lenguaje de manera oral y escrita. Se puede hablar a la vez de ampliación y flexibilización del vocabulario, y de más precisión en su uso.

La historia

Vamos a echar un vistazo también a la materia de historia para ver más ejemplos de cómo cada disciplina no sólo amplia los conocimientos sobre el mundo, sino que también mejora el pensamiento y

---

[9] Lemke, Jay L. *Aprender a hablar ciencia. Lenguaje, aprendizaje y valores.* Barcelona: Paidós, [1993] 1997.

el dominio del lenguaje. De manera más obvia que en el caso de las matemáticas y las ciencias naturales, el estudio de la historia está asociado al lenguaje y a la lectura. En historia, prácticamente todo es verbal.

Como campo de estudio, la historia se interesa por lo que pasó y lo que se dice de lo que pasó, intentando entender el pasado de manera general[10]. El interés de los historiadores es entender lo que somos las personas humanas a través del estudio de lo que fuimos. La historia constituye la memoria episódica y «autobiográfica» del grupo. Se basa en documentos, inscripciones y otros restos del pasado que se han conservado. Es también el resultado del trabajo de los historiadores que han elaborado conceptos sobre el pasado e ideas sobre las causas de los eventos comprobados. El resultado de la investigación suele tener la forma de un texto. Existen investigadores posmodernos que creen que la forma narrativa impone un molde sobre la historia y la convierte en una narrativa entre otras; sin embargo, otros creen que el hecho de que haya un orden en un relato histórico, es decir, que hay un comienzo, un medio y un fin, no significa que la historia sea «invento» o «ficción» sino que son moldes típicos de la mente humana.

En una reflexión sobre su disciplina, siete historiadores mencionaron diferentes problemas actuales de la historia[11]. Mencionan que en la mayoría de los países occidentales la historia, como materia, ha perdido espacio e importancia en la escuela. La historia ya no se ve como parte de lo que debe saber una persona culta sino como una fuente en la que la industria del entretenimiento puede inspirarse, buscando incidentes más o menos absurdos. Como ya hemos visto, una tendencia actual es rechazar la historia narrativa, muchas veces centrada en los hombres importantes; se prefiere

---

[10] Carretero, Mario –Voss, James F. *Aprender y pensar la historia.* Buenos Aires: Amorrortu, 2004. pp. 38, 54.
[11] Ib. pp. 106-107.

estudiar la historia colectiva de diferentes grupos sociales como pueden ser los obreros, las mujeres o las minorías. Antes se pensaba que el pasado era la explicación de la actualidad pero, con la llegada de la sociedad del bienestar, el interés se centra en la actualidad y en el futuro, y parecen más útiles la sociología y las ciencias naturales que la historia.

El investigador franco-búlgaro Tzvetan Todorov ha investigado una serie de temas dentro de las humanidades[12]. A propósito de la historia, ve dos amenazas específicas del siglo XX: por un lado, los regímenes totalitarios que intentaron borrar todo lo anterior a ellos y, por otro lado, la cultura de la pereza y del todo vale de la sociedad del bienestar. Si los jóvenes no se molestan en aprender de las grandes obras del pasado, no sabrán apreciar otra cosa que el entretenimiento. Así, tanto las democracias como los regímenes totalitarios convierten a sus ciudadanos en bárbaros. Difícilmente hay una defensa más enérgica de la historia que la de Todorov que, en eso, coincide con la tesis de Ortega y Gasset en *La rebelión de las masas*, publicada en 1930.

Todorov discute también la tendencia a ser hipercríticos con los males del propio país sin mencionar lo malo de otras culturas. El resultado es una distorsión de la verdad, presentando a los suyos como los peores del mundo, responsables por ejemplo de imperialismo, pero sin mencionar lo positivo de la propia historia y cultura. Tal maniobra no demuestra una superioridad moral del investigador sino que evidencia que éste tiene un pensamiento maniqueo. Otro uso ideológico es aprovecharse de la historia para identificarse con los héroes, enorgulleciéndose, o con las víctimas, para pedir recompensas. Actualmente, los que hablan del deber de la memoria y los multiculturalistas cometen pecados de este tipo. Todorov habla

---

[12] Todorov, Tzvetan. «The uses and abuses of memory» en Marchitello, Howard (ed.). *What happens to history. The renewal of ethics in contemporary thought*. Nueva York: Routledge, 2001.

de dos fases en la llamada recuperación de la memoria: la primera es establecer la verdad y la segunda elaborar una interpretación, un esquema que nos permita entender de qué tipo de fenómeno se trata. Lo importante no es erigir monumentos sino tener una población que pueda evitar cometer el mismo error otra vez. En Japón, se conmemora a las víctimas de las bombas atómicas sobre Hiroshima pero sólo a las víctimas japonesas y no a las víctimas de otras nacionalidades. Por ejemplo, había en Hiroshima trabajadores coreanos de los que no se habla. Tampoco se menciona que Hiroshima era una ciudad militar y que los soldados de Hiroshima habían participado en las masacres en Nanking unos años antes.

A propósito de la crítica de los multiculturalistas contra la cultura occidental, Todorov subraya que Occidente es consciente de la existencia de otras culturas y acepta mezclarse con ellas, lo cual no es el caso de todas las culturas. El arte occidental es diferente, por ejemplo, del arte chino o musulmán, porque enfatiza la innovación y la originalidad y acepta la influencia de otras culturas. En toda lógica los multiculturalistas deberían celebrar la apertura occidental.

Si queremos señalar a un filósofo de los muchos que han hablado sobre la importancia de la historia, podemos mencionar a Hannah Arendt, quien subraya que el estudio de la Historia nos ofrece un buen material para entender cómo es la vida y para elaborar juicios[13]. Considera que ésta es una de las tareas más importantes de la escuela porque, en la vida, usamos constantemente nuestro juicio para decidir lo que debemos hacer o no. Cree que es un error evitar juzgar los actos en nombre de un supuesto cientificismo. Como Todorov, también la pensadora judía afirmaba que la historia pertenece a la dimensión más profunda de la cultura y de la lengua y que, a la vez, tiene una dimensión estética y social. Está

---

[13] Arendt, Hannah. *Eichmann in Jerusalem. A report on the banality of evil.* Nueva York: Penguin, [1963] 1994.

relacionada con el derecho y con el teatro. La historia se interesa más por el actor que por la víctima y quizá es esa otra razón por la que no atrae tanto en nuestra época. Nos enseña que los sucesos siempre podrían haber sido otros. En eso es similar a la pregunta típica de las ciencias naturales: ¿y si hubiera sido de otro modo? Por todo esto, en un vaivén de datos, imaginación y comprensión, la historia mejora la flexibilidad mental, permite viajar con la imaginación y ver otras realidades desde perspectivas diferentes a la propia.

También dentro de la disciplina de historia resulta evidente lo largo que es el aprendizaje y lo difícil que es pensar científicamente. Por ejemplo, en la universidad de Lund se llevó a cabo un estudio con profesores de historia y de física y se comprobó, entre otras cosas, lo difícil que resulta sacar conclusiones correctas de un texto que proviene de un área que no conoces: incluso algunos historiadores no especializados en una determinada época histórica tuvieron dificultades para interpretar correctamente materiales de una época que no habían estudiado a fondo[14]. En otras palabras, no es suficiente «aprender a aprender», sino que hay que tener conocimientos sobre contenidos específicos.

¿Cómo entienden los alumnos la historia?[15] Hasta los siete años de edad, los alumnos entienden lo contado del mismo modo que entienden cuentos de hadas; entre los siete y los catorce años de edad, los alumnos empiezan a distinguir entre realidad y fantasía y les interesa saber más sobre las personas famosas; entre los catorce y los veinte años, los alumnos son capaces de ver los eventos no como sucesos aislados sino como resultados de causas. Los adultos de países con una enseñanza politizada, además de las actitudes ya

---

[14] Edgren, Lars – Österberg, Eva. (eds.) *Ut med historien! Sju historiker om historieundervisningens uppgifter idag.* Lund: Lund University Press 1992.
[15] Ib. p.133.

mencionadas, desarrollan a veces una actitud irónica frente a los datos del pasado enseñados oficialmente. En la Unión Soviética se decía que nada era más impredecible que el pasado del país.

El estudio de la historia amplía el vocabulario del alumno, aumenta sus conocimientos y le ofrece muchas posibilidades de desarrollar su pensamiento. La historia solía ser presentada como narraciones pero, hoy en día, el estudio de la historia enfatiza más lo abstracto que lo concreto. Los conceptos clave no son tanto por ejemplo «rey», «campesino» y «fábrica» sino más bien «desarrollo», «cambio», «causa», «efecto» y «evidencia», lo cual supone un reto mayor para los alumnos.

En la enseñanza de la historia hay dos tipos de tareas que son frecuentes: en primer lugar usar la información para explicar una causa o bien explicar un fenómeno complejo de manera racional. Para entender cómo se puede trabajar, lo mejor es un ejemplo. Vamos a mirar cómo se enseña la historia desarrollando a la vez el pensamiento y el lenguaje de los alumnos. Unos profesores británicos dieron a unos alumnos jóvenes una información paradójica sobre la conquista romana de las islas Británicas: «Había muchos británicos en Gran Bretaña. El ejército romano que llegó a Gran Bretaña no era muy grande. Los británicos peleaban por sus hogares. Entonces, ¿por qué los romanos pudieron conquistar la mayor parte de Gran Bretaña?».

Después de formular el problema, se presentan seis opciones con varias explicaciones entre las cuales los alumnos pueden marcar más de una opción posible:

1. El ejército romano estaba muy entrenado y los legionarios estaban acostumbrados a luchar en equipo.

2. El emperador romano Claudio ordenó la invasión de Gran Bretaña en el año 43 a. de C.

3. Los romanos querían asegurarse de que podían conseguir el estaño y las perlas de los británicos.

4. Claudio quería demostrar que era un gran emperador.

5. Los británicos vivían en diferentes grupos que a veces luchaban entre ellos.

6. El emperador Claudio era débil.

Se puede observar que algunas de las «explicaciones» concuerdan con la información previa. La trampa para los alumnos es distinguir entre desear algo, tener un motivo, y lograrlo. Una niña de catorce años dio esta estupenda respuesta: «Las opciones 1 y 5 son útiles porque explican lo bueno que era el ejército romano y cómo los británicos vivían en grupos separados que luchaban entre sí. Las otras opciones no son útiles en absoluto porque mencionan simplemente hechos sobre Claudio y sobre los motivos que tenían los romanos para conquistar Gran Bretaña».

En otro ejercicio sobre el mismo tema, los investigadores pidieron a los alumnos que indicaran, entre seis explicaciones, cuáles eran útiles para entender por qué se había conquistado Gran Bretaña:

1. El imperio romano era muy rico.

2. El imperio romano estaba en orden y muy bien gobernado. Se obedecían las órdenes del emperador.

3. No todos los británicos tenían el mismo líder. Vivían en grupos separados y cada uno tenía su líder. Los británicos se odiaban entre sí más de lo que odiaban a los romanos.

4. Los ejércitos romanos tenían soldados profesionales. Estaban bien entrenados y tenían buenas armas y armaduras.

5. Después de dos batallas pequeñas, los romanos derrotaron al principal ejército británico en la gran batalla del río Medway.

6. En cuanto llegaron los romanos, los británicos atacaron con dos ejércitos separados. Y los romanos derrotaron a los dos ejércitos por separado.

El ejercicio combina, de manera obvia, conocimiento, pensamiento y desarrollo del lenguaje. Discutiendo con el profesor y con otros alumnos y elaborando quizá una redacción al respecto, el alumno está desarrollando su propio lenguaje.

Continuando con el mismo tema, los profesores dieron a los alumnos dos explicaciones para la conquista romana de Gran Bretaña y les pidieron que razonaran sobre la misma, comentando las explicaciones ofrecidas:

— Los romanos pudieron conquistar la mayor parte de Gran Bretaña porque vencieron a los británicos en la batalla del río Medway.

— Los romanos pudieron conquistar la mayor parte de Gran Bretaña porque el imperio romano era rico y estaba muy bien dirigido.

El paso que tienen que dar los alumnos es admitir que pueda haber dos explicaciones válidas. También deben llegar a admitir que puede haber varias razones y que unas pueden ser más importantes que otras. Son ejemplos de cómo la historia refuerza el pensamiento.

Unas investigadoras italianas han trabajado con niños de entre ocho y diez años para ver si eran capaces de entender una mentalidad de otra época muy diferente[16]. El tema elegido tenía que ver con las creencias anglosajonas a propósito de la ordalía. La persona acusada tenía que poner su mano en agua hirviendo y, si sanaba en tres días, era un milagro que Dios había realizado para mostrar que la persona era inocente. El acusado se preparaba ayunando tres días antes de la prueba. La investigación se realizó en un área de clase media en el norte de Italia y los niños sabían perfectamente que hoy para llevar a cabo un juicio se buscan pruebas y hay abogados que defienden a la persona acusada, pero no tuvieron problemas para entender una mentalidad diferente y no se dedicaron a

---

[16] Anna Emilia Berti – Nadia Bortoli. «La comprensión de instituciones del pasado en niños de 8 y 10 años» en Carretero, Mario et al. (eds). *Enseñanza de la historia y memoria colectiva.* Buenos Aires: Paidós, 2006. pp. 93-113.

juzgar la mentalidad en cuestión. Las investigadoras destacan la flexibilidad del pensamiento de los niños y su buena comprensión del texto usado en el experimento, porque ya que se trataba de algo desconocido para ellos, realmente tenían que comprender el texto.

Si los ejemplos anteriores son ejemplos positivos de lo que se hace en la enseñanza actual, también podemos citar algunos problemas. La nueva pedagogía, con su enfoque en el presente, lo electivo, lo lúdico y lo diferente, lógicamente no se interesa mucho por la historia; prefiere las ciencias sociales. La historia solía tener varias funciones en el currículo: insertaba al alumno en la historia; le enseñaba que su país no era el único; enseñaba las relaciones entre causas y efectos; el alumno leía muchos textos y así practicaba la lectura; y también practicaba la evaluación de los hechos históricos. La historia solía también formar parte de la riqueza de la lengua, porque ofrecía un rico material de comparaciones. Sin embargo, sólo funciona así si tanto el que habla como el que escucha han estudiado historia. Para que se entienda una comparación histórica, hay que reconocer los dos planos temporales. Si el hablante duda del conocimiento histórico del otro, desiste de usar esa riqueza cultural. La historia pertenece a la dimensión profunda de la lengua, una dimensión que crea una solidaridad entre los miembros de la comunidad. Se ha dicho en broma que la historia se debería promover por ser ecológica: al usarla, estudiarla, investigarla, nos produce placer pero no aumenta la contaminación ni agota los recursos no renovables.

Una tendencia anglosajona, la «nueva historia», pone el énfasis en los métodos de trabajo que pueden desarrollar los alumnos estudiando historia, métodos como trabajar en equipo, trabajar con proyectos, manejar diferentes textos y presentar resultados del trabajo. Esa tendencia se suele combinar con la idea de que no sería necesario estudiar la cronología y aprender fechas, sino que, eligiendo un único episodio, los alumnos aprenderían esquemas de posibles interpretaciones históricas que después podrían aplicar a la situación que quisieran conocer. Un motivo que explica el entusiasmo por ese tipo de trabajo es que parece útil y, además, así se puede disminuir el espacio dedicado en el horario a esa asignatura, considerada conservadora. Los profesores no convencidos de la excelencia de este enfoque hablan irónicamente de *patch studies*, estudios de retales.

Hay una contradicción entre la nueva tendencia de la historia como campo de estudio que tiende a enfatizar lo abstracto y la realidad de la nueva pedagogía. La enseñanza de la historia se orienta primero a la meta de la interpretación, la comparación y la clasificación, y, en segundo lugar, a la generalización y la inferencia. Sin embargo, la realidad del aula puede ser diferente[17]. Sólo los alumnos más maduros llegan al análisis, la síntesis, la hipótesis y la predicción. Según un libro español de didáctica, los docentes han notado que han disminuido los conocimientos después de implantarse la LOGSE en 1990 y que ahora los alumnos desconocen hechos fundamentales. El problema de aquella ley no era su meta, sino el hecho de que las condiciones para lograr esa meta no se dan. Los profesores deducen que se quiere que los alumnos logren la meta sin esfuerzo previo y eso a pesar de que la enseñanza de la historia depende del desarrollo anterior del lenguaje, de los conocimientos generales y del pensamiento del alumno. Las investigaciones realizadas al respecto muestran una conclusión unánime: la comprensión de los adolescentes de los conceptos históricos es bastante más limitada de lo que suponen los programas. Se constata un desfase entre los conceptos que se enseñan y el desarrollo cognitivo de los alumnos. Los conceptos más difíciles son los relativos al tiempo histórico mientras que, con la edad, mejora la

---

[17] Galindo Morales, Ramón. *La enseñanza de la historia en la educación secundaria*. Sevilla, Algaida, 1997.

comprensión de los alumnos de los conceptos sociopolíticos. Si las dificultades son las que se señalan, hace falta aprovechar cada momento, y eso implica no permitir que ningún alumno retrase al grupo por no aceptar las reglas de conducta establecidas. También hacen falta dedicar más clases a la materia.

Unos investigadores argentinos cuentan un caso en el que la historia se utiliza en los colegios de forma mitificadora. Las efemérides están incorporadas al calendario escolar y gran parte de la comprensión histórica se basa en las representaciones escolares de algunos eventos clave en la historia. Los investigadores creen que los niveles de comprensión mítica y romántica son importantes para explicar cómo funciona dicha comprensión. Otra investigadora habla de cómo se seleccionan los datos importantes para la colectividad y cómo el haber ganado dos veces la copa del mundo de fútbol ahora cuenta como un dato histórico[18]. Finalmente, un investigador menciona lo difícil que es hablar del gobierno militar entre 1975 y 1983, porque la sociedad ha creado unos cuantos mitos alrededor de lo que sucedió[19]. Los alumnos no entienden la importancia histórica y política de los eventos sino que se fijan en los horrores; pero, por otro lado, han visto horrores igual de repugnantes en televisión.

History Lessons es un libro en el que se estudian manuales de historia de diferentes partes del mundo, todos publicados entre 1995 y 2000[20]. El propósito es investigar cómo se presenta la historia de

---

[18] Cf. Dussel, Inés – Pereyra, Ana. «Notas sobre la transmisión escolar del pasado reciente de la Argentina» en Carretero, Mario et al. (eds). *Enseñanza de la historia y memoria colectiva*. Buenos Aires: Paidós, 2006. pp. 253-275.

[19] Lorenz, Federico Guillermo. «El pasado reciente en la Argentina: las difíciles relaciones entre transmisión, educación y memoria» en Carretero, Mario et al. (eds). *Enseñanza de la historia y memoria colectiva*. Buenos Aires: Paidós, 2006. pp. 277- 295.

[20] Lindaman, Dana –Ward, Kyle. *History lessons. How textbooks from around the world portray U.S. History*. Nueva York: The New Press, 2004.

los Estados Unidos en diferentes países. De manera general, son pocos los países que dan una imagen objetiva de la historia de los EE.UU. Los autores de los manuales tienden a poner sus libros al servicio de las metas nacionalistas de cada país. Resulta que los países menos corruptos económicamente son también los que menos tergiversan los datos en sus manuales. La investigación nos muestra que están vigentes prácticas de manipulación que pensábamos que pertenecían al pasado; da miedo ver lo que enseñan a sus ciudadanos países como Siria, Arabia Saudita y Zimbabue.

Tampoco son perfectos los manuales estadounidenses de historia sobre su propio país, porque distorsionan la presentación de los datos, pero por un motivo muy diferente: la influencia de las exigencias del multiculturalismo y de lo políticamente correcto[21]. Sorprendentemente no se explica a los jóvenes ciudadanos ningún aspecto positivo de la historia de su propio país a la vez que no se critican los aspectos negativos de otros países. Todo lo occidental queda criticado y nunca lo no occidental. La China de Mao aparece sólo como «otra cultura». Hay una «expansión» del Islam pero cuando avanza el Cristianismo se habla de «conquistas». Es decir, el contenido no es intelectualmente honesto y además puede crear una confusión en la mente de los alumnos. ¿Cómo entender que tantos inmigrantes hayan querido venir a los Estados Unidos y sigan viniendo si la historia del país se enseña como pura opresión y discriminación?

En resumen, el estudio de la historia sirve, o puede servir, para ampliar el horizonte mental del alumno, en el tiempo y en el espacio. El alumno aprende a usar conceptos de orden cronológico, de causa y efecto y otros muchos que son esenciales para entender la conexión entre un dato y otro. Lee documentos, practica la

---

[21] Ravitch, Diane. *The language police. How pressure groups restrict what students learn.* Nueva York: Vintage, 2003. p. 140.

valoración de las fuentes y hace presentaciones orales y escritas. Su propio lenguaje se hace más preciso y culto a la vez que más flexible. Es una materia esencial para dar una dimensión de profundidad al lenguaje y para conectar al alumno con su tradición cultural.

La materia de historia también nos recuerda un posible efecto negativo de las comparaciones internacionales. En estas comparaciones se da énfasis a lo instrumental más que a lo cultural y la atención dada a las materias comparadas deja en desventaja una materia como la historia. Además, la selección de materiales para la enseñanza de la historia se hace lógicamente según criterios más locales que para las matemáticas y las ciencias naturales. Los ejercicios de comprensión lectora elaborados para las comparaciones internacionales son «artificiales», en el sentido de que evitan precisamente basarse en un conocimiento cultural previo. Pero la comprensión lectora de la que nos servimos normalmente está basada, en gran medida, en los conocimientos culturales previos.

El aprendizaje de la lengua desde el principio

En los diferentes «casos» que acabamos de estudiar hemos hablado del esfuerzo del alumno, de la capacidad de explicación del profesor, de los currículos bien diseñados y del apoyo de la familia. También, acercándonos someramente a la enseñanza de las matemáticas, las ciencias naturales y la historia hemos ilustrado cómo el estudio de esas materias ayuda al alumno a desarrollar y a afianzar su lenguaje. Ahora vamos a fijarnos en las materias que directamente se ocupan de la lengua, para mostrar que el camino hacia el dominio de la misma es más largo de lo que se suele pensar. La lengua es un milagro y ese milagro es el eje principal de nuestra vida en sociedad. Precisamente por estar «por todas partes», por parecer natural, no le prestamos la atención que se merece. Vamos a enfatizar aquí de un modo especial el hecho de que la lectura, la escritura y la cultura intelectual transmitida por la lengua son «lenguas extranjeras» que se tienen que aprender. Privilegiando el lenguaje oral y espontáneo, la nueva pedagogía ha contribuido al desinterés e incluso la hostilidad hacia el aprendizaje sistemático de la lengua. No es una exageración decir que en su afán de modernizar la educación, los políticos y los pedagogos que han diseñado los currículos han subestimado la importancia de un aprendizaje continuado de la lengua. Por eso vamos a revisar aquí el aprendizaje de la lengua desde el primer año hasta la universidad. Cuesta entender que las autoridades responsables se hayan atrevido a intervenir en algo tan largo y complicado como es el aprendizaje de la lengua de los jóvenes sin tener pruebas de que iban a poder mantener el nivel o elevarlo.

El cerebro del ser humano es capaz de percibir diferentes sonidos, que se pueden combinar de tal forma que se puedan usarse como lenguas. Los sonidos se combinan para formar palabras y finalmente, combinamos unas palabras con otras para formar oraciones. Con unos cuantos sonidos, sorprendentemente pocos, los seres humanos somos capaces de expresar infinidad de mensajes[22]. La lengua nos permite entender cosas nuevas que no habíamos entendido antes y decir cosas que no se habían dicho nunca antes. Cuando se habla de creatividad, podríamos decir que nuestra creatividad más importante es la que ejercemos a través de nuestra creación diaria de lenguaje. Una manera de ver la lengua es como un arte combinatorio.

Es casi imposible entender cabalmente cómo podemos comprender una afirmación que nunca hemos oído antes. La capacidad humana para la comprensión se vuelve más misteriosa todavía

---

[22] Pinker, Steven. *The language instinct*. Nueva York: Morrow, 1994. pp. 159-164, 179.

cuando uno lee transcripciones de lenguaje oral. En comparación con unas oraciones escritas por una persona entrenada en el arte de escribir, la frase oral transcrita suele dejar fuera mucha información y casi siempre, además, algunas palabras se han pronunciado mal. Por suerte, nuestro cerebro sabe rellenar y reparar lo que oye. Además, para interpretar un mensaje, usamos el sentido común, que se basa en millones y millones de datos. Una parte de ese sentido común tan importante pertenece a lo que sabemos todos los seres humanos y lo que aprendemos creciendo en cualquier grupo humano; otra parte varía según la cultura de la comunidad en cuestión y tiene que aprenderse específicamente[23]. Para dar un ejemplo sencillo, para entender la oración «aterrizó el avión», hay que saber lo que es un avión, lo que es aterrizar, dónde aterrizan los aviones y en qué situación puede ser interesante esa información. Además, la información gramatical nos especifica que se trata de solo un avión y que el suceso pertenece al pasado.

Los bebés saben distinguir su propia lengua de otras y también, muy pronto, expresar una preferencia por la suya. Empiezan a producir sonidos entre los cinco y los siete meses, y entre los siete u ocho meses producen algo que suena como sílabas. Al llegar a la edad de un año, entienden bastante y empiezan a pronunciar palabras aisladas. Cuando los niños tienen tres años, pueden producir una lengua correcta en calidad y no sólo en cantidad. Para ayudarlos, el adulto puede hablar con ellos; esto queda ilustrado cuando uno estudia a los hijos oyentes de padres sordos, pues estos niños necesitan que alguien hable con ellos. No es suficiente poner la televisión[24].

¿Por qué no nacen hablando los bebés?, se pregunta Steven Pinker, uno de los lingüistas más respetados hoy en día[25].

---

[23] Ib. pp. 195, 224.
[24] Ib. pp. 269-278.
[25] Pinker, Steven. *The language instinct*. Nueva York: Morrow, 1994. Ib. pp. 293-294.

Comparados con los chimpancés, los bebés humanos nacen demasiado temprano; deberían nacer a los dieciocho meses para nacer ya hablando. La «ventaja» de los seres humanos es la plasticidad del cerebro y la «desventaja» que el bebé requiere un cuidado esmerado, porque no puede valerse por sí mismo. En el cerebro, las neuronas están presentes desde antes del nacimiento, pero el cerebro crece rápidamente después de nacer el bebé. Un niño de entre un año y dos se desarrolla tan rápido que es difícil dejar constancia de todo. Al llegar a la edad de cuatro años, su cerebro está bastante organizado. No sólo ha añadido más materia y ha mejorado la organización de ésta, sino que, además, se ha deshecho de lo que no necesita, aprovechando la ya mencionada plasticidad de los primeros años. Cuando todo está bien «instalado», el niño en primer lugar necesita más palabras.Un neurólogo especializado en la relación entre la atención y la memoria compara el contenido del cerebro con un mapa, pero un mapa que cambia constantemente según nuestras actividades[26]. El cerebro del niño empieza a cortar, a «podar» lo que no necesita, a la vez que se crean más conexiones entre los centros usados y se hacen más rápidas las conexiones. El mejor momento para el aprendizaje es durante la niñez y la primera juventud; después de los veinticinco años, ya empieza a bajar la capacidad de la memoria.

Todo esto indica que la educación debe aprovechar la niñez y la juventud y que es importante que las actividades sean sistemáticas para que el joven saque el máximo provecho de ellas. Si activamos el cerebro practicando una destreza motora, sensorial o cognitiva, la plasticidad del cerebro lleva a que se creen huellas en el cerebro y así la actividad se puede realizar de manera ágil y rápida. Si practicamos el violín, se activan y crecen las áreas del cerebro involucradas en

---

[26] Klingberg, Torkel. *Den översvämmade hjärnan. En bok om arbetsminne, IQ och den stigande informationsfloden.* Estocolmo: Natur och kultur, 2007.

este ejercicio. Después de un entrenamiento de unos tres meses, ya se puede ver una modificación en el cerebro. Por otro lado, si dejamos de practicar la destreza, perdemos lo conseguido. Todo esto se puede resumir con una fórmula en inglés: *Use it or lose it*. Si perdemos un dedo, el área del cerebro que solía recibir información de ese dedo disminuye, pero el área correspondiente a los dedos podría expandir su territorio.

Se ha visto en diferentes mediciones que está aumentando lentamente el cociente intelectual. Una explicación podría ser que la actual vida urbana contiene más información que la vida de antes. La gente recibe más información, aumentando así su capacidad de manejarla. La memoria de corto plazo logra retener más elementos a la vez, lo cual facilita cierto tipo de resolución de problemas. Comparando algunos programas televisivos de los años setenta con los de ahora, se ve que las historias eran más sencillas en 1970. Ahora se presentan varias historias a la vez para que el telespectador no se aburra; éste está acostumbrado a usar su mayor capacidad de memoria de trabajo. Sin embargo, tener mejor memoria de trabajo no significa que la gente disponga de un vocabulario más amplio ni más conocimientos ni tampoco que tome decisiones más prudentes.

El neurólogo menciona de paso por qué la nueva pedagogía aumenta las dificultades de los alumnos con un déficit de atención. Esta pedagogía ve a los alumnos como miniinvestigadores que formulan problemas, que buscan información y llegan a resolver esos problemas, lo cual suena muy atractivo, pero para alguien que tiene problemas de atención y de memoria a corto plazo, el método es negativo. Organizar su propia actividad y tener ese plan en la mente requiere más atención que seguir las instrucciones del profesor. Si además hay ruidos en el aula porque diferentes alumnos trabajan con diferentes proyectos a la vez, se requiere más atención todavía para no dejarse distraer por esas otras actividades. En resumen, aumentan de manera dramática las exigencias impuestas a la memoria de trabajo. Al aumentar la dificultad para concentrarse todos los alumnos, pierden más los niños que tienen problemas. Para los alumnos con un déficit de atención se recomienda: 1. Una sola instrucción a la vez; 2. Instrucciones cortas, claras y específicas; 3. Una repetición de lo importante; 4. Si puede ser, un apoyo visual a lo explicado.

¿Se pueden entrenar los «músculos mentales» a través de la lectura? Sí, pero si el ejercicio es demasiado fácil o se hace muy de vez en cuando, no produce ningún efecto. Sólo deja huellas en el cerebro un entrenamiento basado en un verdadero esfuerzo. Cualquier programa de entrenamiento, intelectual o físico, debe incluir por lo menos media hora cinco veces por semana durante cinco semanas. ¿Los juegos electrónicos tienen buen o mal efecto en los niños? Los juegos son tan diferentes que hay que distinguir entre ellos. Además, hay que jugar de manera regular y durante mucho tiempo para que pueda producirse un efecto. A propósito del entrenamiento en el aprendizaje se debe aprovechar el fenómeno del círculo beneficioso: si el alumno mejora su memoria de trabajo y aprende a concentrarse en conexión con las matemáticas, es probable que mejoren los resultados de matemáticas; sintiéndose exitoso el alumno, le gustarán más las matemáticas y se concentrará mejor; así, logrará todavía mejores resultados. En todas las materias, ésa debería ser la historia del aprendizaje del alumno.

Los fragmentos no constituyen conocimientos. Conocer el nombre de un río o de un rey no va a mejorar la vida de nadie, pero conocer a grandes rasgos la geografía del mundo y la cronología histórica, sí que importa. Muestra al individuo cuál es el sitio que ocupa en el espacio y en el tiempo, lo cual le ayuda en su búsqueda general del sentido. Además, es importante saber tanto como sea posible, ya que nunca sabemos en qué situaciones nos vamos a encontrar. Precisamente para prepararse para afrontar la complejidad y pluralidad de la vida, el alumno debe aprender tanto como sea posible en la escuela. Tampoco es seguro que vayamos a movernos siempre en el futuro en el mismo ámbito que el de nuestra niñez y juventud. Además, si el joven aprende una materia, aprenderá otra con más facilidad, porque podría haber paralelismos y conexiones, conexiones que el alumno no percibe antes de haber estudiado los campos en cuestión.

Los seres humanos como grupo hemos aprendido a dirigir nuestra actividad mental hacia cierto objeto, logrando desarrollar la cognición, la comunicación y la colaboración. No contentos con vivir en lo inmediato, hemos desarrollado una idea del tiempo, algo no innato. Hemos inventado un sistema para planificar el futuro y para acordarnos del pasado. Los niños pequeños no entienden qué significa «antes», «mañana» o «tener dos años». En ese uso que hacemos de nuestro cerebro, es notable que busquemos sin parar el sentido. Por eso, la ciencia, el arte y la tecnología son actividades típicamente humanas, pero no innatas.

En el campo de la pedagogía hay un debate sobre la relación entre el aprendizaje y la maduración o, dicho de otro modo, una discusión sobre si hay que aprender datos de diferentes materias para madurar intelectualmente o, al revés, si la enseñanza es inútil antes de que el joven madure lo suficiente como para poder aprender. Esta discusión está relacionada con la idea de que sería más eficaz «aprender a aprender» elaborando «estrategias» y adquiriendo «competencias» en vez de estudiar materias.

Para el famoso psicólogo Jean Piaget y sus seguidores, el aprendizaje está subordinado al desarrollo, pero otros estudiosos ven el desarrollo como una consecuencia del aprendizaje y, en consecuencia, dan énfasis al aprendizaje de las materias. Piaget habla de un desarrollo casi automático debido a una maduración general hacia lo que él llama el pensamiento formal. Si por el contrario, el desarrollo de nuestra inteligencia depende del contexto, hay que aprender mucho para entender tantos contextos como sea posible.

Últimamente se habla menos de Piaget y cada vez más del desarrollo cognitivo debido a la experiencia y al aprendizaje en un dominio específico[27]. Se acepta que los seres humanos pensamos mejor si conocemos el contexto, si hemos trabajado sobre problemas similares y si conocemos el tipo de lenguaje utilizado para formular el problema. Los seres humanos nos basamos más en la experiencia y menos en lo estrictamente lógico y, por eso, los conocimientos previos son muy importantes.

Ya hemos mencionado lo difícil que es aplicar un pensamiento científico en un área que no es la nuestra propia. Es cada vez más claro que resulta difícil trasladar una estructura de pensamiento a otro dominio y no se puede esperar que el alumno logre hacerlo de manera automática. Para enseñar a pensar, hay que empezar en un dominio específico y basarse en los conocimientos en este área. Estas constataciones ponen en cuestión la moda de enseñar estrategias a los alumnos o competencias generales más que conocimientos específicos.

Como hemos visto, hay actualmente una tendencia curiosa a minusvalorar lo narrativo, pero podría estar en camino un cambio también en este terreno. Aprender a través de las historias es más eficaz de lo que se suele decir y en particular resulta atractivo para los niños pequeños y los alumnos no muy avanzados. La narración ayuda al pensamiento dando énfasis a la cronología y a la idea de causa y efecto; suele organizarse alrededor de la acción y las reacciones de diferentes personas[28].

Otra tendencia que está siendo cuestionada es la de buscar la síntesis antes de estudiar los datos. Se intenta ahorrar a los alumnos el esfuerzo de aprender los detalles y aun así tener acceso a la síntesis, lo cual es imposible. La síntesis es la conclusión de lo que recuerda

---

[27] Carretero, Mario – Asensio, Mikel (eds). *Psicología del pensamiento*. Madrid: Alianza, 2004.
[28] Ib. pp. 22, 32, 227, 230, 266.

el cerebro después de haber trabajado con los detalles. Los datos deben estar en el cerebro de cada uno para poder ser utilizados para la abstracción y la generalización. No hay manera de tener conocimientos sin aprender personalmente.

Entrar en el mundo del libro

Los niños utilizan a los adultos como modelos. Empiezan a «escribir» antes de saber hacerlo porque han visto escribir a los adultos[29]. Hay semejanzas entre los garabatos de los niños y el aspecto de la escritura de los adultos de su comunidad, igual que hay semejanza entre el lenguaje oral de un bebé y la melodía del lenguaje de la madre. Los niños también hacen como si leyesen antes de saber leer, imitando la voz de un adulto que lee, mostrando así que han observado que no suena igual cuando leemos que cuando hablamos.

Cuando el niño entra en el mundo del libro es para él como entrar en un mundo extranjero y, por eso, necesita a un adulto para guiarle. Los pasos para orientarse en ese mundo nuevo pasan por escuchar cuentos, entender cómo suelen ser los cuentos y acostumbrarse a nuevas situaciones, ideas y palabras. El niño va ampliando su experiencia de la literatura y, a la vez, va aumentando su vocabulario. Cuando el adulto y el niño leen juntos, viven las mismas experiencias y pueden interpretar juntos lo leído. La discusión resulta una colaboración para crear sentido. Es importante que empiece ese proceso lo antes posible, y siempre mucho antes de que empiece la escuela para que el niño adquiera actitudes positivas hacia la lectura. De manera general y antes de aprender a leer,

---

[29] Sandqvist, Carin – Teleman, Ulf. (eds). *Språkutveckling under skoltiden.* Lund: Studentlitteratur, 1989.

el niño necesita tener un buen vocabulario y estar acostumbrado a los libros.

La escuela resulta ser una emancipación: el alumno descubre que es miembro de una comunidad lingüística más amplia de lo que él sabía. Descubre que su lengua tiene una conexión con mundos fuera de su familia, que tiene una historia y una literatura y que es algo compartido entre muchos; en una palabra, que es una lengua de cultura[30]. Paso a paso, el niño descubre que la lengua le pone en relación con otros tiempos, con otros lugares y con otras personas. La escuela le permite abrirse al mundo, a cosas lejanas y quizá desconocidas para los padres. En la escuela, el niño va más allá del círculo familiar y de los saberes familiares.

No todos los adultos entienden que la lengua es algo más que un instrumento de contacto inmediato. A muchas personas se les suele escapar el aspecto de patrimonio, el que la lengua es un regalo de enorme valor pero que, para poder usar ese regalo, hay que entrenarse, lo cual choca también con la moda de la consumición inmediata y placentera también de los bienes culturales[31].

A pesar de ser tan importante, el espacio para el aprendizaje de la lengua en los horarios escolares ha disminuido paso a paso en muchos países[32]. Para explicar ese fenómeno habrá que volver a hablar de la nueva pedagogía, que ve como sospechosa todo tipo de transmisión. Se ha querido liberar a los jóvenes del peso del pasado en vez de enseñarles a aprender de esa herencia y a disfrutarla. Una manera de describir el nuevo ideal pedagógico consiste en decir que se ha pasado del saber al saber-hacer, basándose en la idea de que sería posible un saber-hacer no basado en un saber. Se ha

---

[30] Judet de la Combe, Pierre – Wismann, Heinz. *L'avenir des langues. Repenser les humanités*. París: Cerf, 2004.

[31] Ib. p.

[32] Jörgensen, Poul A. (ed.). *Vort modersmål er… Modersmåls-selskabets årbog 1980*. Harby: Forlaget i Harby. p. 68.

dejado atrás el ideal de que el alumno se convierta en una persona culta, una idea que comportaba un aspecto estético basado en el desarrollo de la sensibilidad y la moral. Ahora se supone que los alumnos pueden formarse a sí mismos. Por ejemplo, el Consejo de Europa da énfasis a las lenguas en su función práctica y no tanto en su papel de portadoras de cultura, historia y conocimiento. La literatura ha perdido peso en los currículos, a pesar de ser la forma más consciente de usar la lengua o quizá por eso, por estar asociada a un uso excelente y exigente de la lengua, ha perdido peso a pesar de ser un fenómeno social, en el sentido de que la literatura sólo es posible por el conocimiento en común de una lengua y de ciertas referencias culturales. Entendemos un texto porque compartimos con el autor un mundo cultural y un pasado histórico y no sólo un código lingüístico elemental.

En el horario escolar, se han visto a la vez varias tendencias negativas para la transmisión de la lengua y de la literatura. Ha disminuido el número de horas lectivas, generalmente a favor de más horas para las ciencias sociales. Se han introducido otros temas y actividades en las horas de lengua como la seguridad vial, la protección contra las enfermedades contagiosas y el contacto con diferentes actores sociales. Es decir, lo que no cabe dentro de ninguna otra materia se introduce en las horas de lengua con la justificación de que, de alguna manera, siempre se practican la lengua y la lectura[33]. La lengua se ve como un instrumento de comunicación práctica, algo natural que apenas necesita trabajo.

Esta marginalización de la lengua y la literatura en la educación se ha ido acelerando, porque la lengua y la cultura literaria han sido consideradas como representantes de un pasado y de un elitismo social reñidos con el progreso y la igualdad. No se ve ningún entusiasmo por la cultura histórica entregada a través de la historia de

---

[33] Ib. p. 153.

la literatura y de la lengua, ni tampoco ante materias como la historia, el latín y el griego. Sin embargo, un uso reflexivo de la lengua nos proporciona un instrumento para otros aprendizajes. Haber reflexionado sobre la lengua significa haber establecido una distancia entre el objeto de estudio y el instrumento con el que nos pronunciamos sobre el objeto, es decir, la lengua.

Se puede lamentar la desaparición casi total del latín y del griego de la enseñanza, lenguas que no tienen mucha utilidad práctica pero sí intelectual. Nos enseñan lo que es un texto porque son sólo textos. Nos enseñan a ser activos al leer porque si no, no entendemos nada. El estudio de las lenguas clásicas presenta varios aspectos no apreciados por la nueva pedagogía. Para empezar, se aprende a conocer una cultura a través de sus mejores productos culturales, lo cual difiere de la visión instrumental y trivial de las lenguas. Otro aspecto es que la literatura y las lenguas clásicas no son accesibles por la espontaneidad; precisamente, no se abren inmediatamente. Sin embargo, desde la Ilustración, el estudio de la Antigüedad y las humanidades ha ido perdiendo importancia por no parecer éstas prácticas o útiles.

A pesar de que se habla ahora tanto de la lengua como instrumento, se adjudica poco tiempo a desarrollar este instrumento y así la lengua no funciona siempre bien ni siquiera como instrumento. Antes, alguien que había estudiado el bachillerato sabía usar la lengua de manera culta y como mínimo podía ser oficinista o secretario. Hoy no es seguro que un bachiller sepa escribir de manera coherente y sin errores de ortografía.

La lengua es una herencia porque otros han elaborado conceptos y los han puesto a nuestra disposición. Recibir una lengua de cultura en herencia es algo enorme, porque nos permite situarnos metafóricamente «a hombros» de nuestros predecesores. Para entender la magnitud de lo que recibimos, lo mejor es leer textos de hace 800 años, de hace 500 años y de hace 100 años. En el ámbito hispano, es fácil ver que entre *El cantar del Mío Cid*, *El Lazarillo* y las novelas de Galdós, la lengua española se ha hecho más flexible y el número de temas que se pueden expresar es infinitamente mayor. En eso las lenguas son similares a todas las demás materias, ya que son instrumentos para entender el mundo y para expresarse, pero no son saberes naturales en el ser humano; son productos culturales y son nuestros si aceptamos el trabajo de aprender a conocerlos. Son una herencia del mismo tipo que la transmisión de una finca o una empresa: vienen acompañadas de una obligación. Resumiendo, la educación nunca ha consistido sólo en estudiar lenguas sino que se ha combinado la lengua con otras materias. El conjunto de estos conocimientos ha estructurado el lenguaje y el pensamiento del alumno. El argumento del presente libro es que no se ha prestado suficiente atención a ese aspecto «invisible» de la calidad de la educación.

La lectoescritura

La nueva pedagogía está asociada a un método de aprendizaje de la lectura llamado el método global, basado en la idea de que el niño vive inmerso en un mundo en el que ve palabras escritas y que puede empezar a adivinar el significado de las palabras y así, quizá con un poco de ayuda, empezar él solo a descodificar la lengua escrita. Se anima al alumno a adivinar y se recomienda ver el aprendizaje como una actividad voluntaria e individual.

Ya que ésta es o ha sido la política oficial en muchos países, los maestros que han seguido el modelo tradicional de basarse en un aprendizaje sistemático de los sonidos y de las letras se han sentido arrinconados y han enseñado de manera «clandestina», como la maestra francesa que hemos presentado en un capítulo anterior. Para dar cuenta de lo largo que es el proceso de aprendizaje vamos a aprovechar algunos estudios sobre la dislexia, porque el camino por el que tienen que transitar los disléxicos es el de todos los alumnos, sólo que con los disléxicos queda más claro cuál es la tarea del alumno. Estudiar las dificultades de los disléxicos nos ayuda también a entender la situación de los alumnos no lectores, estudiados en el ejemplo francés.

Para diagnosticar a un disléxico, se suele utilizar una tarea que consiste en leer palabras tanto auténticas como inventadas; los que sólo leen mal pero no tienen otros problemas, leen mejor las verdaderas palabras, mientras que los disléxicos se equivocan casi tanto en las palabras verdaderas como en las inventadas. Hoy en día, hay consenso entre los investigadores de que la dislexia tiene un origen biológico; es una dificultad para diferenciar los sonidos, es decir, una dificultad fonológica. Se trata de una condición neurocognitiva que se da en todos los grupos humanos.

Tener un disléxico en la familia influye poderosamente en el ambiente familiar porque la dislexia viene acompañada muchas veces por problemas de memoria a corto plazo, de autoestima y de una tendencia a verse involucrado en peleas. Los disléxicos suelen evitar los estudios ya que les cuesta mucho estudiar. La dislexia no desaparece pero el joven puede aprender a vivir con ella, compensando las dificultades por diferentes métodos. Como vamos a ver, los investigadores de diferentes áreas lingüísticas dicen más o menos lo mismo, sea cuál sea la lengua específica, y vamos a ver a continuación algunos ejemplos[34].

Cuando los niños alemanes no disléxicos aprenden a leer, ya la primera semana saben leer sus primeras veinte palabras, porque hay una buena correspondencia entre la pronunciación y la ortografía. Los disléxicos alemanes saben descodificar sin gran problema, pero

---

[34] Goulandris, Nata (ed.). *Dyslexia in different languages. Cross-linguistic comparisons*. Londres: Whurr, 2003.

leen más lentamente de lo que leen los no disléxicos. Les cuesta más localizar una palabra en un texto. Se percibe en ellos una tendencia a leer sonido por sonido y a no agrupar los sonidos en lo que se llama *chunks* en inglés. Ésa es una de las razones por la que leen más lentamente. Los alumnos disléxicos suelen también tener problemas con la falta de atención, lo cual retrasa más todavía el aprendizaje.

El autor del estudio cita a un investigador holandés que subraya que la conciencia fonológica, la lectura y la escritura se aprenden al mismo tiempo y de manera intensiva, cuando los niños están en el primer grado. El gran problema de los disléxicos, según este autor, es la falta de rapidez: un disléxico necesita una enseñanza ordenada y clara y unas tareas bien delimitadas, en otras palabras, el tipo de enseñanza criticada por ser tradicional. Otro investigador noruego enfatiza que un buen lector también suele tener buena ortografía. Cree que la memoria visual y el conocimiento del mundo se combinan con los conocimientos de las reglas de ortografía. Además subraya como esencial la práctica masiva de la lectura porque si los alumnos han leído poco, no saben qué hacer con el texto.

Por otro lado, un investigador griego subraya que todo se aprende a la vez: en el primer grado, se parte de lo regular y se enseña de manera sistemática, con lo cual los alumnos suelen aprender todos y, además, rápidamente. Suele ser tan automático el aprendizaje que el maestro quizá no se dé cuenta de los problemas de los alumnos disléxicos. Se practica el análisis de las palabras en raíz y desinencia, para entender cómo están compuestas.

Un investigador polaco afirma que el polaco es fácil de leer pero difícil de escribir y que, por eso, en el primer grado, se enfoca la lectura y se empieza un poco más tarde con la escritura. Se dedica mucha energía a enseñar la ortografía, la gramática y, para los alumnos más maduros, la literatura. Los disléxicos destacan entre los alumnos por el número de errores de ortografía y por la lentitud con la que trabajan, lo cual lleva a consecuencias emocionales y sociales, pues es frecuente que haya relación entre la dislexia y los problemas de conducta. Suelen estar rezagados en comparación con los compañeros y sólo si les padres los ayudan de manera constante logran educarse como los demás alumnos, porque además, los disléxicos suelen evitar el mundo de la educación. Un investigador ruso dice, como el polaco citado, que su lengua es fácil de leer pero difícil de escribir. Para poder desenvolverse en el mundo de las letras, el alumno tiene que tener conocimientos sobre la construcción de las palabras y, además, debe conocer las reglas de la ortografía. La enseñanza rusa combina desde el comienzo la relación entre sonidos y letras y muy pronto se introducen actividades como el conjugar y la ortografía.

La dislexia se complica si la situación escolar comporta otras dificultades. Un investigador hindú describe ciertas escuelas indias en las que se enseñan simultáneamente tres lenguas totalmente diferentes. Esto resulta difícil para todos los alumnos y no es ideal, sino un compromiso tomado por consideraciones de carácter político. Para un alumno disléxico, esta situación se vuelve imposible.

Un investigador japonés habla de los dos sistemas de escribir el japonés: uno es fonológico y otro basado en imágenes. El segundo se aprende por imitación y práctica; los alumnos deben escribir página tras página con los signos. Es decir, los alumnos deben aprender dos sistemas de leer y escribir y dos estrategias de aprender. Por otro lado, un investigador chino habla de siete grupos dialectales en China y de una reforma de la escritura china en 1956; más de 2000 signos fueron simplificados. En Taiwán y Hong Kong sigue vigente el sistema anterior más complicado. En los signos, sólo un diez por ciento es pura imagen y el resto es información fonológica y semántica. Todo esto es muy complicado para un disléxico.

En resumen, en todas las lenguas hay disléxicos y su tarea de aprendizaje escolar es más ardua, más ingrata y más frustrante que la de los no disléxicos.

Cuando un niño aprende a leer, al comienzo se activan los dos hemisferios cerebrales, pero cuando se automatiza la lectura, importa cada vez más el izquierdo. La lectura se va apoyando progresivamente más en el análisis semántico y sintáctico, en la comprensión de la oración y de cómo está organizada, y menos en lo visual. Para llegar a leer bien, es esencial automatizar los conocimientos lingüísticos porque, con unas conexiones rápidas en el cerebro, se requiere menos esfuerzo y así hay más capacidad para fijarse en el significado del texto. Las cámaras magnéticas nos han mostrado que existe en los disléxicos una tendencia a usar los dos hemisferios del cerebro de manera similar en vez de privilegiar el izquierdo para la lengua[35].

Los disléxicos suelen tener problemas también de socialización y de psicología y aguantan mal la monotonía. En un curso de lectoescritura de veinte semanas para personas desempleadas, todas disléxicas, los participantes mejoraron sus resultados en todo y varios consiguieron un puesto de trabajo, a pesar de sólo avanzar de una edad intelectual de diez años a otra de doce[36]. En el curso, los participantes llegaron a tener más empatía con los demás, y mejor autoestima, a través de un mejor manejo del lenguaje. Sabiendo eso, es importante entender que los disléxicos necesitan también practicar la capacidad de aguantar la monotonía y la capacidad de llevarse bien con otras personas. Tanto la dislexia como un bajo nivel de socialización se dan más entre varones que entre mujeres. El uso más extendido del hemisferio derecho podría estar

---

[35] Jensen, Jimmy. *Dyxlexia among adults: neuropsycology and personality*. Lund: Universidad de Lund, 2000.
[36] Ib. p. 35.

combinado con una conducta machista, posiblemente útil a los varones en las épocas anteriores a la generalización de la lectura.

En un estudio que resume un gran número de trabajos sobre la dislexia, el investigador concluye que el vocabulario es el factor individual más importante para entender un texto[37]. Para comenzar a leer quizá sea suficiente con 5.000 palabras; pero, después de nueve años de escolarización, el alumno debe dominar diez veces esa cantidad para entender textos adecuados para su edad. Insistir en el aprendizaje de vocabulario es tomar en cuenta las verdaderas necesidades del alumno. Se subraya la importancia de saber concentrarse y de dirigir su atención hacia la tarea en cuestión. Les va bien a los alumnos que desde el principio aprenden a cumplir con lo exigido. Un primer estudio muestra que es más eficaz enseñar vocabulario de manera sistemática que pensar que el vocabulario ya crecerá si los alumnos leen por su cuenta. Otro trabajo da cuenta de las observaciones de un investigador durante una semana de clases de lectura en un grupo de primaria. El alumno más flojo leyó 16 palabras y el más avanzado 1.933. Durante un año, el alumno con más interés leerá unas 100 o 500 veces más palabras que el que menos lee, disléxico o no. En otras palabras, el profesor puede ayudar al alumno utilizando métodos eficaces, pero el esfuerzo del propio alumno es crucial.

La dislexia en sí no está relacionada con el nivel de inteligencia, lo único difícil para los disléxicos es la palabra escrita[38]. Sin embargo, como efecto secundario, la dislexia suele llevar a que los alumnos eviten el conocimiento adquirido mediante la lectura. Les cuesta aprender palabras nuevas; esto lleva a que el disléxico no desarrolle un vocabulario amplio ni se concentre en el estudio.

---

[37] Myrberg, Mats. *Dyslexi – en kunskapsöversikt*. Estocolmo: Vetenskapsrådets rapportserie 2007:2. pp. 13, 54-59, 69.

[38] Höien, Torleiv – Lundberg, Ingvar. *Dyxlexi. Från teori till praktik*. Estocolmo: Natur och kultur, 1999.

Las explicaciones sistemáticas y claras del profesor son decisivas para el desarrollo lingüístico e intelectual del alumno disléxico. Es útil para él escuchar buenos programas de radio y también CDs con libros leídos. Si no completa la lectura con otras fuentes de conocimiento, le faltarán conocimientos y vocabulario para entender diferentes textos. En un texto sólo es explícita una pequeña parte de las informaciones que utilizamos para entenderlo. El resto de las informaciones son datos que sacamos de nuestra memoria a largo plazo, y por eso es importante llenarla.

La dislexia se nota ya en los niños pequeños que todavía no han empezado a aprender a leer. Para estimular el desarrollo de su lengua, se recomienda un énfasis en el lenguaje y un entrenamiento sistemático y explícito en la casa y en la guardería. Se puede trabajar con rimas y con parejas de palabras en las que se cambia un sonido por otro. Así será menos abrupto el primer contacto con la lectura. Para los disléxicos es importante realmente estudiar la lengua y aprender las reglas gramaticales y ortográficas. Cuando construimos un diccionario mental, aprendiendo palabras nuevas, solemos aprender a la vez la pronunciación, el significado y la ortografía. Además, cuando escribimos, es importante la memoria a largo plazo para encontrar el vocabulario adecuado y para planificar lo que vamos a escribir. Los disléxicos tienen que trabajar más que otros para lograr un resultado menos bueno. Tener que cambiar de área dialectal o de lengua es negativo para ellos. Lo que se recomienda es mucha enseñanza de corte tradicional.

Casi siempre, los disléxicos han escrito muy poco porque han intentado evitarlo. Suelen tener mala letra y algunos alumnos pueden creer que lograrán ocultar un posible error de ortografía escribiendo de manera poco clara. Otros creen que van a poder usar siempre un ordenador. Sin embargo, el escribir a mano es útil porque la mano también «se acuerda» de la ortografía.

Los disléxicos podrían tener a la vez insuficientes conocimientos previos y una dificultad para activar los conocimientos que quizá tengan. Es difícil saber si sus problemas empiezan con la lectura o con otra cosa. En algunas ocasiones, sus problemas han empeorado por una escolarización caótica; a veces por la falta de estímulo cultural. La lectura es una cultura y hay que desarrollarla. Si los padres no leen y nunca van a una biblioteca, los jóvenes disléxicos van a crecer como si vivieran en una cultura sólo oral, pero con la desventaja de vivir en una sociedad en la que los demás manejan la comunicación escrita.

Los alumnos disléxicos necesitan mucha enseñanza para tener acceso a la herencia cultural. Les favorece no sólo una enseñanza tradicional sino una dosis excepcionalmente grande de este tipo de enseñanza. Necesitan conocimientos de todo tipo porque la masa de conocimientos implícitos que necesita el lector es enorme. También necesitan practicar la interpretación de los textos para acostumbrarse a distinguir lo esencial de lo no esencial, organizar los elementos y sacar conclusiones. Los lectores activos descubren errores, preguntan, resumen y comparan mientras que los malos lectores, cuando no entienden, podrían simplemente saltar el trozo en cuestión; están acostumbrados a no entender. En ese trabajo, no es seguro que el profesor pueda contar siempre con la colaboración del alumno disléxico porque leer le cuesta tanto que puede considerar que no vale la pena.

En inglés, se dice con una rima que *spelling is caught, not taught*, con lo cual se quiere expresar que gran parte del conocimiento sobre la ortografía de las palabras, y especialmente la ortografía de las palabras irregulares, la aprendemos leyendo. De la lectura nos queda una imagen mental de cómo se escriben las palabras. Es necesario saber también descomponer una palabra en raíz y desinencia. Si alguien cree que es innecesario insistir en la ortografía, se debe pensar en la situación en la que se encuentra una persona que no sabe escribir. En un aviso pegado en una parada de autobús en Madrid en 2010 se podía leer: «Chica Seria se hofrece para el cuy dado de ninios». Es difícil transmitir por escrito una idea positiva de sí mismo sin saber un mínimo de ortografía. En este caso, la chica probablemente no fuese disléxica, sino que había estudiado muy poco.

Para los disléxicos y los alumnos retrasados en su aprendizaje existen programas de ayuda, aunque no siempre evaluados rigurosamente en cuanto a su eficacia. Se debería comparar a grupos similares que trabajen con programas diferentes para ver qué programa es el mejor. El más famoso es uno desarrollado en Nueva Zelanda llamado *Reading recovery*. En el programa se constata que los alumnos necesitan una enseñanza firmemente estructurada. Se rechaza usar el tiempo para actividades que no lleven a un aprendizaje. Los disléxicos necesitan cada minuto para el largo proceso de automatización. No deben dejar las clases del grupo para recibir una enseñanza especializada, porque necesitan más y no menos enseñanza. Hay varios ejercicios que están presentes en muchos programas. Uno es trabajar con una sola oración, escribir la oración en un papel, cortar el papel en trozos con una palabra en cada trozo y después recomponer la oración. Otro ejercicio típico es leer y releer el mismo texto hasta que la lectura fluye. También se puede leer y releer el mismo trozo, midiendo el tiempo y el número de errores y así establecer protocolos para poder comprobar la mejora. Suele ser un estímulo competir con uno mismo. También es un estímulo leer en coro o en diálogo con el profesor. Otro ejercicio es subrayar todas las palabras que el alumno no sabe explicar o pronunciar para pedir que el profesor las pronuncie y las explique y, además, ir contando si disminuye el número de palabras subrayadas. En resumen, hay que trabajar con la lengua en todas sus dimensiones. Como mínimo, los alumnos que no han logrado aprender a leer cuando aprendieron sus compañeros necesitan treinta minutos de ayuda individual cada día durante unos cuantos meses.

El maestro puede facilitar la comprensión lectora presentando a los alumnos los textos nuevos antes de la lectura, enfatizando dónde y cuándo se desarrolla la acción y cuáles son los protagonistas. Es importante que los alumnos escuchen la pronunciación de las palabras clave de la historia y, en particular, los nombres propios. Esto no es muy diferente de cómo se procede con un texto de una lengua extranjera. Cuanto menos sabe el alumno, tantas más explicaciones necesita. Ya que la cohesión entre las oraciones puede consistir más en el conocimiento cultural que en las palabras que marcan la coherencia sintáctica, es importante para la comprensión lectora participar año tras año en una enseñanza sistemática de una amplia gama de materias.

Por consiguiente, no es una buena idea darle al niño disléxico la libre disposición de su tiempo para «investigar», porque aprovechará mal el tiempo. Además, si el niño tiene problemas, necesita estar en un aula tranquila para trabajar. En las diferentes materias puede resultar una ayuda, que el alumno con problemas de escritura pueda dar las respuestas de manera oral para no tardar tanto. También en matemáticas es un obstáculo la dislexia, porque hay que manejar desde el comienzo conceptos lingüísticos como «más largo», «más breve», «la mitad» y «el doble».

En resumen, la dislexia es un problema que tiene una base biológica pero está combinada muchas veces con dificultades secundarias para concentrarse y a veces también con una enseñanza no adecuada[39]. En la familia, lo que se puede hacer para ayudar a los hijos disléxicos es hablar mucho con ellos sobre diferentes temas, leer mucho con ellos y, además, ayudarlos mucho con las tareas.

---

[39] Myrberg, Mats. *Dyslexi – en kunskapsöversikt*. Estocolmo: Vetenskapsrådets rapportserie, 2007: 2.

En la escuela, los disléxicos necesitan participar en clases organizadas por docentes que enseñan de manera estructurada. Los programas que enseñan la lectura, la escritura, los sonidos y las letras de manera sistemática son los que dan mejor resultado. Además, el disléxico necesita más tiempo para la práctica individual que otros alumnos. No es suficiente dividir la clase en dos. Es importante para los disléxicos tener acceso a profesores de alto nivel en todas las materias, lo cual nos recuerda el ejemplo finlandés. No es aceptable que se pierda el tiempo con actividades que no den un resultado claro. Como se ha ido repitiendo, los investigadores hablan de 3.000-5.000 nuevas palabras aprendidas cada año durante la escolarización. Sólo se enseña explícitamente una pequeña parte de estas palabras; las demás palabras se aprenden indirectamente durante el estudio de las otras materias o fuera del colegio. Es más importante para el disléxico que para los demás alumnos participar en experiencias variadas. Con un juego de palabras en inglés, *word knowledge is world knowledge*.

Para entender mejor todavía todo lo que se aprende en la primaria si todo va bien, es iluminador estudiar el texto de Maja Wittig, una profesora sueca que ha trabajado en una universidad con estudiantes que habían logrado llegar a esta institución sin saber realmente leer[40]. Los estudiantes obviamente eran inteligentes y atentos y habían recibido mucha ayuda en su casa porque si no, no hubieran llegado hasta la universidad. Estos estudiantes habían desarrollado unas cuantas técnicas para no tener que leer. Por ejemplo, miraban las tablas y escuchaban con atención la información oral, pero el no saber leer con absoluta seguridad les exponía al riesgo de cometer errores ridículos. Wittig constata que, a causa de las modas pedagógicas, cada vez más jóvenes se encuentran

---

[40] Wittig, Maja. *Studenters arbete med att övervinna läs- och skrivsvårigheter. Process- och resultatredovisning av ett projekt vid Linköpings universitet.* Linköping: Universidad de Linköping, 1994.

en la situación de tener poca conciencia de la relación entre los sonidos y las letras, y para ellos aprender a leer como adultos es cuestión de varios años de entrenamiento. Seguir la lucha de estos estudiantes inteligentes y motivados es conmovedor.

La profesora cuenta una experiencia precisa y además describe el modelo general que suele utilizar. En el caso específico, ella empezó por conversar largamente con cada uno de los estudiantes para que decidieran si realmente estaban dispuestos a someterse al largo proceso de aprendizaje. Tenían que aceptar que la responsabilidad última era suya y que tenían por delante varios años de trabajo ingrato. Para empezar, el entrenamiento consistía en prácticas de lectura de estructuras lingüísticas sin sentido para aprender a leer correctamente al cien por cien. Los estudiantes habían vivido adivinando y leyendo de manera aproximada y ahora había llegado el momento de adquirir precisión. Los que sabemos leer no nos damos cuenta de lo que significa estar seguro de haber leído correctamente. Otro ejercicio era escuchar y escribir, algo muy difícil para los estudiantes, porque no tenían afianzada la relación entre lo que oían y cómo se escribían los sonidos. Un tercer tipo de ejercicio se basaba en la asociación libre alrededor de una palabra para activar el vocabulario ya adquirido oralmente. En este proceso, un aspecto muy importante era agudizar el oído para mejorar la percepción de los sonidos de la lengua. Dicho de otro modo, los estudiantes tenían que aprender a combinar lo auditivo, lo articulatorio, lo visual y la destreza motora. Todo era nuevo para ellos y la profesora debía comentar todo, desde las mayúsculas y la puntuación hasta el contenido de los textos.

Cuando la profesora explica su programa, insiste una y otra vez en que hay que leer sílabas en voz alta hasta estar al cien por cien seguros de leer correctamente. Los alumnos deben escuchar, repetir, recordar y después escribir diferentes sílabas, desistiendo de la tentación de adivinar, la estrategia seguida por ellos hasta entonces.

Deben aguantar ejercicios que parecen ser anteriores a la lectoescritura propiamente dicha como escuchar y articular sonidos. Deben desarrollar capacidades que no habían echado de menos porque no sabían que existieran. Si son estudiantes universitarios les cuesta mucho tener que obligarse a algo que otros aprendieron en la primaria. Además, tienen que ser sinceros consigo mismos. Sólo el propio estudiante sabe si está seguro al cien por cien de cómo se pronuncia una combinación de letras; es su responsabilidad señalar a la profesora si se siente inseguro. Es imposible que el aprendizaje sea exitoso si el alumno no colabora, esforzándose. ¿Por qué se trabaja con estructuras sin significado, al contrario de como trabaja el método global? La explicación de la autora es que la descodificación de las palabras requiere mucha atención al comienzo. Cuando empieza la verdadera lectura, los estudiantes deben realizar dos tareas a la vez: descodificar y entender. Estas exigencias simultáneas resultan una carga cognitiva demasiado grande para ellos y por eso tienen que haber automatizado ya la descodificación.

Los lectores con mucha costumbre pueden interpretar de manera rápida y supuestamente espontánea, pero no se trata de una espontaneidad natural, sino de una automatización fruto de mucha práctica. Cuando los estudiantes se han convertido en expertos en la parte técnica y mecánica de leer y escribir, llega el momento de empezar a concentrarse en el contenido. La profesora subraya repetidamente que la comprensión lectora es un acto creativo que se basa en un constante vaivén entre la totalidad y la parte; se basa tanto en la experiencia anterior como en la creatividad. La comprensión no se puede nunca automatizar completamente ya que cada vez que leemos algo nuevo, tenemos que activar nuestros conocimientos para crear una nueva comprensión. Para lograr eso, la descodificación tiene que ser rápida y automática. Aprender a leer es todo menos un proceso natural.

Wittig nota que los estudiantes disléxicos tienen tendencia a olvidarse más rápidamente de lo aprendido que otros estudiantes y que tienen que retomar los ejercicios una y otra vez, lo cual les causa mucha frustración. Han desarrollado una atención al mensaje y ahora tienen que obligarse a prestar atención también a los sonidos y a las letras. Tampoco están acostumbrados a exigirse a sí mismos saber dar cuenta exactamente de lo que saben y de lo que no saben, y no es hasta que empiezan a leer que entienden lo que han perdido durante su escolarización. Su capacidad de concentración aumenta cuando entienden cómo funciona la lengua. Es decir, la práctica de la lengua tiene consecuencias positivas en varios campos.

Es difícil encontrar textos adecuados para estos estudiantes, porque son personas inteligentes y maduras pero sólo pueden leer lo que normalmente lee un alumno de primaria. La autora recomienda la lectura de textos en voz alta para adultos como parte del programa. Sin embargo, también advierte contra el optimismo exagerado, porque los estudiantes en cuestión han perdido casi todos sus años de aprendizaje escolar y el tiempo pasado no vuelve. Se encuentran en una situación absurda, porque como estudiantes universitarios deben estudiar textos comprimidos, llenos de terminología y que hablan de temas que los estudiantes todavía no conocen. Si el libro está en inglés, la situación se vuelve una pesadilla. Su estrategia para sobrevivir a los exámenes escritos es escribir párrafos muy cortos, intentando citar casi de memoria el libro de texto.

Conociendo las tribulaciones de los disléxicos, uno se pregunta cómo es posible que, hasta en países de larga tradición educativa, se juegue con el aprendizaje de la lectoescritura. Hemos tenido pedagogos que han introducido métodos sin probada eficacia y políticos que han permitido y siguen permitiendo que alumnos con serios problemas de conducta y aprendizaje destruyan la tranquilidad del aula. Hay padres que se despreocupan del aprendizaje de sus hijos y, por pereza o ignorancia, confían ciegamente en la escuela.

Todas las materias son lenguas

La clase de lengua y literatura

Toda la escolarización es escuchar, hablar, leer y escribir y, como se ha dicho, el vocabulario y los conocimientos son dos facetas del mismo aprendizaje. Todo es lengua. Una escuela es un ambiente lingüístico que, además, transmite conocimientos sobre lo que es la lengua y sobre lo que se puede hacer con la lengua. Como se ha dicho ya varias veces, se cree que un joven que haya aprovechado sus estudios deja la escolaridad obligatoria con unas 40.000 o 50.000 palabras, después de añadir unas cien palabras por semana o unas 3.000 a 5.000 palabras por año[41]. Los investigadores suelen también coincidir en que un niño ha aprendido normalmente la mayoría de las reglas gramaticales antes de empezar el colegio, pero necesita practicarlas en situaciones cada vez más específicas, y necesita convertir las reglas en explícitas para poder servirse de ellas de manera eficaz. Para lograr estos dos requisitos en cuanto a léxico y a conocimiento de la normativa gramatical, el alumno necesita ser expuesto en el colegio a exigencias no negociables.

Pinker, el lingüista ya mencionado, ha intentado calcular la extensión del vocabulario del que dispone un alumno mediano que deja la *high school* a los 18 años. Cree que este alumno prototipo sabe como mínimo unas 45.000 palabras, no incluyendo en esa cifra los nombres propios, las palabras extranjeras y las abreviaturas. El alumno mediano hasta podría saber unas 60.000 palabras y los mejores estudiantes quizás el doble. Todo eso es posible ya que los alumnos han aprendido rápidamente desde su nacimiento. Desde la edad de un año, han aprendido en promedio diez palabras al día o una palabra cada 90 minutos en que están despiertos. Cuando tienen seis años, algunos niños pueden saber hasta 13.000

---

[41] Sandqvist, Carin – Teleman, Ulf. *Språkutveckling under skoltiden*. Lund: Studentlitteratur, 1989.

palabras[42]. Es llamativo que casi no nos demos cuenta de todo ese aprendizaje. Es frecuente hablar del vocabulario de un niño sólo cuando nos preocupamos por la ausencia de aprendizaje.

En las páginas anteriores, se ha hablado repetidamente de la extensión del vocabulario de los alumnos. No es fácil estudiar el volumen del vocabulario de alguien porque hay que decidir qué se va a contar como palabra y qué palabras van a ser investigadas[43]. Si la misma raíz se encuentra en palabras como «proyecto», «proyectar» y «proyección», ¿es una palabra o tres? ¿Las formas conjugadas cuentan como una palabra o como varias? ¿Una forma en diminutivo es igual a la forma sin diminutivo? Las decisiones sobre cómo organizar la recogida de datos influyen en el resultado. Además, el conocimiento de una palabra se puede ver como algo situado en una escala de 1 a 10, en la que el 1 representa el desconocimiento y 10 un conocimiento perfecto. Para conocer perfectamente una palabra es necesario saber explicarla, colocarla en una oración, decir un sinónimo, pronunciarla y escribirla. Por todo esto, cuando se habla del vocabulario de alguien se trata siempre de estimaciones. Además, una palabra puede tener varios significados y puede entrar a formar parte de expresiones fijas, adquiriendo más significados todavía

Para ilustrar que el vocabulario es algo conectado al conocimiento general, se puede mencionar que hay un tipo de test de vocabulario que se llama *cloze* en inglés. Se trata de quitar mecánicamente determinadas palabras de un texto y después pedir al alumno que rellene los vacíos. Ésta suele ser una manera fiable de investigar el nivel lingüístico de alguien y se utiliza en las pruebas de lenguas extranjeras. Si copiamos un trozo del texto de este libro, el lector puede comprobar por sí mismo que ese tipo de test

---

[42] Ib. pp. 150-151.
[43] Fricks, Nils – Malmström, Sten. *Språkklyftan: hur 700 ord förstås och missförstås*. Estocolmo: Tiden, 1976.

combina el conocimiento de la gramática de la lengua con una comprensión del contenido:

En una tesis doctoral escrita por una estadounidense ____ con un sueco, se subraya la responsabilidad de _____ familia en las decisiones lingüísticas. La autora escribe ____ la perspectiva del que quiere el bien de ____ jóvenes y respeta la voluntad y las aptitudes ____ niño, mostrando una actitud positiva hacia su nuevo_____ y hacia el país en el que creció. ____ ella, decidir si el hijo se va a_____ en bilingüe y bicultural es una decisión más_____ que social; para que se logre, cree que____ dos padres tienen que dar prioridad a esa_____. Subraya que es difícil de explorar el tema _____ bilingüismo porque no se pueden hacer experiencias con _____, cada situación familiar es diferente e influye la_____del niño.

Como se ve, muchos vacíos corresponden a unas palabras gramaticales «obligatorias» y otros a palabras que se pueden deducir del contexto.Es decir, que es fácil rellenar los vacíos si uno está familiarizado con la lengua en cuestión y acostumbrado a leer.

La extensión del vocabulario de los alumnos no está decidida de una vez para siempre por factores sociológicos, sino que también influye la organización de la enseñanza y las exigencias. Este hecho viene ilustrado por un estudio realizado en 1977, una comparación de la comprensión de palabras de un grupo de alumnos de bachillerato y otro de formación profesional. En cierto modo, el resultado fue el esperado, porque los que estudiaban un programa teórico sabían más palabras que los que estudiaban formación profesional y los que tenían mejores notas obtuvieron un mejor resultado que los que tenían notas menos buenas[44]. Sin embargo, algunos resultados probablemente hoy hubieran salido de otra

---

[44] Cassirer, Peter. *Studier över ordförståelse*. Gotemburgo: Acta Universitatis Gothoburgensis, 1977.

manera. Por ejemplo: en 1977 los alumnos varones sacaron mejor resultado que las alumnas, mientras que, si se hubiera hecho hoy el test, es probable que el resultado de las chicas hubiera sido mejor. Otro dato interesante es que los once alumnos que hablaban otra lengua en su casa obtuvieron resultados por encima del promedio. Es decir, como se ha dicho ya, no es negativo hablar otra lengua en la casa; lo negativo es no trabajar suficientemente con las materias escolares. Los alumnos algo mayores lograron mejores resultados que los alumnos más jóvenes; hoy los alumnos de más edad pueden estar repitiendo y no es seguro que saquen mejores resultados. Además, se constató en el informe que algunos alumnos desconocían palabras que aparecían con regularidad en los manuales. En el caso ideal, el alumno debe trabajar con enciclopedias y diccionarios para aumentar su vocabulario, pero ¿y si no lo hace? Estos resultados indican que el vocabulario no está «distribuido» necesariamente según criterios sociológicos, sino que es un logro individual que depende del esfuerzo por aprender. Eso sí, la sociedad puede influir en el aprendizaje exigiendo que los estudiantes se esfuercen.

Un test de vocabulario que cada uno puede hacer en su casa es intentar resolver crucigramas en su propia lengua y en una lengua extranjera. Los crucigramas se suelen basar en un conocimiento adquirido en la educación y a través de la prensa. Los constructores de los crucigramas utilizan palabras presentadas a través de sinónimos, antónimos o breves explicaciones. Son frecuentes los datos de la historia política, de la historia de la literatura, de la Antigüedad y de la Biblia. Son contadas las personas que saben resolver crucigramas en una lengua en la que no han sido escolarizadas.

Un mismo individuo usa diferentes tipos de palabras en diferentes situaciones, lo que se suele llamar usar diferentes «registros». Hablamos de manera diferente según si estamos en la escuela, en la casa o entre los amigos. Ya hemos hablado del uso de la lengua en el campo de las matemáticas como de un registro.

En la casa o entre los amigos, el lenguaje no sólo sirve para comunicarse sino también para señalar la pertenencia a un grupo, lo que se llama el «factor de intimidad». Sin embargo, ciertos jóvenes actualmente sólo dominan el registro del lenguaje juvenil. Es decir, su vocabulario está limitado y no les sirve para todos los propósitos, algo que ha quedado ilustrado en los ejemplos explicados sobre Francia. La diferencia de vocabulario entre unos alumnos y otros puede ser también explicada en función del mayor o menor acceso a diferentes registros. Los jóvenes menos cultos suelen estar atados a lo local y a lo inmediato, al «aquí y ahora», mientras que los más cultos suelen manejar también temas más alejados, relacionados con «un allí y un entonces». La meta de la escuela es abrir a todos los alumnos a más registros y, con ello, a más mundos. El individuo va adquiriendo más registros a través de las diferentes materias estudiadas en la escuela, las actividades profesionales, las asociaciones, las costumbres de lectura, los viajes y los contactos sociales. Además, las personas aficionadas a la lectura pueden adquirir una comprensión histórica de la lengua a través de la lectura de novelas clásicas y de libros de historia. Quien aprende gramática en la escuela, por ejemplo, maneja un instrumento más para comprender lo leído y lo oído y para hablar sobre un mensaje.

Para llegar a ser buen lector hay que leer mucho y estudiar muchos campos. La maduración del alumno como lector es lenta. Hay un investigador canadiense, Kieran Egan, que se ha interesado por el desarrollo del lenguaje, de la lectura y del pensamiento[45]. Egan habla de diferentes niveles de maduración del joven que éste va pasando en cierto orden. Entre estos niveles, los superiores incluyen a los inferiores sin borrarlos. En un primer periodo, los niños muy pequeños adquieren conocimiento a través del cuerpo, de lo

---

[45] Egan, Kieran. *Mentes educadas. Cultura, instrumentos cognitivos y formas de comprensión*. Barcelona: Paidós, 2000.

somático. Después viene el periodo mítico, hasta los ocho años de edad, que se caracteriza por la imagen, la metáfora, la rima, el ritmo, lo narrativo y lo binario y aporta una riqueza sensorial a nuestro mundo mental que seguirá vivificándonos por mucho tiempo. El periodo siguiente es el romántico, que continúa hasta los quince años, en que los jóvenes se interesan por los extremos: los héroes y los desdichados. Esta etapa resulta una continuación del periodo anterior, porque incluye lo realista pero buscando lo espectacular. A los quince años se puede hablar del periodo filosófico, porque los jóvenes se hacen preguntas sobre el bien y el mal. Este periodo no excluye los anteriores sino, al revés, es poco probable que el joven pueda dar el paso al nivel filosófico sin haber explorado en su interior los niveles anteriores y sin haber almacenado experiencias humanas y conocimientos de todo tipo. El último nivel sería el irónico, que revisa y cuestiona los niveles anteriores pero sin abolirlos. A una persona irónica le pueden gustar los relatos de aventuras o las poesías a la vez que puede cuestionar ciertos aspectos. Se trata de añadir y de hacer más flexible el mundo mental de la persona. No todos los individuos llegan al nivel filosófico ni al nivel irónico; algunos quizá se queden en el nivel mítico. Lo que describen estos niveles es el desarrollo posible de un alumno que estudia con buenos profesores o que llega a tener acceso a la cultura por otras vías. Ese mismo investigador subraya una y otra vez que es importante que el alumno pase por todos los niveles, porque sólo así adquiere vocabulario, un buen manejo de la lengua y suficientes conocimientos generales del mundo, y sólo así adquiere la energía y la vivacidad suficientes como para concentrarse más tarde en algo abstracto. Comenta especialmente que ha sido un error quitar los relatos sobre los personajes y eventos espectaculares de los libros de historia. Los alumnos necesitan esa experiencia cuando más tarde encuentran formas más abstractas de hablar de la historia.

Todas las materias son lenguas

Un esquema como el que acabamos de describir explica la enorme riqueza que contiene el mundo de la lengua, la lectura y el pensamiento. Entendemos que una escuela que entrega todo esto a sus alumnos les da acceso a un bien de un valor incalculable. Del mismo modo, entendemos la enorme tarea que tiene por delante un alumno que por algún motivo no ha seguido el programa propuesto por la escuela.

Para entender lo que ha pasado en la educación, es bueno saber que en los años cincuenta, los libros escolares eran a la vez manuales de materias y libros para aprender a leer. Ahora, estas funciones están separadas en un libro de texto con los materiales indispensables, un libro de trabajo y unos libros con materiales extra. Desde hace algunas décadas, los textos de los manuales son más breves porque se han sacado los ejemplos y han aumentado, en número y tamaño, las imágenes. El propio texto escolar es más breve pero a la vez ha llegado a ser tan denso como un texto de enciclopedia. Una consecuencia es que se ha convertido en más difícil su comprensión para los alumnos que, por el motivo que sea, tienen problemas con la comprensión lectora y necesitan lo que para otros puede parecer redundante. Han desaparecido muchas conjunciones y muchos adverbios y cada vez más el lector debe interpretar las inferencias o, con otras palabras, leer entre líneas. Quizá como una reacción contra los textos históricos de otras épocas, de impronta más personal, los nuevos textos escolares tienen un carácter más neutro, lo cual exige más del lector. Además, ahora los textos escolares suelen presentarse como tareas y no tanto como aportación, aventura o entretenimiento. No se nota tanto la voz personal de un autor que quiere contarle algo al alumno.

En muchos países la lengua y la literatura ya no son dos materias sino una sola, lo cual ha influido en cómo se estudian[46]. Varios

---

[46] *Vad händer med läsningen? En kunskapsöversikt om läsundervisning I Sverige 1995-2007.* Estocolmo: Skolverket, 2007. pp. 9, 13, 33, 112-114.

expertos en didáctica, influidos por las novedades pedagógicas, han recomendado un enfoque social y práctico, y no tanto uno intelectual o estético. Cuando se fusionan la lengua y la literatura, la literatura suele dejar de estudiarse de manera sistemática y se convierte más bien en una fuente de ejemplos de lengua. El paso posterior es que tampoco la lengua se estudia de manera sistemática, sino que se convierte en un instrumento de apoyo a las demás materias, perdiendo también así su identidad. Las clases de lengua empiezan a utilizarse para trasmitir información social de todo tipo. Cuando se leen obras de ficción, se suelen elegir obras para jóvenes, quizá recientes, más que obras clásicas. Los textos se ven como una fuente para la práctica de la expresión oral y escrita y no tanto como un acercamiento a un texto importante. En cierto modo es lógico que entonces las tareas de los alumnos ya no consistan en interpretar las obras, sino más bien en presentar sus propias opiniones e intereses en conexión con un tema mencionado en el texto.

La escritura es una invención; por eso nadie tiene la escritura como lengua materna. Hay que aprender esa «lengua extranjera» que sirve para comunicarse con personas no presentes, para dirigirse a muchos a la vez o para entregar algo a futuros lectores. Para que funcione de manera rápida y ágil la lengua escrita debe estar estandarizada. El que escribe debe compartir no sólo el código lingüístico sino también las convenciones de la escritura con el lector. Todo esto quiere decir que el manejar la lengua escrita es disponer de un bien cultural sofisticado. Hay que acordarse de que la mayoría de las 6.000 lenguas del mundo carecen de escritura[47]. Además, históricamente el intento de que todos aprendan a leer y escribir es una ambición nueva.

---

[47] Lundberg, Ingvar. *God skrivutbildning. Kartläggning och undervisning.* Estocolmo: Natur och kultur, 2008.

Escribir es pensar, es captar los propios pensamientos y organizarlos. Durante su escolarización, los alumnos escriben redacciones cada vez más largas y mejor estructuradas. Es grande la diferencia entre los textos producidos en la primaria y al final de la secundaria. Al dejar la escuela obligatoria, el alumno promedio es capaz de producir diferentes tipos de textos. En ese aprendizaje existe una clara relación entre la lectura y la escritura; es casi imposible que alguien que no lea mucho sea buen escritor, y por eso hay que asegurarse de que los alumnos lean.

Hay muchas maneras de ayudar a los alumnos a desarrollar su lengua escrita. Una manera es empezar por la lectura en voz alta y después conversar con los alumnos sobre lo leído. Tener la experiencia de haber leído algo juntos, significa disponer de una experiencia en común. El profesor puede discutir con los alumnos diferentes modos de organizar un texto sobre el tema en cuestión, entregándoles terminología y expresiones. Otro ejercicio es leer un texto escrito desde la perspectiva de cierto personaje y después practicar formulando el mismo contenido desde la perspectiva de otro personaje. Se puede tomar un libro escrito para niños que cuenta todo desde la perspectiva de un niño y preguntarse: ¿cómo cambiaría el texto si fuera escrito desde la perspectiva de la madre del niño y en el lenguaje de esa madre? Otro ejercicio consiste en observar la cohesión entre las oraciones, subrayando las palabras que construyen esa cohesión. Un ejercicio práctico es el de dar a los alumnos la tarea de escribir un párrafo, entregando previamente el contenido y el vocabulario principal. Así, los alumnos pueden concentrarse en la conexión entre las oraciones. Aprender a escribir mejor es trabajar con el pensamiento y con el vocabulario y en especial con los sinónimos. Cuando se trata de un texto narrativo, el profesor puede ayudar al alumno mostrando cómo usar el diálogo para hacer avanzar la acción o indicar cuál es la relación entre los personajes. La cronología del relato y las acciones paralelas pueden utilizarse para hacer más dramático el desenlace. Se puede aprender a hacer más viva una descripción usando observaciones precisas. Cuando los alumnos de todas las edades escriben sobre algún tema no ficticio es frecuente que enumeren datos sin que haya una clara conexión entre ellos. Buscan información en una enciclopedia o en la red y van transfiriendo sin más la información a su propio escrito, y esto sucede hasta en la universidad[48]. Es una lucha convencer a los estudiantes de que escribir no es copiar datos de una fuente. Para que sea un buen texto se debe demostrar cuál es la relación entre los datos y por qué es interesante el tema.

El desarrollo del alumno a este respecto se ve en que sus textos son más largos, más interesantes y más coherentes; contienen más palabras largas y más variación en el vocabulario. Ese desarrollo es lento, pero si se compara algo escrito por un mismo alumno a los ocho años de edad y a los dieciséis, el cambio es dramático: hay mejoras en cuanto a la ortografía, la disposición, la elección de palabras, la puntuación y la adaptación al género en cuestión. En un texto inmaduro hay poco contenido, faltan las conexiones entre las oraciones, la temática no es clara y el lenguaje consiste en fragmentos de oraciones. Sin embargo, cuando los alumnos tienen dieciséis años, la mayoría de ellos han aprendido más o menos lo que es escribir un texto.

Cuando los alumnos crecen utilizan más el presente que el pasado porque hay más descripción que narración y más descripción general que individual. Hay más oraciones subordinadas de relativo porque se trata de un pensamiento más elaborado y hay más relación entre las diferentes partes del texto. Aparecen más artículos definidos que indefinidos, lo cual es normal en unos textos más largos y más elaborados. La descripción de los personajes no sólo

---

[48] Josephson, Olle – Melin, Lars – Oliv, Tomas. *Elevtext. Analyser av skoluppsatser från åk 1 till åk 9*. Lund: Studentlitteratur, 1900.

consiste en la acción, sino también en la actividad mental. En resumen, hay bloques de texto más largos y se ve más orientación hacia lo mental. Se nota más diferencia entre lo importante y lo baladí, es decir, se ve más jerarquización, algo que incluye la aparición de más conjunciones para marcar las relaciones lógicas. Al final de la escolaridad obligatoria, los alumnos no sólo tienen un mundo interior cada vez más rico, sino que también valoran más los pensamientos, los deseos y las opiniones. Este desarrollo de la escritura no es automático, sino el resultado de años de esfuerzo. Lo vemos, por ejemplo, cuando aparecen ciertos alumnos de dieciséis años que escriben como si tuvieran ocho. Estos alumnos van a encontrar dificultades en el mercado laboral y van a tener que elegir oficios en los que sólo sea necesario saber escribir algo, como quizá listas de materiales, informes sobre trabajos terminados o mensajes a clientes.

Menos literatura

La escuela ha fracasado en su misión si los alumnos no desarrollan su lenguaje. El director de un colegio que toma en serio su responsabilidad señala que no se habla lo suficiente del aspecto democrático del aprendizaje de la lengua y de la literatura[49]. Ha inventado una expresión para los alumnos que no desarrollan su lenguaje: «pobres en lenguaje», los que se quedan rezagados, confundidos e indiferentes y que muchas veces desarrollan una agresividad contra los demás ciudadanos. Considera curioso que haya que defender la cultura dentro de la escuela cuando la escuela se inventó para transmitir la cultura. Si alguien no desarrolla un

---

[49] Strid, Per-Åke. *Det nya klassmärket. Om modersmålets levnadsavgörande betydelse för oss människor*. Örebro: Elless, 1997.

mundo interior rico, opina, no desarrolla su humanidad. Los pedagogos hablan mucho de la influencia del nivel socioeconómico de los alumnos, es decir, de la pobreza material, pero, para el autor, la pobreza realmente importante es la intelectual, la cognitiva y la emocional. Se ha convertido en un tabú mencionar que los alumnos necesitan enseñanza para aprender bien su lengua materna. El autor insiste en que su propio grupo, el de los directores de colegios, tiene el deber ético de ser un buen modelo cultural, defendiendo la cultura. Para muchos alumnos, el colegio viene a ser el único contacto con la literatura, el arte, la historia, la ciencia y la religión y, si ese tiempo no se aprovecha, el joven sólo va a tener acceso al entretenimiento televisivo. Si la cultura no se trasmite en la escuela, será para ellos una lengua extranjera. El diálogo en clase y la conversación en la casa son ocasiones para despertar en los jóvenes la conciencia de las opciones que tienen y, a la vez, la conciencia de su propia responsabilidad. Si el Estado se atribuye el monopolio o el casi monopolio de la educación pública, debe asumir su responsabilidad en cuanto a la cultura.

Representantes de profesores franceses de literatura se lamentan de que imperen dos modelos en la escuela occidental actual, erróneos los dos; según el primero la escuela es una democracia y todo se negocia; según el segundo la escuela es un consumo más y el alumno elige lo que le gusta. Constatan algo que ya hemos mencionado y es que no sólo se enseña menos la lengua materna sino también se enseña menos la literatura, que es la expresión más acabada de la lengua. Cuando se recurre a la literatura en la escuela, suele ser como fuente de textos para comentar el vocabulario y el género. No se estudia la literatura ya como arte ni como historia sino como algo útil, como un mero instrumento, por ejemplo, para aprender a escribir. Es frecuente ahora que los alumnos no lean para acercarse a un texto ilustre, sino que exclusivamente lean fragmentos de textos y aprendan a identificar el género al que pertenece el texto en cuestión. Todo queda en una retórica vacía. No ha ganado Sócrates sino los sofistas[50]. Los alumnos no aprenden a usar los textos como modelos, ni a analizarlos, sino más bien son invitados a usar los textos como un punto de partida para expresar su opinión o escribir su propio texto. De lo culto e intelectual nos hemos desplazado hacia lo espontáneo y lo emocional, lo cual resulta una desescolarización dentro de la escuela, una escuela *light*. Así se da a los alumnos la idea de que es eso lo que la sociedad va a exigirles en cuestión de manejo del lenguaje. No se educa a los alumnos, sino que más bien se les insinúa que ya han sido educados[51]. De una escuela de transmisión hemos ido a una escuela de comunicación, en la que los alumnos expresan su opinión. Cuando comentan diferentes obras sin tener antes mayores conocimientos al respecto, el resultado se podría llamar una desacralización[52] de la literatura.

El resultado de esta política se puede apreciar en una comparación entre estudiantes rusos, finlandeses y suecos que se matriculan para ser profesores de lengua y literatura. Los datos se recogieron entre 1998 y 2000, y reflejan lo aprendido en el bachillerato porque los estudiantes todavía no habían empezado sus estudios universitarios[53]. El resultado esencial de esa investigación fue mostrar cómo la tradición todavía en vigor en Rusia, a pesar de las dificultades generales del país, es muy superior a la nueva pedagogía, introducida en Suecia y Francia, cuando se trata de formar lectores. Finlandia viene a ser un caso intermedio. En Rusia, los alumnos no reciben más clases de literatura, pero la literatura es una materia

---

[50] Capel, Fanny. *Qui a eu cette idée folle un jour de casser l'école*. París: Ramsay, 2004. p. 77.

[51] Laux, Claire – Weiss, Isabel. *Ignare Academy. Les naufragés de l'enseignement*. París: NiL, 2002. p. 51.

[52] Ib. pp. 80-103.

[53] Torell, Örjan (ed.). *Hur gör man en litteraturläsare? Om skolans litteraturundervisning I Sverige, Ryssland och Finland*. Härnösand: Mitthögskolan, 2002:12. pp. 37, 44, 47, 52-73, 78, 108, 116, 130, 139, 148.

aparte y las exigencias son elevadas. No se trabaja con respuestas aisladas, sino que se exige que el alumno entienda el contexto cultural de los textos y que trame una argumentación coherente. La meta es poder analizar un texto usando un conjunto de lecturas bien asimiladas. Se estudia a fondo la literatura rusa, reservando sin embargo poco espacio a la literatura de otros países. Para presentarse a la selectividad tras el bachillerato y obtener plaza en la universidad, incluso en medicina, los jóvenes tienen que saber comentar adecuadamente textos literarios. La tradición consiste en exigir que los alumnos estudien unas cuantas obras cada verano durante sus años de escolarización. En la investigación, los evaluadores observan que los alumnos escriben mucho y con gusto, y lo más notable es que realmente interpretan el texto, buscando apoyo para sus afirmaciones en el mismo texto, aunque las interpretaciones rusas a veces son algo convencionales. Los jóvenes suecos han aprendido a ver el texto como una base para hablar de sus propias experiencias. En las muestras suecas recogidas en la investigación citada, había pocas comparaciones entre los textos estudiados y otros textos, mientras que en las muestras rusas había muchas. La evaluadora rusa se pregunta cómo van a actuar estos jóvenes suecos cuando sean profesores.

Los evaluadores subrayan que una cultura social que valora el conocimiento es una ayuda para el alumno. En Rusia, efectivamente, se celebran los aniversarios del nacimiento o de la muerte de los grandes escritores y también cada año se celebra una fiesta cuando comienza y finaliza el año lectivo. Los evaluadores de los tres países constatan que los resultados reflejan la importancia de la literatura en la sociedad y que es difícil que se logren buenos resultados entre los jóvenes si los adultos no aprecian los conocimientos en cuestión. También en esta investigación se llega a la conclusión de que la comprensión lectora refleja más la afición a la lectura y el esfuerzo del alumno, que el nivel socioeconómico de los padres.

Esa enseñanza era más o menos la misma que la que se daba en la mayoría de los países occidentales hasta la introducción de la nueva pedagogía. En una entrevista breve pero conmovedora de 2006, el crítico Harold Bloom habla de la importancia de la lectura de obras literarias[54]. Se crió en una familia inmigrante paupérrima y en su casa, en Nueva York, no se hablaba el inglés. Aprendió por sí mismo a leer en inglés, sentado en un rincón de la cocina, y se inició temprano en las grandes obras. En su reflexión sobre por qué es importante leer, mencionaba que la lectura es algo íntimo, una conversación con uno mismo. Empezar a leer literatura de calidad es dejar, decía, los placeres fáciles por los placeres difíciles. Veía a los seres humanos como fundamentalmente solos y, en esta soledad, la buena literatura nos permite una conversación seria con nosotros mismos. Para descubrir la buena literatura, recordaba, solía haber una educación y solía haber profesores que guiaban a los alumnos en su acercamiento a las grandes obras, una crítica obvia a las modas pedagógicas. También menciona la importancia de desarrollar el pensamiento y señala la relevancia de una memoria «bien almacenada»: necesitamos muchos conocimientos y conocimientos bien organizados para poder pensar bien.

Las lenguas extranjeras

El tema principal del presente libro es subrayar la importancia del trabajo que realizan los alumnos durante sus años de escolarización, desarrollando a la vez los conocimientos y la lengua. Después de hablar de la lengua materna y de cómo el aprendizaje de

---

[54] Entrevista con Göran Rosenberg, Axess-TV 2006. Harold Bloom ha escrito entre otros libros *How to read and why*. Londres: Fourth Estate, 2000 y *The Western canon. The books and school of the ages*. Nueva York: Harcourt Brace, 1994.

las materias escolares refuerza y enriquece la lengua materna, vamos a observar ahora lo que supone aprender una lengua extranjera. Uno de los propósitos es contrarrestar la publicidad de algunas academias que prometen un aprendizaje rápido. Al revés, vamos a dar ejemplos de lo largo y arduo que es el proceso. Empezaremos dando un vistazo a la historia de la enseñanza de los idiomas extranjeros; después seguiremos con la lucha de los estudiantes universitarios para aprender una lengua extranjera; examinaremos a continuación algunas tendencias actuales en la enseñanza de los idiomas; para terminar con una opción relativamente nueva en el debate público y entre los expertos, que es la inmersión. En comparación con otras materias escolares, las lenguas extranjeras tienen una situación especial, porque el punto de comparación es exterior al sistema escolar. Así, los alumnos y sus familias pueden ver fácilmente si el alumno entiende o no, y si sabe hablar con personas con otra lengua y cultura; el alumno difícilmente puede engañarse a este respecto.

Hace sólo unos decenios, cuando se describía lo que se debía hacer para lograr buenos resultados en los estudios de idiomas se hablaba de la voluntad, la perseverancia, la planificación y la distribución del tiempo dedicado a los estudios[55]. Los consejos podrían ser los siguientes: antes de empezar el curso hay que prepararse, empezar a leer el material, comprobar que uno tiene los conocimientos previos necesarios y, si no, aprender lo que le falta. Durante el curso, hay que leer la nueva lección de antemano, repasar los apuntes después de cada lección y planificar un repaso sistemático de todo lo aprendido. Además, hay que reforzar lo estudiado escuchando la lengua en la radio y la televisión, leer otros libros, buscar a hablantes de la lengua para conversar y, de manera

---

[55] Nyhed, Christina (ed.). *Likt Ariadnes tråd. Om språkutbildning och samhällets förändring*. Estocolmo: Folkuniversitetet, 1991.

general, usar los conocimientos y ampliarlos. Se partía de la idea de que la responsabilidad fundamental era del estudiante, quien debía realizar el aprendizaje. Cuando se leen ahora manuales de didáctica de las lenguas, sólo se habla de lo que debe hacer el profesor. El profesor debe motivar y apoyar al alumno, al que se ve como curiosamente pasivo, a pesar de que se hable constantemente de activarlo. Ese cambio de metodología refleja el cambio que ha supuesto la introducción de los ideales de la nueva pedagogía.

Desde la Edad Media y hasta el comienzo del siglo XX, los que estudiaban lenguas eran los teólogos, los humanistas y los aristócratas, y en primer lugar estudiaban el latín, el griego y el hebreo, es decir, lenguas muertas que se estudiaban porque había textos importantes en ellas, en primer lugar la Biblia[56]. El propósito de los teólogos era comprender y saber traducir los textos bíblicos, lo que se lograba a través del aprendizaje de la gramática y del vocabulario. Con el mismo método, se estudiaban los textos literarios y filosóficos de la Antigüedad. La meta era entender unos textos de prestigio que podían servir de modelos de estilo para la comunicación culta. Las cortes y los científicos europeos mantuvieron el latín como lengua de comunicación escrita hasta el siglo XVII y en algunas ocasiones más tarde todavía. Durante mucho tiempo, se consideró que estudiar latín era la mejor manera de aprender a analizar la lengua y a redactar bien.

Durante el siglo XVIII y el XIX, se extiende entre la nobleza y la burguesía acomodada europea una moda que consistía en emplear a ingleses, franceses y alemanes como preceptores, para que los niños aprendieran a hablar lenguas extranjeras a través de

---

[56] Melero Abadía, Pilar. *Métodos y enfoques en la enseñanza / aprendizaje del español como lengua extranjera.* Madrid: Edelsa, 2000. Pastor Cesteros, Susana. *Aprendizaje de segundas lenguas. Lingüística aplicada a la enseñanza de idiomas.* Alicante: Universidad de Alicante, 2006. Griffin, Kim. *Lingüística aplicada a la enseñanza del español como L2.* Madrid: Arco, 2005.

la convivencia con ellos. El propósito era social más que intelectual. Ese método tenía algo en común con lo que llegó a llamarse el método directo, un método surgido alrededor del año 1900, asociado en primer lugar a los inmigrados a los Estados Unidos, que querían aprender el inglés lo más rápido posible. El método directo se basaba y se sigue basando en un profesor nativo y un uso masivo de objetos y dibujos para enseñar la lengua. Es un método que se presta sobre todo a la fase inicial del aprendizaje, y que no toma en consideración la lengua nativa del estudiante.

A mediados del siglo XX se extendió el método audiolingual, asociado al estructuralismo, al conductismo y al desarrollo de la tecnología. El papel del profesor era preparar buenos ejercicios estructurales que los alumnos después repetían. Lo típico eran esquemas en los que se cambiaba un elemento por otro mientras que se repetía el resto de la oración. El conductismo sostiene que el ser humano aprende repitiendo lo que ve y oye, y, cuando llegaron las primeras grabadoras, se combinaron los ejercicios estructurados con la tecnología, de tal modo que los ejercicios se grababan en cintas y los alumnos podían repasar un ejercicio cuantas veces quisieran, quizá aprovechando los recién estrenados laboratorios de lenguas. Obviamente, este método también se prestaba sobre todo a las fases iniciales del aprendizaje.

En los años setenta, se introdujo el método comunicativo, al mismo tiempo que la nueva pedagogía había empezado a defender que, para aprender bien, el alumno debía pasarlo bien y que la tarea del profesor era motivar al alumno. Cualquier alumno debía poder participar en cualquier clase aunque no tuviera ganas de esforzarse. El lenguaje oral tenía cada vez más importancia. Se hablaba menos de gramática y se traducía muy poco; en vez de esto, un ejercicio importante era la conversación de dos en dos entre los alumnos. Se daba mucha importancia a tener materiales auténticos. El teórico Stephen Krashen lanzó una distinción entre el «aprendizaje» (aprender de manera escolar) y la «adquisición» (aprender oyendo y hablando)[57]. Por la influencia de Krashen, el aprendizaje a través del estudio de libros perdió prestigio y las escuelas empezaron a orientar la enseñanza hacia el aprendizaje oral.

Hacia los años 90, unos investigadores y profesores con enfoque comunicativo elaboraron el llamado Marco común del Consejo de Europa para describir los diferentes niveles de desarrollo lingüístico. Este marco parte de las diferentes funciones que puede realizar la lengua, no se habla de gramática y vocabulario, y la cultura pasa a entenderse como la vida diaria y no tanto como la historia y la literatura de un país. Se introduce una visión técnica y práctica de las lenguas que contrasta con la visión tradicional europea de las lenguas como la expresión de la cultura de un país. Para decirlo gráficamente, ya no se estudia francés para poder apreciar la literatura francesa, sino para poder pedir un café en una cafetería en París, algo no sólo más práctico sino además supuestamente más democrático. El aprendizaje de las lenguas ya no se veía como un paso hacia el desarrollo del pensamiento, como un conocimiento que contribuiría a convertir al alumno en una persona culta, sino como una destreza práctica similar a saber conducir un coche. Todo esto se reproduce cuando se trata de las evaluaciones. Se evalúa el uso más que el conocimiento, y se habla de competencias más que de conocimientos. Obviamente el alumno debe tener conocimientos para poder usar la lengua, pero se evalúa cada vez más exclusivamente el uso oral de ésta.

La nueva pedagogía ha entrado también en el campo de la enseñanza de lenguas y se insiste en que el alumno aprenda a aprender

---

[57] Krashen, Stephen D. *Principles and practice in second-language acquisition*. Nueva York: Prentice Hall, 1982. En otro libro, el autor defiende su postura en términos más políticos: *Condemned without a trial. Bogus arguments against bilingual education*. Portsmouth: Heineman, 1999.

y que se haga consciente de sus estrategias de aprendizaje. En consonancia con el ideal de la autonomía del alumno, éste debe buscar información por su cuenta. En la investigación, el interés se dirige hacia los inmigrantes y los niños muy pequeños, que son grupos en los que está más claro que se trata de una adquisición. En estos casos, el investigador controla mejor los factores que influyen en el desarrollo de la lengua que en el caso de alumnos escolares estándar. Además, ya no se habla tanto de alumnos sino más bien de aprendices, y no se habla de errores sino de «interlengua», es decir, de una variante todavía no plenamente desarrollada de la nueva lengua.

Para entender qué dirección toma el interés de los expertos, se pueden mencionar algunos términos que se pusieron de actualidad al respecto en España. Se creó una sigla para la enseñanza de lenguas extranjeras (LE) y ahora, cuando se habla del español, la sigla usada es ELE, español como lengua extranjera, mientras que el diploma del Instituto Cervantes para español como lengua extranjera se abrevia DELE. Se habla también de un aprendizaje de la lengua «para fines específicos», es decir, un aprendizaje únicamente centrado en lo útil para cierta profesión. Hay cursos de francés para cocineros y de inglés para expertos en informática. La enseñanza de lenguas «asistida por ordenador» atrae también bastantes intereses. En los países hispanohablantes, el término «bilingüismo» se refiere a un hispanohablante que maneja el inglés con cierta soltura. Curiosamente, en otros países, con ese mismo término, los hablantes se suelen referir a un inmigrante. Otro término usado es el de «fosilización», que se refiere a un alumno que deja de progresar y que se queda estancado en cierto nivel. Ese término se usa sólo en el aprendizaje de los idiomas, pero se podría utilizar perfectamente para referirse a otros alumnos que no progresan.

El método comunicativo enfatiza la adquisición más que el aprendizaje, ahora llamado escolar o formal. Para los alumnos no muy intelectuales se recomienda una enseñanza con mucha práctica y con ejemplos, en vez de un libro con reglas[58]. Al evaluar su propia producción lingüística, estos alumnos se guían por el criterio de si suena bien una expresión, pero no suelen haber aprendido reglas para decidir si algo es correcto. Les suele ir mejor en comprensión auditiva que en las demás destrezas. Como hemos visto en conexión con la lectoescritura, es importante el concepto de automatización, es decir, practicar tanto que lo aprendido se convierta en automático. La automatización de los conocimientos se realiza en gran parte fuera del colegio porque consume mucho tiempo. Por eso, si alguien no estudia en casa, irremediablemente avanza muy poco; podríamos decir que en la idea misma de estudiar una lengua extrajera, está incluido que el estudiante use parte de su tiempo libre para estudiar. Este es uno de los puntos en el que el verdadero aprendizaje de las lenguas extranjeras choca con la nueva pedagogía; hoy gusta más hablar de desarrollar estrategias que de estudiar.

Desde el punto de vista del profesor, la enseñanza debe ofrecer a los alumnos mucho *input* adecuado para su nivel. El profesor emplea un lenguaje simplificado, con las palabras que los alumnos han aprendido. Intenta pronunciar de manera clara y perfecta. Utiliza circunloquios. Intenta que no haya ruidos que distraigan al alumno y dificulten la captación de lo que se dice. Esto es sólo lo que hace el profesor en cuanto a la lengua; al mismo tiempo, el profesor de idiomas, como cualquier profesor, tiene que supervisar que todos trabajen, animar a los tímidos y controlar a los expansivos y mucho más.

Para estudiar las tendencias de la enseñanza de las lenguas en los niveles de educación obligatoria y de bachillerato, la manera más

---

[58] Malmberg, Per (ed.). *I huvudet på en elev. Strategier vid inlärning av moderna språk*. Estocolmo: Bonniers, 2000.

rápida e instructiva de hacerlo es ver cómo han cambiado los libros de texto. Los manuales de éxito dan ahora mucho énfasis al alumno y a sus gustos adolescentes y hablan de cómo se visten los jóvenes, cómo son sus familias y cuáles son sus actividades de ocio. Sobre todo al comienzo, en vez de texto suelen aparecer viñetas con unas cuantas palabras, como en los *cómics*. Los diálogos son de tipo instrumental: pedir un café o preguntar cuándo sale un autobús. Los textos tienen relación con el adolescente en aspectos como su cuerpo y su psicología, y no con el adolescente como ser cultural. Se enfoca todo al yo del aprendiz. Una diferencia llamativa entre los manuales de hoy y los de antes es que éstos últimos solían describir a las personas del país estudiado, quizá subrayando las diferencias con la cultura del alumno. Ahora se subraya lo similares al alumno que son los jóvenes del otro país, probablemente para acercar el otro país al alumno. Sin embargo, es posible que el alumno se pregunte por qué estudia la cultura en cuestión si no le ofrece nada nuevo. No todos los manuales son así, pero se trata de una tendencia pronunciada.

Los libros para los alumnos contienen fotos de jóvenes de su misma edad. El lenguaje incluye expresiones y situaciones marcadamente juveniles. Los ejercicios incluyen «esqueletos de conversaciones» para que los alumnos puedan trabajar de dos en dos. Para resumir el contenido, se podría decir que los temas y el vocabulario preparan al estudiante para hablar sobre sus experiencias diarias con un compañero de su misma edad en el otro país. Todo esto constituye una gran diferencia en comparación con el contenido de los libros de hace unas décadas: entonces se pensaba no tanto en el uso inmediato de la lengua como en el uso de la lengua cuando el alumno hubiera llegado a ser un adulto profesional.

En los libros de ejercicios, cada vez hay menos gramática. Sobre todo durante los primeros meses de estudio, los autores intentan que sea divertido trabajar. Normalmente hay textos con huecos que rellenar; mapas mudos, es decir, sin nombres; ejemplos de juegos de rol; sopas de letras; pruebas para que el alumno verifique él mismo si ha aprendido el contenido de la lección; palabras relacionadas con el mundo del ordenador; ejercicios para encontrar un error en una oración; propuestas para escribir resúmenes. Durante el segundo y el tercer año suele aumentar el contenido de gramática, pero durante el primer año se intenta no asustar al alumno. Sin embargo, el alumno que no estudie en casa, rápidamente pierde contacto con el grupo. La situación es compleja y contradictoria: el alumno debe a la vez aprender algo difícil, trabajar de manera autónoma y disfrutar del trabajo. A esto se puede añadir que a los directores de los colegios les interesan las actividades que den un eco fuera del colegio, como los intercambios de alumnos con otros países; algo interesante para los alumnos pero que roba tiempo y energía a otras actividades.

Para volver a los manuales, en la guía del profesor, se le ofrecen más ejercicios de los que le da tiempo a realizar en clase. Las razones son varias: el profesor puede tener una preferencia por cierto tipo de ejercicio; puede querer ofrecer diferentes tipos de ejercicios a diferentes alumnos para ajustarse a sus distintos perfiles de aprendizaje. El elegir un ejercicio entre varios puede ofrecer al profesor la grata impresión de influir en algo que es bastante impersonal. Además, las guías del profesor actuales suelen incluir una traducción de los textos que están en el libro para los alumnos y del libro de ejercicios; además ofrecen preguntas de examen ya contestadas, para ser copiadas y tener ya la corrección[59]. También suele haber artículos de prensa sobre diferentes fenómenos sociales listos para ser utilizados. Se ofrecen más crucigramas y sugerencias de juegos, todo listo para copiar. Los manuales contienen información sobre los países donde se habla la lengua estudiada, sobre las ciudades, las costumbres y las fiestas, una información

---

[59] Conversación con Urs Göbel en enero del 2009.

que solían aprender los futuros profesores en la universidad. También es casi obligatorio que la editorial ofrezca una página web con un material complementario. El profesor que compre la guía del profesor suele obtener un código para entrar en esa página. En la guía se encuentran también recetas de platos típicos y más juegos. Una novedad son las hojas de autoevaluación, unas hojas que el alumno joven debe mostrar a los padres. Además de todo esto, se incluyen direcciones actualizadas de Internet para que el profesor encuentre fácilmente más información todavía. Una guía de profesor para un año de estudio puede tener 500 páginas, aunque el correspondiente libro de texto del alumno sólo tenga 70.

¿Por qué este cambio? Hay varias razones. Las editoriales quieren vender y ofrecen lo que aprecian los profesores; y son conscientes de que los profesores actuales saben bastante menos de lo que sabían los de la generación anterior. Da que pensar que la guía del profesor hasta puede incluir las preguntas que el profesor debe formular sobre el texto estudiado: preguntas sobre sinónimos, antónimos, palabras que riman o el plural de ciertos sustantivos. Estamos en un nivel cero de la didáctica. Sin embargo, hay que reconocer que la guía del profesor es muy útil si está enfermo el profesor y hay que mandar a un sustituto: éste encuentra un material adecuado ya listo, el grupo puede trabajar con el mismo material que hubiera utilizado el profesor ausente y así el grupo no pierde tiempo. La guía del profesor también resuelve el problema de los profesores a los que se les ha confiado una materia que no han estudiado en su propia formación. La razón puede ser que faltan profesores de esta materia o que faltan horas en el horario del profesor. En otras palabras, se piensa más en la comodidad del centro y en los derechos del profesor que en el derecho del alumno de estudiar con un profesor bien preparado. Se trata de materiales que se pueden llamar *teacher-proof*, es decir, que pueden funcionar también con un profesor mediocre.

Todas las materias son lenguas

La lucha por aprender un nuevo idioma

Una manera de evaluar el aprendizaje de los idiomas en la escuela podría ser mediante la observación de los estudiantes como «productos» de esa enseñanza[60]. Desde que empezó ese enfoque hacia lo comunicativo se discute cuál es la meta de la enseñanza universitaria de idiomas: si practicar la comunicación o convertir al estudiante en una persona culta. Como aporte a esta discusión se hizo un estudio sobre estudiantes universitarios suecos del primer año de castellano. Entre otras cosas se estudiaron los conceptos de aprendizaje y el desarrollo de su interlengua. Se diseñaron una serie de investigaciones utilizando como informantes a los estudiantes de español de una universidad sueca. Participaron estudiantes de los dos primeros semestres pertenecientes a diferentes promociones. Para acceder al curso, el requisito era tener por lo menos tres años de castellano a nivel de bachillerato y poseer el nivel de bachillerato en inglés, sueco y ciencias sociales. Además de los ocho o nueve años de inglés, casi todos habían estudiado también francés o alemán. Muchos de los jóvenes habían pasado, además, un tiempo en un país hispanohablante. El promedio de edad de los estudiantes era de veintitrés años y casi todos eran chicas.

El programa que se les ofrecía consistía en un estudio de textos españoles y latinoamericanos, gramática, fonética, historia y geografía de los países hispanohablantes y, durante el segundo semestre, también algunos textos del Siglo de Oro español. Los exámenes eran escritos. El número de alumnos por grupo variaba entre 15 y 31. No había una selección entre diferentes candidatos para acceder al curso sino que todos los que reunían los requisitos podían empezar a estudiar. Algún que otro estudiante trabajaba algunas

---

[60] Enkvist, Inger. «Conceptions of learning and study goals. First-semester students of Spanish at a Swedish university». Estocolmo: *Studies of higher education and research*, n. 3. 1992.

horas a la semana semana, pero, en general, eran estudiantes a tiempo completo, pagándose los estudios a través de préstamos estatales concedidos a tal fin. La primera investigación intentaba averiguar cómo entendían los estudiantes lo que era estudiar una lengua y cuáles eran sus metas. Se identificaron cuatro niveles de creciente sofisticación.

El primer nivel comprendía entender la lengua, tener un vocabulario amplio, saber mucha gramática, saber pronunciar y tener un cierto conocimiento de los países hispanohablantes. En inglés, este concepto se podría llamar *proficiency*.

El segundo nivel incluía también ser capaz de utilizar los conocimientos en una situación práctica, profesional, por ejemplo, en un trabajo relacionado con el turismo. Además, contemplaba el hecho de saber utilizar la lengua en diferentes niveles estilísticos y entender las bromas y las expresiones ambiguas. De esta forma se manifiesta el deseo de no conformarse con el aspecto cuantitativo de la lengua y la ambición de hablar de manera fluida y correcta: algo cualitativo. En el debate actual sobre el método comunicativo se da más énfasis a la fluidez que a la corrección, pero estos estudiantes insisten en las dos metas sin anteponer la una a la otra.

El tercer nivel incluye saber expresarse de manera integral. El estudiante quiere sentirse relajado al hacer uso del idioma, empleándolo de manera creativa y, además, valiéndose de la lengua para pensar de manera analítica. Este nivel incluye entender cómo diferentes formas de aprendizaje influyen en el aprendiz, y se caracteriza por la introspección y la reflexión sobre su propio aprendizaje, es decir, por un aspecto metacognitivo. En resumen, los estudiantes hablan de: un factor cognitivo basado en el conocimiento, es decir, entender profundamente lo que se dice en la otra lengua; un factor práctico, casi técnico, basado en el conocimiento: saber hablar y escribir la otra lengua de manera fluida y correcta, como un hablante nativo; un factor social basado en el conocimiento: saber interactuar de manera adecuada; un factor psicológico, basado en el conocimiento: saber expresarse como en su lengua propia, de manera matizada, y comunicándose en un nivel profundo. Los estudiantes son muy ambiciosos y, en los niveles superiores, utilizan los adverbios «completamente» y «profundamente». En definitiva, estos estudiantes se adhieren a un concepto «comunicativo» del aprendizaje del idioma, pero en un nivel mucho más profundo del que se habla en los manuales de didáctica. El enfoque marcadamente práctico en boga no recoge la profundidad de las aspiraciones expresadas por estos estudiantes.

Llama también la atención que estos estudiantes utilicen metáforas como «barrera» o «muro» para describir su relación con el español. Es como si oyeran hablar español desde detrás de un muro con gente invisible riéndose y bromeando. Los estudiantes intentan asomarse «trepando» para superar el obstáculo y para ver si van a ser aceptados por quienes están del otro lado. En el estudio de idiomas se suele hablar de dos tipos de metas: una integrativa y otra instrumental. La meta de estos estudiantes claramente es más integrativa que instrumental. Hacia el final del segundo semestre, todos los estudiantes tenían concepciones avanzadas sobre lo que es estudiar un idioma. Su desarrollo había sido rápido. De ninguna manera los estudiantes veían este aprendizaje como algo mecánico sino que hablaban de buscar el sentido y saber expresarse.

El investigador alemán Hans Krings ha publicado un estudio muy citado sobre la traducción al francés, realizado con un grupo de estudiantes alemanes de francés[61]. El resultado de Krings es que estos alumnos dependían más del diccionario de lo que se podría pensar; tendían a interpretar los problemas como problemas de

---

[61] Krings, Hans P. *Was in den Köpfen von Übersetzern vorgeht. Eine empirische Untersuchung zur Struktur des Übersetzungsprozesses an fortgeschrittenen Französichlernern*. Tubinga: Günter Narr, 1986.

vocabulario más que de sentido contextual; y, a pesar de haber estudiado el francés de manera exclusiva durante cuatro años, seguían cometiendo errores bastante elementales. El estudio de Krings subraya que es mucho más difícil aprender un idioma de lo que se suele pensar. Cuatro años es poco tiempo.

Entre los estudiantes suecos, las diferentes investigaciones dan el mismo resultado: el camino hacia el dominio de una lengua es más largo de lo que se suele pensar. En la evaluación de las traducciones de los estudiantes, realizadas por profesores hispanohablantes, quedó patente la importancia de dominar la conjugación de los verbos. Para un hispanohablante, el verbo es lo que organiza una oración. No hay nada que hacer: lo que más trabajo cuesta a un extranjero, la conjugación verbal, es al mismo tiempo lo más importante para que el mensaje se entienda.

Para estudiar el desarrollo de la destreza de los estudiantes, se comparó a un grupo al comienzo y al final de un curso, utilizando respuestas orales y escritas. Como lo más difícil del español para un suecoparlante es la concordancia y la conjugación verbal, ése fue el enfoque en este estudio. Se constató un progreso en el control de la concordancia, pero éste resultaba modesto y más lento de lo que hubieran querido tanto los estudiantes como sus profesores. En otras palabras, la concordancia verbal era mejor después de un año de estudios universitarios, pero distaba de ser perfecta. Al final de dos semestres, los estudiantes siguen aprendiendo y la meta sigue siendo la de hablar y escribir con soltura y corrección. Circula la idea de que aprender una lengua sería algo mecánico, aburrido, no muy intelectual. Esa idea es extraña porque el estudio de un idioma exige un esfuerzo constante por comprender. A pesar de no tener ninguna clase específica sobre comprensión, los estudiantes de idiomas avanzan rápidamente en su capacidad general de analizar textos. Aprender un idioma es un quehacer híbrido en el sentido de que el estudiante utiliza todos sus saberes anteriores: sus conocimientos de otros idiomas, de historia, de geografía y de datos recogidos durante la lectura de novelas.

La importancia de aprender a luchar con los textos en lenguas extranjeras queda patente con una investigación del pedagogo sueco Roger Säljö. Trabajó sobre estudiantes de ciencias sociales y se dio cuenta de que muchos de ellos no aprendían porque no entendían los textos a pesar de estar escritos en su propia lengua y no sabían cómo estudiar. Säljö identificó cuatro actitudes diferentes frente al estudio:

1. *Enfoque superficial y pasivo*. El estudiante recoge algún que otro dato, pero sin buscar una relación entre ellos.

2. *Enfoque superficial activo*. El estudiante estudia bastante y recoge unos cuantos datos correctos sin ver todavía cómo están relacionados los unos con los otros.

3. *Enfoque profundo pasivo*. El estudiante aprende unos cuantos datos correctos y es consciente de cómo están relacionados entre sí.

4. *Enfoque profundo activo*. El estudiante aprende muchos datos correctos, ve cómo están relacionados los unos con los otros y sabe distinguir entre una regla y un ejemplo.

El investigador concluye que, para obtener buenos resultados, los estudiantes precisan saber estudiar bien. Necesitan conocimientos previos para entender el material, además de buenos hábitos de aprendizaje. Si el estudiante se siente aburrido, si dispone de poco tiempo o si la tarea es demasiado difícil, tiende a adoptar un enfoque superficial. No intenta aprender sino quitarse de encima la tarea. Si el estudiante siente interés, dedica más tiempo a la tarea y llega a ver cómo está organizado el campo en cuestión. En una palabra: adopta un enfoque profundo. Lo que hubiera podido añadir el investigador es que los resultados subrayan la importancia de un currículo consecuente y exigente durante toda la escolaridad del alumno para que éste llegue a adoptar casi siempre el deseado enfoque profundo y activo.

Esta investigación ilustra indirectamente que el estudio profundo de un idioma extranjero muy pronto lleva al estudiante a comprender la complejidad del funcionamiento de una lengua. Luchando con textos novelísticos, el estudiante se da cuenta de la existencia de diferentes registros: por ejemplo, sociales, culturales e históricos. Su lucha diaria por expresarse oralmente y por escrito le convierte a la vez en ambicioso e hipercrítico consigo mismo. La típica frustración del estudiante de idiomas nace de la comprensión de lo que es saber una lengua y su propia torpeza al expresarse en la nueva lengua. Lo que es seguro es que los estudiantes agradecen todo lo que han aprendido en la escuela obligatoria y el bachillerato.

Estudiantes de idiomas poco preparados en la universidad

La nueva pedagogía puede tener como consecuencia una falta de preparación para los estudios superiores. En un estudio sueco se preguntó en 2005 a unos sesenta profesores universitarios a propósito de cómo habían cambiado los estudiantes de idiomas desde 1990[62]. El creciente enfoque en lo práctico y lo oral ha dado por resultado una mejora de la destreza oral de los estudiantes en cuanto a la pronunciación, la fluidez oral y el atreverse a hablar. Los estudiantes han viajado más y han visto más películas y documentales en la televisión, es decir, que la mejora proviene, en parte, de causas externas al aula de idiomas. Los estudiantes saben usar frasecillas, muletillas, y son capaces de conversar sobre temas cotidianos. Saben más que antes de la vida diaria en el país estudiado pero no conocen la cultura en el sentido de la historia o la literatura del país y han leído menos.

---

[62] Enkvist, Inger. *Trängd mellan politik och pedagogik Svensk språkutbildning efter 1990*. Moheda: Gidlunds, 2005.

Lo que se ha perdido es más importante que lo ganado. Los profesores universitarios lamentan el descenso de conocimientos y comentan que los estudiantes están acostumbrados a aprobar con poco esfuerzo. Hay buenos estudiantes pero los catedráticos mencionan en primer lugar a los estudiantes universitarios problemáticos, los que carecen de una preparación adecuada y no siempre se esfuerzan tanto como necesitarían. Al revés, si se les exige esfuerzo en la universidad, su primera reacción puede ser la de quejarse. En las observaciones que siguen, es notoria la desilusión de los profesores ante unos estudiantes admitidos con los niveles mínimos estipulados por el Estado. Los comentarios destacan la situación de los estudiantes que menos saben y no la de los que sacan buenos resultados, algo que se puede leer como una crítica a la política de «puertas abiertas» en la educación. La importancia adjudicada por los profesores a estos estudiantes podría estar relacionada con el hecho de que la presencia de jóvenes sin perfil universitario en las aulas, desanima a los profesores.

Un profesor de inglés empezó diciendo que los conocimientos previos de sus estudiantes varían de lo excelente a lo absurdamente flojo. Hay estudiantes con una capacidad casi nula para escribir correctamente el inglés. Muchos profesores repiten que convendría tener una prueba de acceso. Hay un consenso total entre los profesores para decir que los estudiantes saben menos de análisis gramatical. El profesor no puede estar nunca seguro de ningún tipo de conocimiento previo y los departamentos de idiomas intentan subsanar el problema ofreciendo cursos rápidos de gramática de un nivel que solían dominar los alumnos de catorce años. Sin embargo, un curso rápido no da la misma seguridad que haber aprendido año tras año y haber utilizado este conocimiento en los estudios. Otro profesor de inglés se lamenta de que muchos centros escolares ya ni siquiera compran libros de gramática, sino que se contentan con los apartados gramaticales en los manuales. Algunos alumnos no han visto un libro de gramática en su vida y menos han aprendido a servirse de uno. Muchos han hecho ejercicios de gramática sin haber aprendido cómo se llama el fenómeno que han practicado. Los profesores creen que algo dramático sucedió a mediados de los años 90, porque, de pronto, no eran estudiantes aislados los que tenían problemas con la gramática, sino la mayoría. Esta inseguridad de los estudiantes contrasta con sus preguntas sobre cuáles son las perspectivas profesionales para los que hablan la lengua en cuestión.

Los futuros profesores son los más problemáticos, y en particular los futuros profesores de primaria. Han aprendido a usar términos como proceso, reflexión, carpeta y valores pero no los términos resultado y medición. Es lógico que no quieran que se midan sus propios conocimientos. Los profesores universitarios se asombran: ¿cómo van a poder enseñar estos estudiantes algo que no saben ellos mismos? ¿Por qué quieren enseñar una lengua si no son buenos en ella?

Varios profesores sostienen que la cultura general de los estudiantes ya no es la que solían tener hace unas décadas. Los estudiantes cojean en historia sueca y en historia universal, y por eso deberían estudiar cursos de historia y geografía, pero, ya que también tienen carencias por ejemplo en gramática, no es fácil decidir qué es lo más urgente. En el bachillerato, como hemos comentado, cada vez es más frecuente estudiar la historia y la geografía en proyectos. Es decir, no se estudia de manera sistemática, sino que el alumno se concentra en un caso o un aspecto. Así, los estudiantes no llegan a desarrollar una estructura cronológica o geográfica. Si hay estudiantes de más edad en el grupo, casi siempre son ellos los que tienen los mejores conocimientos de este tipo.

Entre los estudiantes universitarios más flojos hay un menor dominio general de la propia lengua en su forma escrita. No tienen afianzada la idea misma de que la lengua escrita sigue ciertas normas, que es una «lengua extranjera» que hay que aprender. En el colegio y el bachillerato, los estudiantes han aprendido a ver la escritura como algo personal y consideran que lo importante es expresar su propia opinión. No han aprendido a ver la escritura como una manera de comunicarse con personas que no conocen la situación inmediata en la que está el estudiante. Al concebir la escritura como un proceso personal, tampoco admiten la idea de que otra persona corrija lo escrito, pues se trata de la expresión de la personalidad del alumno. Para ellos, no hay una diferencia clara entre los apuntes personales y la escritura de uso público. Lo privado ha sido elevado a la categoría de lo público.

El estudiante promedio ha leído pocos libros. Hay estudiantes que sólo han leído unos cuantos libros en su vida entera y no entienden por qué deberían leer ahora otros tantos en otra lengua y en sólo unos meses. Como han leído poco, leen lentamente, no pueden comparar con otras lecturas, les es difícil prever lo que va a suceder. En la universidad se quiere conseguir que los estudiantes aprendan a manejar volúmenes relativamente grandes de textos y esto de manera relativamente rápida y competente. Para los estudiantes es a la vez un problema técnico y práctico, pero sobre todo un problema cultural, porque quieren estudiar materias humanísticas sin presentar un perfil de lectores y sin disponer de un marco de referencias adecuado. La lectura y en particular la lectura de novelas solía constituir el núcleo del aprendizaje de un idioma. Los tiempos han cambiado, porque en el bachillerato los alumnos más que textos enteros leen fragmentos de textos, mezclados con ilustraciones y preguntas, lo cual lleva a que la lectura de una novela parezca algo difícil. Por eso, los departamentos eligen ahora los primeros libros dentro de la literatura de entretenimiento, la literatura *light*, para que los estudiantes no se quejen. Es un problema extra el que los estudiantes no estén acostumbrados a estudiar la literatura de manera objetiva. Quieren estudiar otra cultura, pero la enseñanza que han recibido les ha invitado a centrarse en sí mismos. La tendencia actual es la de empezar temprano con el inglés y posponer el comienzo del estudio de otros idiomas, algo conectado con la idea de no diferenciar a los alumnos en la escuela obligatoria. Sin embargo, empezar tarde tiene como consecuencia que el tiempo para aprender es breve. Además, la pedagogía de la autonomía permite al estudiante elegir tarea o método de trabajo, lo cual podría retrasar su maduración. El resultado es de nuevo el infantilismo.

La inmersión como método de aprendizaje de idiomas

Entre los investigadores especializados en el aprendizaje de idiomas se suelen descartar tanto la enseñanza tradicional, por su acento en lo escrito, como la comunicativa, por obtener resultados modestos. En parte, la falta de eficacia está conectada con las pocas horas de las que disponen en el horario lectivo, en contraste con el tiempo que realmente se necesita para aprender una lengua. Estos investigadores se interesan sobre todo por el aspecto oral de la lengua y su método favorito es la llamada «inmersión». Para entender lo que es la inmersión, es bueno saber que se trata de un método conectado con la adquisición, con el aprendizaje como algo automático, similar a la adquisición de la lengua materna pero dentro del colegio.

El concepto de inmersión empezó a difundirse en los años setenta, a partir de unas experiencias canadienses. Eran las épocas del separatismo francófono de la provincia de Quebec y los activistas francófonos decían temer ser engullidos por el inglés. En esa situación se organizaron unas experiencias con alumnos angloparlantes viviendo en provincias angloparlantes. Se les dio parte de la escolarización en francés, es decir, estudiaban por ejemplo las matemáticas o la geografía en francés. Las primeras evaluaciones eran muy positivas y se decía que los alumnos no perdían nada en conocimientos escolares ni en destreza de inglés y ganaban el dominio de otra lengua. En resumen, sólo había beneficios.

Sin embargo, con el tiempo se considera que el buen resultado se explica en parte por el contexto excepcional de estos primeros intentos. Estos alumnos vivían en regiones en las que su propia lengua, el inglés, estaba sólidamente instalada y no amenazada. Los alumnos tenían un buen manejo oral y escrito de su propia lengua que, además, era una lengua de prestigio en la región. Eran voluntarios y tanto ellos como sus padres habían elegido esta forma de escolarización. Los profesores eran francófonos de nacimiento y poseían una formación docente en su materia. Con el tiempo se vio que los alumnos adquirían precisamente aquello a lo que habían sido expuestos: un francés escolar. No adquirían un francés oral adecuado para el trato con otros adolescentes o para una conversación cotidiana, lo cual es natural y lógico, ya que no usaban el francés en su tiempo libre. En cuanto a su destreza lingüística, no dominaban toda la conjugación de los verbos. Otra observación es que no tenían necesariamente un concepto positivo de Francia y lo francés y no todos buscaban contactos con el mundo francófono después de terminar sus estudios. En cierto modo, aprender francés fue para ellos una destreza social positiva, quizá comparable a saber tocar el piano. Además, fue claramente un proyecto más político que lingüístico, porque no se montaron cursos de inmersión de inglés en Quebec. No se trataba de lo útil para los alumnos en Quebec, ni de un conocimiento recíproco entre canadienses de diferentes lenguas. Cuando las autoridades se interesan por la inmersión, casi siempre está presente esta ambigüedad política.

Además, en diferentes experimentos de inmersión se ha comprobado que los resultados varían según la edad a la que entran los alumnos en el programa, a qué edad salen del programa, cuántas horas por semana estudian en la nueva lengua, cuántas horas tienen de otras materias, qué calidad tiene la enseñanza, y un largo etcétera. Además, es casi imposible encontrar estudios que comparen la inmersión con los resultados que se hubieran podido conseguir usando el dinero y el esfuerzo de la escuela de otro modo.

En un estudio sobre un colegio judío plurilingüe en Canadá se enfatiza que unos programas tan ambiciosos como son los colegios plurilingües, necesitan un compromiso fuerte y continuado por parte de los alumnos, las familias, los profesores y la administración escolar. Si los alumnos siguen, por ejemplo, un programa de inmersión doble, necesariamente deben recibir más clases, mantenerse bastante más tiempo en el programa y trabajar mucho. Además, hay que prever clases de apoyo y un servicio de consejeros de diferentes tipos.

Vale la pena retomar y completar la lista de factores que contribuyen al éxito de un programa de inmersión: los padres y el alumno eligen libremente participar en el programa; la lengua materna del alumno tiene un estatus más alto que la lengua en la que se va a estudiar; todos los alumnos del grupo tienen la misma primera lengua; el profesor entiende la lengua de los alumnos; ningún alumno del grupo tiene la nueva lengua como lengua materna; la lengua materna de los alumnos está bastante desarrollada cuando se inicia el aprendizaje de la nueva lengua; los alumnos ya están alfabetizados en la primera lengua; y, además, su lengua materna es la lengua utilizada en todas las actividades sociales fuera del colegio. Con esto, se ve que cuando la inmersión se aplica en otras circunstancias, las experiencias canadienses no sirven como aval. Lo que empezó como un proyecto voluntario se usó más tarde en otros países en los que las autoridades querían cambiar las costumbres lingüísticas de los habitantes[63].

---

[63] Cenoz, Jasone – Genesee, Fred (eds.). *Trends in bilingual acquisition*. Amsterdam: Benjamins, 2001. Cenoz, Jasone – Genesee, Fred (eds) *Beyond bilingualism. Multilingualism and multilingual education*. Clevedon: Multilingual matters, 1998.

Todas las materias son lenguas

Estudiar en otra lengua sin salir de su país

En muchos países existen, desde hace tiempo, colegios que enseñan en una lengua extranjera y ofrecen la posibilidad de estudiar según el plan de estudios del país extranjero en cuestión, añadiendo la lengua local. Es algo parecido a la inmersión, pero es menos radical y no sólo está vinculado a la adquisición sino también al aprendizaje. En los países hispanohablantes hay por ejemplo colegios británicos, americanos, alemanes, franceses e italianos. Los institutos que ofrecen el programa llamado *International Baccalaureate* siguen un currículo similar al británico, emplean a profesores que son hablantes nativos del inglés y, al final de la escolarización, los alumnos se presentan a un examen internacional. Las plazas en estos colegios suelen ser solicitadas por alumnos ambiciosos que cuentan con el apoyo de su familia y suelen lograr buenos resultados.

Además de estos modelos conocidos desde hace tiempo, ha aparecido un nuevo fenómeno y es el de estudiar según el currículo del propio país pero tener la enseñanza y los manuales en inglés. La idea general es preparar al joven para los estudios universitarios y para un mercado laboral internacional. En algunos países en los que la nueva pedagogía ha hecho descender el nivel de calidad, las familias pueden optar por esta fórmula también para escapar de una educación que ya no les inspira confianza. No se trata de lo mismo que la inmersión canadiense porque la lengua estudiada no se habla en el país; la lengua de los alumnos no tiene más prestigio que la estudiada; los profesores no son siempre hablantes nativos y no tienen siempre formación docente.

Esta variante de educación ha despertado interés en Suecia. El sueco es hablado por 9 millones de personas y con eso ocupa el lugar número 90 entre las lenguas del mundo, ya que pocos extranjeros hablan sueco. Por esta razón, los suecos han aprendido a hablar inglés, lengua que se ha convertido en la segunda más hablada en Suecia. Desde hace algunos años, los alumnos pueden estudiar algunas materias en inglés y muchas veces lo hacen, porque piensan que el inglés les va a ser útil en el mercado laboral[64]. Bastantes alumnos y padres de alumnos consideran más importante el inglés que el sueco, y en particular piensan así muchos inmigrantes. El problema visible de este tipo de enseñanza es que el alumno aprende la terminología en otra lengua, pero hay otro problema invisible, y es que puede aparecer una falta de seguridad en cuanto a la lengua materna. Un estudio sobre dos grupos de bachillerato, uno de ellos estudiando las materias en inglés, nos informa indirectamente sobre lo que aportan al dominio de la lengua materna, de manera casi invisible, los años de bachillerato. El grupo con enseñanza en inglés había atraído a alumnos con notas más altas y estos alumnos trabajaban mucho[65]. Sin embargo, la escuela no había atraído a suficientes buenos profesores y, en particular, su nivel de inglés no era siempre excelente. Los alumnos terminaron por no haber avanzado tanto en inglés como habían esperado al entrar al programa. A pesar de las opiniones positivas expresadas, tanto por los alumnos como por los profesores, la evaluadora cree que las clases eran más formales de lo usual y que el intercambio oral entre profesor y alumnos era menos libre. En cuanto al desarrollo de la lengua sueca, observa que los alumnos que habían estudiado en inglés cometían algunos errores que suelen cometer los hablantes del sueco como segunda lengua, como las equivocaciones en el uso de las preposiciones y el no saber identificar qué palabras son compuestas. Además de los errores mencionados, los alumnos también se equivocaban en la selección de palabras; introducían

---

[64] En inglés, se habla de *content and language integrated learning*, CLIL.
[65] Falk, Maria Lim. *Svenska i engelskspråkig miljö. Ämnesrelaterat språkbruk i två gymnasieskolor*. Estocolmo: Universidad de Estocolmo, 2008.

nuevos significados para palabras conocidas y utilizaban expresiones hechas del inglés en traducción al sueco. También se veían construcciones gramaticales inglesas como el genitivo con apóstrofe[66]. Todo esto indica que muchos alumnos necesitan los años de bachillerato para desarrollar y automatizar su lengua materna. También indica que los alumnos y las familias ven su propia lengua como un instrumento de comunicación intercambiable y no como una lengua de pensamiento y de cultura. Ya que los alumnos nunca han reflexionado sobre estos aspectos, tampoco saben lo que están perdiendo si eligen estudiar en otra lengua. Ver lo que se gana pero no lo que se pierde es frecuente cuando se introducen novedades en la educación.

En otra evaluación de este tipo de enseñanza, los autores se muestran cautos y terminan con la recomendación de aprender inglés como lengua extranjera pero modernizando la enseñanza de inglés, integrándola con otras asignaturas[67]. En primer lugar, se recomienda mejorar la formación de los profesores de inglés. Además, lo que preocupa a estos expertos no es tanto la terminología y los préstamos de otras lenguas sino la pérdida para la lengua de ciertos campos de comunicación como puede ser la investigación. Creen que estos experimentos subestiman la importancia de la lengua para el pensamiento y la memoria. También les preocupan las consecuencias sociales de un uso más extendido de otra lengua, en este caso el inglés, ya que la tendencia es a que los alumnos del bachillerato teórico manejen bien el inglés, no siendo siempre el caso en los alumnos de formación profesional.

En esa discusión no se deben perder de vista las diferencias entre las distintas formas de aprendizaje[68]. Un niño ha estado

---

[66] *Sprint - hot eller möjlighet?* Estocolmo: Skolverket, 2001.
[67] *Engelskan i Sverige. Språkval i utbildning, arbete och kulturliv.* Estocolmo: Svenska språknämnden, 2004.
[68] Viberg, Åke. *Vägen till ett nytt språk.* 1987.

expuesto a su lengua materna durante unas 12.000 o 15.000 horas antes de empezar el colegio. Al terminar los estudios obligatorios a los dieciséis años, podría disponer fácilmente de un vocabulario de 30.000 palabras y quizá muchas más. En la educación obligatoria, un alumno sueco promedio quizá esté «expuesto» a unas 400 horas de enseñanza de inglés. Aunque se añadan horas en diferentes tipos de programas, estamos hablando de un contacto mucho más limitado con la otra lengua que con la primera lengua. Además, para que funcione bien una lengua para la comunicación tiene que estar automatizada. Cuando alguien habla, un ritmo de 130 palabras por minuto es un ritmo normal, no muy rápido. Para entender cuándo otra persona pronuncia 130 palabras por minuto, el cerebro que escucha, el receptor, tiene que tener un vocabulario bien organizado para poder identificar las palabras e interpretar el mensaje. Las exigencias de automatización son más grandes todavía cuando alguien tiene que componer un mensaje, produciendo 130 palabras por minuto.

El uso del inglés como lengua vehicular en la enseñanza ha despertado una oposición de otro tipo: es frecuente oír que las otras lenguas están «invadidas» por el inglés. Bastantes empresas con sucursales en varios países tienen el inglés como lengua de comunicación dentro de la empresa, mientras que en las oficinas y talleres lo normal es seguir hablando la lengua del país. Los activistas hablan de la dominación del inglés como si fuera una persona y como si estudiar inglés fuera una imposición. Para ellos, estudiar en inglés sería un acto de autocolonización. Los expertos no ven ningún riesgo inmediato de invasión porque las nuevas palabras son en primer lugar de vocabulario y en particular de sustantivos o verbos; pocas veces hay una influencia en la sintaxis o en la pronunciación. Una lengua tiene una capacidad enorme de absorber palabras extranjeras sin dejarse modificar profundamente.

Los mismos activistas suelen estar a favor de las lenguas minoritarias y del derecho de los inmigrantes de conservar su lengua y esa confusión entre la lengua como «persona» y las personas hablando cierta lengua, produce resultados inesperados e irónicos que indican que se trata de un pensamiento incoherente. Por ejemplo, entre los alumnos que solicitan una plaza en los programas impartidos en inglés hay muchos inmigrantes. Para ellos, la lengua del país en el que se encuentran podría ser una lengua minoritaria no muy interesante; podrían prever para ellos mismos un mejor futuro en un país angloparlante. En su proyecto personal de vida, el país en el que viven podría ser un lugar de tránsito, una plataforma para llegar más lejos. Esta actitud pragmática nos recuerda la actitud de los alumnos de origen asiático en los Estados Unidos. Otra contradicción es que los inmigrantes en cuestión podrían venir de países en los que se habla español o árabe, es decir lenguas dominantes en otras partes del mundo.

PAÍSES MULTILINGÜES Y EDUCACIÓN DE LOS INMIGRANTES

Se hablan unas 6.000 lenguas en el mundo y hay casi 200 países, es decir, es normal que se hable más de una lengua en un país. Las lenguas son creaciones humanas y unas cuantas de estas lenguas se han desarrollado mucho más que otras. Si un individuo añade otras lenguas a su repertorio de conocimientos, se enriquece y no traiciona a sus raíces. Nadie tiene la obligación de seguir viviendo dentro de una lengua para mantenerla viva; se puede hacer por tradición, por gusto o por adherirse a una ideología de mantenimiento de lenguas, pero se trata de una elección personal como leer libros de aventuras, pintar al óleo o hacer gimnasia. Las lenguas pueden desaparecer si nadie las habla, pero también se construyen nuevas lenguas, por ejemplo juntando elementos de diferentes dialectos. Algunos activistas hablan de las lenguas como si fueran especies biológicas que necesitaran de protección, como si se tratara de un ecosistema o como si fueran personas, siguiendo con el ya mencionado antropomorfismo lingüístico.

Los que no se dedican a las lenguas profesionalmente a veces no entienden que las lenguas son más un área de conflicto que de convivencia. En Bélgica, la falta de simpatía entre flamencohablantes y francófonos ha llevado, en más de una ocasión, a que

Países multilingües y educación de los inmigrantes

en el parlamento no se ha podido realizar una coalición para gobernar al país. A este respecto, el hecho de que en Bruselas se encuentren las organizaciones de la Unión Europea no ha ayudado en absoluto. Suiza, por ejemplo, es un país trilingüe. Allí se habla el alemán, el francés y el italiano (o cuatrilingüe, si contamos el retorromance). Pero esto no significa que todos hablen estas lenguas; sólo significa que los suizos han encontrado una manera de vivir en paz con sus diferencias. Un suizo puede vivir muy cerca de la frontera interna lingüística, tener enseñanza obligatoria de otra de las lenguas nacionales y casi no aprender nada de ella, porque quiere distanciarse mentalmente del otro grupo lingüístico.

El estatus de una lengua en una determinada región geográfica no está dado de una vez para siempre. En el antiguo bloque del Este europeo, el ruso solía ser una lengua obligatoria, pero es mínimo el resultado educativo de tantas horas obligatorias de esta lengua. Como acto de resistencia política, los alumnos no aprendían. Hoy el idioma extranjero en boga entre los jóvenes en Polonia y Chequia es el inglés, para ellos la lengua de la libertad. En los países bálticos, que formaron parte de la Unión Soviética, hay una importante minoría rusoparlante, pero los bálticos usan el estonio, el letón y el lituano para construir su Estado nacional y el inglés para acercarse a la Unión Europea. Como hemos visto, en Finlandia hay una minoría suecoparlante y el sueco está presente en el currículo; sin embargo, cada vez menos finéshablantes manejan el sueco. Mientras existía la Unión Soviética, los finlandeses usaban el sueco para reforzar su identidad como país escandinavo, pero ya no es necesario y muchos jóvenes consideran que el sueco es una exigencia inútil y que es mejor estudiar «directamente» el inglés. Una tendencia nueva que ahora se ha vuelto popular, es estudiar ruso debido a que el turismo proveniente de Rusia va en aumento.

La buena y la mala educación

No es fácil organizar la educación en países con muchas lenguas[1]. En Luxemburgo, hay un sistema educativo multilingüe con el alemán, el francés, el inglés y el luxemburgués, que es una lengua similar al alemán. El programa de estudio es muy ambicioso y los resultados generales son excelentes, pero aun así hay cierto porcentaje de fracaso escolar, en particular entre los inmigrantes. En países africanos, como Eritrea, el tener muchas lenguas en la educación (en este caso el tigriña, el árabe y el inglés), carecer de profesores formados adecuadamente y carecer de libros adecuados, significa imponer a los alumnos una carga muy pesada de aprendizaje. En Filipinas, otro país multilingüe, también se habla de la dificultad de encontrar buenos profesores y buenos libros[2]. Para poder estudiar, los estudiantes filipinos deben haber progresado bastante en la lengua de instrucción antes de la edad de los diez años, porque muchos de ellos van a leer, explicar, discutir y escribir en una lengua que no es su lengua materna.

En los años setenta aparecieron en Occidente una serie de movimientos culturales que han influido poderosamente en el mundo de la educación. Hemos hablado ya de la nueva pedagogía, de las actitudes ante la educación de los inmigrantes en los Estados Unidos y en Francia, así como del experimento de la inmersión en Canadá. Todos estos cambios están relacionados con una corriente que se podría llamar la «nueva etnicidad» que habla, en tonos casi religiosos, de un «despertar» étnico[3]. En el campo de las lenguas,

---

[1] Véase también Cenoz, Jasone – Genesee, Fred (eds). *Trends in bilingual acquisition*. Amsterdam: Benjamins, 2001. Genesee, Fred – Paradis, Johanne – Crago, Martha B. *Dual language development and disorders*. Baltimore: Paul Brookes, 2004.

[2] Cenoz, Jasone – Genesee, Fred (eds) *Beyond bilingualism. Multilingualism and multilingual education*. Clevedon: Multilingual matters, 1998.

[3] Hyltenstam, Kenneth – Stroud, Christopher. *Språkbyte och språkbevarande. Om samiskan och andra minoritetsspråk*. Lund: Studentlitteratur, 1991. Otro libro sobre el mismo tema es Dahl, Östen. *Språkets enhet och mångfald*. Lund: Studentlitteratur, [2000] 2007.

la corriente adopta la forma de una defensa de las lenguas minoritarias. Los defensores de las lenguas minoritarias sospechan de la escuela, porque temen la influencia de los valores de la mayoría. No suelen tomar en cuenta lo que podría ser bueno para los individuos o para el país, sino que la argumentación se basa en lo bueno de la lengua, como si la lengua fuera una persona con derechos. Tampoco mencionan que la minoría suele querer imponer sus propios deseos si puede, comportándose como la mayoría a la que ella misma critica.

Hay dilemas en cuanto a la conservación de las lenguas regionales, porque sus defensores podrían tender a aislarse como una medida de protección, algo llamativo cuando la tendencia actual es abrirse a otras culturas. Puede ser difícil encontrar un equilibrio entre lo local y la apertura al mundo, entre fomentar la lealtad hacia el pequeño grupo sintiéndose diferente y el participar en la vida moderna. La movilidad y la educación pueden concebirse como peligros, porque los jóvenes quieren salir, ver el mundo y quizá trasladarse a la capital para trabajar. Si no hablan bien la lengua de la capital, quizá se tengan que quedar en casa. Hasta buscar pareja fuera del grupo puede ser criticado, en determinados casos, porque nada garantiza que se eduque a los hijos en la lengua minoritaria en cuestión.

Las teorías asociadas a Foucault que dividen a las personas en dominantes o dominados han tenido mucha importancia para lo que se escribe hoy sobre las lenguas. Todo lo llamado mayoritario ha adquirido un matiz negativo y lo minoritario un matiz positivo. La corriente anterior era enaltecer lo común y lo estatal, mientras que ahora es como si los hablantes de las lenguas minoritarias debieran dedicarse a tiempo completo a defender la lengua minoritaria; serían prisioneros de esta herencia. En vez de ver la escuela como la emancipación de la ignorancia y una instancia de solidaridad social, ciertos activistas la ven como un instrumento de dominación si en ella se usa la lengua mayoritaria.

Los que defienden con particular vehemencia a las minorías lingüísticas nacionales suelen ser las mismas personas que defienden los derechos de los inmigrantes a mantener su lengua y sus costumbres, algo contradictorio, porque los inmigrantes han venido al nuevo país para acogerse a la situación social y económica que ha conseguido crear la mayoría del nuevo país. Quizá hablan la lengua mayoritaria en su país y es sólo por haberse trasladado a otro país que parecen ser hablantes de una lengua minoritaria. En su caso, la discusión se centra en hasta qué punto necesitan desarrollar la nueva lengua y en qué medida la nueva sociedad debe ayudarlos activamente a conservar la lengua de la comunidad que han dejado atrás. Si vienen de culturas sobre todo orales, la situación no tiene que ver sólo con el cambio de lengua. Para aprender bien una nueva lengua y poder usarla en la educación, es importante tener conocimientos de todo tipo y es necesario desarrollar una afición por la lectura. Dicho de otro modo: los inmigrantes que vienen al nuevo país en edad escolar necesitan esforzarse constantemente por aprender y por leer mucho. Por lo menos se necesitan dos años para poder participar en una conversación diaria y de cuatro a ocho años para poder aprender las materias al mismo ritmo que otros alumnos. El profesor suele ser la fuente principal de conocimientos. Ya que la escuela sólo es una de las fuentes de lenguaje, hay que leer, y un inmigrante que quiere ponerse al nivel de los otros alumnos, tiene que leer mucho; no hay otra alternativa. Los inmigrantes necesitan más que otros tener buenos profesores y un programa exigente y de calidad. En otros términos, un país difícilmente puede esperar buenos resultados si simultáneamente adopta en su sistema educativo la nueva pedagogía y recibe al mismo tiempo grandes contingentes de inmigrantes.

Países multilingües y educación de los inmigrantes

Los inmigrantes y la lengua de la casa

Las referencias a la importancia de la lengua en la educación y al largo camino de un joven hacia un lenguaje matizado y correcto nos sirven como trasfondo para entender en qué es especial la situación de los alumnos inmigrantes. No están en una situación de aprendizaje de «lengua extranjera» estándar, porque la nueva lengua se habla por todas partes alrededor de ellos; tampoco están exactamente en una situación de inmersión, como en las experiencias canadienses, porque no han elegido aprender la nueva lengua como una opción entre otras. Su situación está caracterizada por la decisión de sus familias de trasladarse al nuevo país por diferentes motivos y, muchas veces, su situación escolar se complica precisamente por los problemas familiares.

Muchos países vacilan sobre cómo integrar a los hijos de los inmigrantes en los sistemas educativos y especialmente si el susodicho país ha adoptado la nueva pedagogía, basada casi exclusivamente en la iniciativa del propio alumno. Ya que Suecia ha sido un país pionero tanto en la nueva pedagogía como en tener un programa de apoyo a los inmigrantes, puede resultar interesante para otros países saber cuál ha sido su experiencia a este respecto. Echemos primero un vistazo a la historia. Después de ser un país de emigración hasta 1920, la situación económica en Suecia mejoró. A finales de los años sesenta y al comienzo de los años setenta, Suecia se convirtió en un país receptor de inmigración laboral, en primer lugar de Finlandia y de países como Italia, Grecia, Yugoslavia y Turquía. Estos inmigrantes empezaron a trabajar inmediatamente; se les ofrecieron cursos de sueco para extranjeros, una novedad total; y a sus hijos se les puso en el colegio sueco para que aprendieran junto con los otros alumnos y, en general, se integraron rápidamente. Sin embargo, en 1975 cambió la política. Se dio por terminada la inmigración de mano de obra y se pasó a acoger solamente a refugiados políticos. Según la nueva ley, la relación entre los habitantes nativos del país y los refugiados se iba a caracterizar por tres factores: igualdad, libre elección y colaboración[4]. El primer grupo de refugiados fueron los chilenos y los argentinos a mediados de los años setenta, después siguieron los iraníes, los libaneses, los sirios, los eritreos, los somalíes, los ex yugoslavos y los iraquíes. Muchos de estos refugiados han tenido dificultades para insertarse en un mercado laboral en el que cada vez más han desaparecido los trabajos poco cualificados y ha aumentado el trabajo flexible por proyecto y en equipo, más dependiente del lenguaje y del nivel cultural.

La enseñanza de los alumnos de origen extranjero es un asunto de enorme importancia, porque, en el año 2005, un 15% de los niños en la enseñanza preescolar sueca usaba una lengua distinta del sueco en su casa: unos 58.000 niños. Para el año lectivo 2010-2011, se calcula que un 20% de los alumnos en los colegios suecos serán de familias inmigradas. En bastantes casos, el lenguaje sueco de estos alumnos es elemental, lo cual va en contra de lo estipulado en los currículos y en contra del adecuado desarrollo de la democracia. Se ha mostrado una y otra vez que saber bien la lengua de la enseñanza, la lengua vehicular, es la base para sacar buenos resultados escolares y para la integración social.

Todos los alumnos tienen derecho a una enseñanza de la «lengua de su país de origen» si usan otra lengua distinta que el sueco para la comunicación en su propio hogar. La meta de la enseñanza de esta lengua de su país de origen es que los alumnos la aprendan en su forma estándar hablada y escrita para que puedan moverse correctamente en diferentes ambientes. Sin embargo, hay una ambigüedad: ¿Cuál es la meta: favorecer la integración en el nuevo país o

---

[4] Fredriksson, Ulf. *Reading skills among students of Immigrant origin in Stockholm*. Universidad de Estocolmo, 2002. p. 73

mantener el lazo del inmigrante con su antiguo país? ¿Qué hacer si la familia por razones culturales no apoya los esfuerzos de la escuela? Sólo la mitad de los que pueden pedir clases de su lengua de origen lo hacen y esto por varias razones: porque la enseñanza les deja poco tiempo libre, porque los grupos son heterogéneos en edad, por las pocas horas de enseñanza y por los horarios incómodos. Además, muchos docentes de la lengua del país de origen carecen de un título de docente de su país y se han convertido en profesores de su lengua nativa para insertarse en el nuevo mercado laboral. Sólo algunos de estos profesores logran superar la prueba de sueco para estudiar en la universidad y, por consiguiente, no logran colocarse en puestos fijos en la escuela sueca.

En un informe público sobre la situación de las lenguas en Suecia hay una argumentación interesante sobre lo que debe ser la lengua en una sociedad moderna con inmigración[5]. Se dice que el sueco es la lengua principal, que debe ser una lengua completa para todas las circunstancias y que debe ser la base de la convivencia social. El sueco oficial debe ser una lengua cuidada, sencilla y comprensible. Todos los que viven en Suecia deben tener la posibilidad de aprender, desarrollar y utilizar el sueco. No se habla de obligación de conocerlo. Una ley anterior dio mucho énfasis a la obligación de las autoridades de usar una lengua comprensible en su contacto con los ciudadanos, pero la ley no prevé una obligación correspondiente por parte de los ciudadanos[6]. La nueva ley también enfatiza el derecho de hablar varias lenguas, pero no menciona el esfuerzo necesario para aprender esas lenguas ni para mantener el nivel adquirido.

---

[5] *Värna språken. Betänkande av Språklagsutredningen.* Estocolmo: Statens offentliga utredningar, 2008.

[6] *Klarspråk: en grund för god offentlig service: språkvårdsutredningens rapport.* Estocolmo: Liber, 1985.

En 1976, en conexión con la nueva ley, se dio dinero a la investigación incipiente sobre el bilingüismo de los inmigrantes. Tanto la investigación como la política lingüística han sido fuertemente influidas por unos pocos investigadores que afirmaron que los alumnos tenían primero que estudiar la lengua de los padres para después poder aprender bien el sueco. Es una idea posiblemente influida por las ideas de la UNESCO sobre el derecho de aprender a leer en la lengua materna, una idea no basada en la situación de los que han emigrado de la zona en la que se habla su lengua. Después de varias décadas con una política que ha privilegiado la lengua de origen de los inmigrantes, existe ahora un fondo de experiencias. Una investigadora ha leído 26 tesis doctorales que estudian el bilingüismo en los niños en Suecia. Es decir, se trata de un metaestudio. Las tesis se basan en los resultados de un total de más de 2.300 niños y en particular se investiga la posible importancia de estudiar primero la lengua de los padres como medio para llegar a aprender mejor la nueva lengua[7]. La conclusión es que esa teoría no es correcta.

De entrada, la investigadora constata que los alumnos no inmigrantes, ahora llamados «monolingües», no siempre desarrollan un vocabulario muy amplio, aunque tienen muchas horas de práctica; por eso, prefiere hablar de un *«continuum»* entre los niños monolingües y bilingües en el sentido de que hay diferencias no sólo entre los grupos sino también dentro de ellos[8]. Si los alumnos inmigrantes aprenden mucho o poco depende de la exposición a la nueva lengua y no del tiempo pasado en el nuevo país. Para aprender, necesitan mucho trato con niños suecoparlantes, por ejemplo,

---

[7] Håkansson, Gisela. *Tvåspråkighet hos barn i Sverige.* Lund: Studentlitteratur, 2003.
[8] Namei, Shidrokh. *The bilingual lexicon from a developmental perspective. A word association study of Persian-Swedish bilinguals.* Estocolmo: Universidad de Estocolmo, 2002.

en la guardería. Se destaca que los alumnos inmigrantes se cansan mucho al tener que manejar dos lenguas y no sólo una. A continuación se van a comentar las afirmaciones más interesantes de las diferentes tesis estudiadas en este estudio.

Una investigadora de origen iraní ha comparado a dos grupos de niños inmigrantes de Irán. Su trabajo resulta un mentís a la teoría de que hay que empezar con la lengua de los padres. Se comparó el manejo de la lengua persa y de la lengua sueca de los dos grupos, usando también a grupos monolingües en persa y en sueco de la misma edad que no habían emigrado. El resultado fue el que nos indica el sentido común: los alumnos que vinieron a Suecia con mayor edad presentaban más similitudes con los jóvenes en Irán que no habían emigrado que con adolescentes suecos; los niños que vinieron más jóvenes, presentaban más similitudes con los niños suecos que con niños iraníes de su misma edad. Para los dos grupos, hablar el persa con sus padres y participar en la enseñanza del persa como lengua de la casa en el colegio sueco resultaba insuficiente para desarrollar plenamente el persa. Los niños que vinieron a edad temprana y participaron plenamente en el ambiente sueco, hablaban el sueco casi como nativos. En otras palabras y en contra de lo que habían dicho los activistas de la lengua del país de origen: no hay una relación causal entre aprender bien la lengua de los padres y hablar bien la nueva lengua.

La investigadora iraní comenta que es una idea errónea pensar que los niños aprenden unos cuantos conceptos y después los traducen a la nueva lengua. No, aprenden los conceptos en un contexto y en cierta lengua. Cada palabra se integra entre las otras de manera especial. La integración de una nueva palabra se puede comparar a un lento proceso de maduración. En cuanto al vocabulario, los niños bilingües tienden a tener un vocabulario más restringido en cada una de las lenguas pero, al mismo tiempo, si se cuentan las palabras que saben en las dos lenguas, podrían disponer de más palabras durante algunas etapas de su desarrollo. Cuando el niño monolingüe se desarrolla, hay un esquema bien conocido: murmullo vocálico; oraciones de una sola palabra; oraciones de dos palabras; y después un desarrollo muy rápido. Suelen tener una pronunciación perfecta desde el principio. Con una segunda lengua, sin embargo, el aprendizaje puede ser rápido o detenerse muy pronto, depende del individuo, del contexto y del esfuerzo.

Un investigador de origen finlandés que trabaja en Suecia ha estudiado cómo les va a los alumnos finéshablantes en Suecia[9]. Constata que tampoco los que buscan programas de enseñanza bilingüe llegan a ser tan buenos en finés como los finlandeses que no emigran. En su dominio del finés, los alumnos de las aulas bilingües llegan a un nivel más alto de finés que los alumnos de origen finlandés que no están en una enseñanza bilingüe, pero no llegan al mismo nivel que los jóvenes que no han emigrado, lo cual es lógico. Sin embargo, no se ha podido demostrar que se logre un mejor nivel en sueco por haber estudiado más finés.

El investigador menciona un dato sociológico: constata que los finlandeses de alto nivel educativo se identifican más con el nuevo país, tienen muchos contactos con sus nuevos compatriotas, se casan más a menudo fuera de su propio grupo étnico y no eligen su residencia en barrios de muchas personas de habla finesa. Llegan a tener un nivel muy alto en la nueva lengua, están bien insertados en el mercado laboral y a sus hijos les va bien en el colegio. Es decir, no es el apego a lo anterior, aunque sea bueno, lo que da el éxito en la nueva situación. El investigador constata que, para el buen desarrollo en la nueva lengua, los alumnos necesitan oír y usar la nueva lengua en circunstancias variadas y deben tener un contacto seguido

---

[9] Toumela, Veli. *Tvåspråkig utveckling I skolåldern. En jämförelse av sverigefinska elever i tre undervisningsmodeller.* Estocolmo: Universidad de Estocolmo, 2001.

con los hablantes de la nueva lengua, en particular con otros jóvenes y también fuera del aula.

Una tercera tesis estudia si influyen positivamente las clases de la lengua de origen en la comprensión lectora de la nueva lengua. Después de una comparación de todo tipo de estadísticas oficiales, el investigador llega a la conclusión de que no se puede decir que haya una relación causal, ni buena ni mala, lo cual en sí es negativo para los que proponen más enseñanza de la lengua de origen[10]. Subraya, además, que es difícil hacer una investigación de este tipo, porque los inmigrantes cambian constantemente, en el sentido de que vienen de otros países y de otras situaciones. Además, su situación en el nuevo país cambia si se encuentran con grupos ya establecidos de inmigrantes de su propio país o de otros países. El investigador comenta que la comprensión lectora no consiste sólo en descodificar, sino que se necesitan conocimientos previos de todo tipo. Los pocos inmigrantes de Alemania y Gran Bretaña tienen resultados de comprensión lectora en sueco por encima del promedio de los alumnos nativos, mientras que los inmigrantes provenientes de Turquía, Somalia, los países arabófonos y la ex Yugoslavia obtienen resultados por debajo de los alumnos nativos. Además, tampoco logran disminuir esta diferencia durante sus años de escolarización. Consiguen mejores resultados los inmigrantes que hablan sueco en su casa, algo que se podría interpretar de varias maneras: una es decir que si practican más la nueva lengua es natural que la manejen mejor; otra es que si tienen una actitud positiva hacia el nuevo país y quieren integrarse, esto influye en el uso de la nueva lengua y en el aprendizaje. Los alumnos que optan por estudiar en el colegio la lengua de origen continúan sus estudios en niveles superiores en menor medida que otros alumnos[11]. Hay

---

[10] Ulf Fredriksson *Reading Skills among Students of Immigrant Origin in Stockholm*. Estocolmo: Universidad de Estocolmo, 2002.

[11] Ib. p. 63.

varias posibles razones. Una podría ser que ya que las clases de la lengua de origen no son obligatorias, podrían solicitarlas los alumnos no muy integrados en Suecia, lo cual explicaría un bajo resultado en la comprensión lectora en sueco. Los padres quizá quieran que sus hijos mantengan la misma visión del mundo que la que tienen ellos, es decir, podrían querer atar los hijos a su propio pasado más que prepararlos para el futuro en el nuevo país. Por otro lado, un alumno bien integrado y con mucha capacidad para aprender podría querer estudiar la lengua de origen para así añadir otra destreza más a su perfil intelectual. También podrían influir en los resultados los problemas con la organización de esas clases y el nivel relativamente modesto de preparación de los maestros. En otras palabras, los resultados deben interpretarse en el contexto en el que los datos fueron recogidos. El investigador menciona además que influye positivamente en el resultado el que el inmigrante estudie también en casa y que la escuela enfoque el aprendizaje de manera clara. El investigador constata también que una pedagogía adecuada y un ambiente ordenado en el colegio podrían ser más importantes para un alumno inmigrado que para otro que no lo es.

Termina con algunos consejos basados en su investigación. Para obtener un buen nivel de comprensión lectora en la nueva lengua, los alumnos necesitan una enseñanza bien planificada con excelentes materiales y una clara priorización de la estructura de la lengua[12]. El docente debe estar alerta, porque los inmigrantes pueden tener un vocabulario más restringido de lo que parece y les pueden faltar conceptos. Aprenden estrategias para ocultar sus lagunas y su inseguridad, como por ejemplo hablar mucho, pero en un nivel muy elemental, intentando ganarse la simpatía de su interlocutor. También les pueden faltar conocimientos culturales, como por ejemplo la manera de comportarse en una biblioteca, en un comedor o en

---

[12] Ib. pp. 116, 120.

un aula. Por eso, cuando hay inmigrantes en un grupo, el docente debe ser siempre explícito. Da que pensar que Suecia ha invertido mucho en la enseñanza de la lengua de origen sin saber de antemano si era una inversión útil o no. Ahora podemos constatar que no se ve un resultado positivo de esa inversión. Indirectamente, la tesis indica que la comprensión lectora tiene que ver con el interés por el aprendizaje, la costumbre de leer y los conocimientos generales del alumno y no sólo con la lengua.

Hay un aura positiva alrededor del concepto de bilingüismo que a veces impide ver la realidad y el largo camino que es necesario recorrer hasta alcanzar el dominio de otra lengua. En una tesis que estudia a unos niños pequeños bilingües, se constata que la falta de automatización lleva a una simplificación: evitan ciertas construcciones, inventan nuevas palabras e introducen palabras de la otra lengua. En su lenguaje suelen faltar ciertas palabras: artículos, pronombres, los verbos «ser» y «estar» y las preposiciones. El vocabulario no se ha organizado todavía suficientemente para ser rápidamente accesible[13]. ¿Cómo resuelven los niños la situación cuando no saben una palabra? Algunas tácticas para ello son la paráfrasis, el neologismo, la aproximación y la descomposición del concepto. Como ejemplo, en vez de «cenicero» dicen «lo que se utiliza cuando se fuma», «plato de fumar» o «platillo». Si no saben la palabra «fumar» dicen «tomarse un cigarrillo». Además, la calidad de su producción lingüística cambia según la situación y el momento. Para convertirse más tarde en bilingües competentes, necesitan practicar mucho para organizar su vocabulario. Se dice que para leer un periódico de la mañana se necesitan como mínimo 30.000 palabras. Para que el lector pueda usar tantas palabras durante la lectura, éstas tienen que estar organizadas de manera eficaz.

---

[13] Wiberg, Eva. *Il referimento temporale nel dialogo: un confronto tra giovani bilingui italo-svedesi e giovani monolingui romani*. Lund: Universidad de Lund, 1987.

Alguien que emigra y vuelve al país nativo suele hablar con giros extranjeros, pero se encuentra también con que la lengua de su país de origen ha cambiado y contiene nuevas palabras. Hay observaciones sobre estudiantes suecoparlantes que han vivido en el extranjero y vuelven a Suecia para sus estudios universitarios. A veces conocen bastantes palabras cultas y términos precisos pero cometen errores en las preposiciones y con las expresiones hechas. Es decir, les va mejor en el registro formal que en el registro cotidiano. Hablan sueco pero su lenguaje no se ha desarrollado ni se ha automatizado lo suficiente. Cuando alguien emigra como adulto y viene la vejez y quizá el Alzheimer, la nueva lengua suele perderse antes que la primera[14]. Es decir que el bilingüismo es un fenómeno individual y dinámico que cambia durante la vida. Un dato no tan conocido es que los niños adoptados del extranjero antes de empezar a hablar pueden acusar un retraso en su desarrollo de la lengua. La razón es que no han tenido la larga preparación de otros bebés escuchando hablar en la nueva lengua. En este caso, se podría hablar de la nueva lengua como la segunda primera lengua o se podría hablar de dos primeras lenguas. Aquí dejamos el metaestudio, con la constatación de todos estos investigadores de que el nivel de la nueva lengua no depende del nivel de la otra lengua sino del comportamiento y las elecciones del propio inmigrante en el nuevo país.

Todo aprendizaje se hace en gran medida a través de la lengua y, si no funciona la herramienta del aprendizaje, la lengua vehicular, la tarea se vuelve imposible. Los alumnos inmigrantes necesitan tener un lenguaje bien desarrollado al salir de los primeros grados de la primaria, porque alrededor de los diez años, el estudio escolar ya incluye materias que contienen cada una de ellas un vocabulario y un nivel de abstracción que resultan nuevos para todos los

---

[14] Ladberg, Gunilla. *Tala många språk*. Estocolmo: Carlsson, 1994.

alumnos. Se ha comprobado que muchos alumnos inmigrantes no sólo se equivocan más veces que los nativos, sino que también, cuando se equivocan, su comprensión dista más de la correcta. La falta de comprensión concierne no sólo a la terminología específica, sino también a palabras que pertenecen al vocabulario no técnico como «frotar», «torcer» y «cabello», y a vocablos que señalan la conexión entre las oraciones como «por consiguiente». También son difíciles las palabras con muchos significados, las expresiones figuradas y las expresiones que contienen varias palabras. Se calcula que hay que conocer un 95% del vocabulario de un texto para poder entenderlo[15].

Como contraste se puede mencionar una tesis muy diferente, que no proviene del área de la lingüística sino de la pedagogía[16]. La autora es una argentina radicada en Suecia que ha estudiado a un grupo de adolescentes hispanohablantes en un barrio de muchos inmigrantes de diversa procedencia. Constata que los jóvenes en cuestión han pasado por el colegio sin aprender casi nada a causa de su absentismo. Los padres se han mudado a diferentes barrios, combinando esto con vueltas al país de origen. La falta de estabilidad familiar ha influido negativamente tanto en la psicología como en los estudios de los jóvenes. En las familias estudiadas, no son infrecuentes problemas como el desempleo, el abuso del alcohol y las separaciones matrimoniales. Los jóvenes tienen poco contacto social con los suecos, pero bastante con otros inmigrantes. La investigadora muestra lo poco que saben los alumnos tanto de español como de sueco, pero su conclusión es que son bilingües y que su capacidad debería ser aprovechada mejor. La propia investigadora se

---

[15] Hyltenstam, Kenneth – Lindberg, Inger (eds). *Svenska som andraspråk – i forskning, undervisning och samhälle*. Lund: Studentlitteratur, 2004. p. 549.
[16] Borgström, Maria. *Att vara mitt emellan. Sur spanskamerikanska ungdomar i Sverige kan uppfatta villkoren för sin sociokulturella identitetsutveckling*. Estocolmo: Universidad de Estocolmo, 1998.

identifica tanto con los alumnos estudiados que se niega a aceptar sus propios datos. Por ejemplo, ella misma nos dice cómo los alumnos estudiados creían hablar bien el español hasta encontrarse en el país de sus padres; allí notaron sus carencias lingüísticas y empezaron a ver su falta de desarrollo lingüístico como un gran problema.

Una investigadora somalí inmigrada a Suecia se identifica más todavía con sus compatriotas[17]. Dice que los somalíes son un pueblo oral, que están organizados en clanes y que intentan mandar el dinero que consiguen en Suecia a Somalia. En la nueva situación se aferran a su lengua, el somalí, y a la escuela coránica donde se habla el somalí. No tienen libros ni leen en casa. Las madres no trabajan fuera del hogar, muchos padres están sin empleo y, además, hay frecuentes separaciones matrimoniales. Los padres entrevistados repiten que tienen miedo a perder a sus hijos si éstos se integran demasiado en el nuevo país. La autora denuncia los supuestos prejuicios suecos contra los somalíes pero no se detiene a examinar los prejuicios somalíes contra los suecos. Curiosamente, el título del libro habla de los puentes entre las culturas, pero el contenido indica que los inmigrantes en cuestión no quieren cruzar ningún puente. Después de conocer esta investigación sobre los somalíes es más fácil entender lo que intriga a otra investigadora: ¿cómo es posible que haya niños nacidos en Suecia, criados en Suecia y que lleguen al colegio sin hablar el sueco? Cree que se trata de una situación inédita en la historia[18].

El típico desarrollo lingüístico de un alumno inmigrante que acaba de llegar al nuevo país comienza por un periodo silencioso

---

[17] Obondo, Margaret. *Broar mellan kulturer – somaliska barns språksocialisation i hem och förskola i Sverige*. Estocolmo: Språkforskningsinstitutet i Rinkeby, 2005.

[18] Véase el artículo de Naucler, Kerstin en Ahlsén, Elisabeth – Allwood, Jens (eds.) *Språk i fokus*. Lund: Studentlitteratur, 2002.

que puede durar desde unas semanas hasta medio año[19]. Cuando el alumno empieza a hablar, es frecuente que use al comienzo unas cuantas expresiones oídas como unidades (*chunks*). Conjuga todos los verbos de modo regular. Para todos los usos emplea una o dos preposiciones. Evita expresarse cuando no sabe decir bien lo que quiere decir. Además de las palabras mismas, debe aprender al mismo tiempo a dar énfasis y a usar cierto ritmo, rasgos importantes para que el oyente pueda captar el mensaje. ¿Por qué se estanca el aprendizaje de algunos alumnos en el nivel de una sencilla comunicación diaria? Una causa podría ser que no tienen acceso a suficientes buenos modelos. Los alumnos autóctonos que viven en barrios de muchos inmigrantes no suelen ser capaces de ser buenos modelos lingüísticos y culturales por proceder de familias con muchos problemas. Los docentes de las escuelas de barrios de inmigrantes suelen concentrarse en hacer funcionar la convivencia diaria, presentando a los alumnos como una gran familia multicultural. Evitan comparar sus resultados con los de otros colegios. Las familias suelen ver la nueva lengua como algo meramente instrumental. Por tanto, ni los docentes ni los padres esperan realmente que se logren resultados excelentes.

En el debate sobre la escuela multicultural, no se ha destacado lo suficiente que todo programa educativo es una continuación de algo anterior[20]. Ya en la primaria, se nota la falta de vocabulario de los alumnos no aficionados a la lectura. Los textos son cada vez más de «allí y entonces» y no conectados a lo inmediato. Así, un alumno que no tiene conocimientos previos por no haber oído hablar de los

---

[19] Runfors, Ann. «*För ba«rnens bästa*». *Lärarperspektiv på andraspråksinlärning*. Botkyrka: Stiftelsen Sveriges invandrarinstitut och Museum i Botkyrka, 1993. pp. 86, 90, 94.

[20] Véase Wikström, Inger «Samhällsorienterande ämnen är språk och kultur» en Hultinger, Eva-Stina – Wallentin, Christer (eds.). *Den mångkulturella skolan*. Lund: Studentlitteratur, 1996.

temas, por no tener asociaciones, terminología y palabras abstractas, está perdido. Hay conocimientos indispensables para diferentes grados[21]. En otras palabras, los alumnos necesitan excelentes programas y no se puede permitir ningún absentismo ni tampoco que nadie se niegue a trabajar.

En un trabajo sobre inmigración y economía, se constata que los refugiados extraeuropeos que llegaron a Suecia durante los años 90 y después de 2000 son un grupo frágil en el mercado laboral. Los economistas han notado que los resultados escolares de los inmigrantes son diferentes según su país de origen y que la procedencia de la familia se nota hasta en la segunda generación. Citan a pedagogos de la corriente de la nueva pedagogía que afirman que el nivel económico y social de un alumno decide su rendimiento escolar y los economistas aceptan la afirmación. No saben nada de pedagogía y no se dan cuenta de la importancia de factores como el esfuerzo del alumno, el interés de la familia por la educación y la manera de funcionar del colegio[22]. En otro informe oficial sobre la comprensión lectora de los alumnos inmigrados, se dice que es fundamental si los padres tienen trabajo[23].

En otro estudio publicado por economistas, los inmigrantes que hablan el sueco en casa logran un mejor nivel, y el efecto positivo de hablar el sueco en casa aumenta con los años, a la vez que tanto los solicitantes suecos de trabajo como los inmigrantes creen leer y

---

[21] Véase Hirsch, E.D. y colaboradores, que han elaborado una propuesta para cada grado en el sistema educativo americano. Hay una serie de «Core Knowledge» y los libros tienen títulos como *What your fourth grader needs to know. Fundamentals of a good fourth-grade education*. Una iniciativa similar es Ravitch, Michael – Ravitch, Diane. *The English Reader. What Every Literate Person Needs to Know*. Oxford: Oxford University Press, 2006. Obsérvese la palabra 'necesita' en los dos títulos. No es cuestión de imponer sino de ayudar.

[22] Lundh, Christer et al. *Arbete? Var god dröj! Invandrare i välfärdssamhället*. Estocolmo: SNS, 2002. p. 83.

[23] *Läsförståelse hos elever med utländsk bakgrund. En fördjupad analys av resultaten från PISA 2000 i 10 länder*. Estocolmo: Skolverket, rapport 227, 2003.

comprender mejor de lo que lo hacen realmente[24]. PISA muestra que la segunda generación de inmigrantes suele saber más que sus padres, pero menos que los alumnos autóctonos. Los economistas subrayan que se debe tomar muy en serio esta situación porque los alumnos inmigrantes de segunda generación son el grupo que más crece. Es frecuente que sobrevaloren sus propios conocimientos lingüísticos y subestimen la importancia de los conocimientos lingüísticos en el mercado laboral. Tanto para los que solicitan trabajo como para las empresas sería importante poder comprobar con más exactitud cuáles son los conocimientos del solicitante. Sería útil tener acceso a buenos tests de lengua para no apartar a alguien que solicita empleo porque pertenece a un grupo que no suele dominar muy bien la lengua y también para que un solicitante no se crea apartado sin razón de una oferta interesante de trabajo.

En un estudio sobre el desarrollo lingüístico de seis inmigrantes queda patente que si alguien no se esfuerza por aprender la lengua del nuevo país no aprende[25]. En el grupo había cinco griegos de bajo nivel escolar que habían venido a Suecia buscando un futuro mejor. Se ganaban la vida en una empresa de limpieza, estaban contentos con su vida en Suecia, viviendo con poco trato fuera de su propio grupo. La sexta persona del grupo era una polaca, casada con un sueco, provista de una mejor base educativa que la de los griegos. La señora polaca resultó ser la única que hacía las tareas, la única que realmente intentaba progresar y la única que progresó. A pesar de más de quince años en Suecia, los griegos resultaron ejemplos de fosilización: su lenguaje sueco se había estancado; era sencillo en extremo. La investigadora menciona ciertos métodos que

---

[24] Rooth, Dan-Olof – Åslund, Olof. *Utbildning och kunskaper i svenska. Framgångsfaktorer för invandrade?* Estocolmo: SNS, 2006. pp. 67, 81, 84.
[25] Kotsinas, Ulla-Britt. *Invandrarsvenska.* Uppsala: Hallgren & Fallgren, 2005. Dice lo mismo pero en un lenguaje abstracto Åke Viberg en *Vägen till ett nytt språk.* Estocolmo. Natur och Kultur, 1987.

usaban para ampliar su capacidad de comunicar. Usaban una sola palabra para varios conceptos; por ejemplo decían «papá» también para «hombre» y «hombre adulto». Para expresar un antónimo usaban la negación: si conocían la palabra «bueno» pero no «malo» decían «no bueno». Si no sabían explicar la idea de «algunos» decían por ejemplo «dos», es decir, otra palabra con un contenido numérico. Para indicar un grado superior o una intensificación, repetían la palabra dos veces. Si no sabían formular una pregunta, añadían un «quizá». Intentaban expresar tiempo y espacio, dirección y aspecto usando adverbios. Una sola preposición servía para todos los usos. Solían apoyarse en palabras que existen en su propia lengua pero les daban un uso más amplio del que suelen tener. Se saltaban los indicadores de forma gramatical como los artículos y las desinencias. El resultado ilustra que para el aprendizaje de una nueva lengua importan la personalidad, las experiencias y los planes de futuro. La alumna polaca sabía lo que era estudiar y tenía la intención quedarse en su nuevo país. De manera implícita, esta investigación muestra la maravilla que es poder estudiar de manera sistemática durante la niñez y la juventud y también muestra, sin decirlo, que quien no habla la lengua del país en el que reside sólo vive una parte de su vida.

Los lingüistas citados en este apartado no usan como variable el tener buenos maestros o el esfuerzo del alumno. Ven el aprendizaje lingüístico como adquisición y les despierta más interés el lenguaje de los inmigrantes que los resultados de PISA. Brillan por su ausencia las referencias a la nueva pedagogía, a la escuela obligatoria y al esfuerzo necesario por parte de los inmigrantes para llegar al nivel de los nativos. Los lingüistas se interesan por la adquisición «natural» y no tanto por el aprendizaje sistemático acelerado, basado en la voluntad y apoyado por buenos profesores.

Más o menos las mismas cifras que hemos visto a propósito del vocabulario de los alumnos vuelven en un informe escrito por un investigador que estudia la situación de los alumnos inmigrados. Él también destaca que un alumno nativo dispone de 8.000-10.000 palabras a los siete años de edad y que va añadiendo de 3.000 a 4.000 cada año. En la secundaria puede disponer de un vocabulario de 40.000 palabras[26]. Lo que no dice el investigador es que no hay manera de que el alumno inmigrante se ponga al nivel del grupo sin desarrollar un interés por el estudio y, en particular, sin convertirse en un lector asiduo[27].

La nueva pedagogía enfoca el lenguaje oral y esa parte la dominan los jóvenes inmigrantes relativamente rápido y bien, pero la comprensión lectora es un problema[28]. Las dificultades de los inmigrantes han atraído la atención de los profesores e investigadores sobre unas características de los textos escritos que les habían pasado desapercibidas. En primer lugar, sólo una pequeña parte de la información de un texto es explícita, ya que un texto entrega gran parte de su información por inferencias. Otro rasgo es la abundancia de metáforas; no solemos darnos cuenta de la mayoría de ellas pero el lector que no tiene suficientes conocimientos previos no entiende el significado y tampoco suele entender exactamente qué es lo que no sabe. En un texto apareció la expresión «la otra cara de la moneda». Los alumnos inmigrados pensaban que se trataba

---

[26] Véase también Tingbjörn, Gunnar, «Svenska som andraspråk» en *Svenska som andraspråk och betygsättning i svenska*. Estocolmo: Fritzes, 1995.

[27] Un libro que subraya la necesidad de leer mucho y textos variados es Reichenberg, Monica. *Vägar till läsförståelse. Texten, läsaren och samtalet*. Estocolmo: Natur och Kultur, 2008. Sin concentración y sin haber leído mucho es imposible adquirir todos los conocimientos que lleva a saber interpretar la información implícita en un texto. Carretero, Mario y Asencio, Mikel (eds.) *Psicología del pensamiento*. Madrid: Alianza, 2004, dice repetidamente que el pensamiento depende de los conocimientos específicos de cierto contexto. En contra de la idea de Piaget de que el conocimiento dependería de la maduración, afirman que la maduración avanza en contacto con el conocimiento. En otras palabras, se trata de aprender lo más posible para entender más y poder pensar mejor.

[28] Ib. p. 44.

de una medalla concreta. En eso, son similares a algunos alumnos con problemas de dislexia, que tampoco suelen entender el lenguaje figurado. Si ven la expresión «echar un ojo», interpretan las palabras en el sentido concreto y protestan diciendo que no se pueden echar ojos. No hay ninguna regla general que permita saber cuándo una expresión es metafórica y cuándo es concreta. Sólo un prolongado contacto con la lengua, casi siempre basado en mucha lectura, puede enseñar al hablante cuándo se trata de una metáfora y lo mismo pasa con los chistes que suelen basarse en una incongruencia.

Ahora se ha introducido el término «alumnos multilingües» en vez de inmigrantes. El término podría llevar a pensar que es problemático hablar muchas lenguas. Al revés, es positivo saber muchas lenguas, pero hablar más lenguas no libera al alumno de dedicar mucha atención a la nueva lengua, exactamente como tienen que hacerlo todos los hablantes que quieren manejar una lengua de manera competente.

LOS INFORMES *PISA*

Como una manera de apoyar los argumentos de las páginas que preceden, vamos a comentar los informes PISA sobre el nivel educativo de los alumnos de quince años en matemáticas, ciencias naturales y comprensión lectora. El informe de 2009 dice, en resumen, que mejoran los países del Este asiático, se mantiene Finlandia en una excelente posición, varios países de habla inglesa logran buenos resultados, Suecia está bajando y los países hispanohablantes tienen problemas. Desde una perspectiva hispánica, es interesante saber que además de España en Europa, participaron en América Latina Chile, Argentina, Uruguay, Perú, Colombia, Panamá y México, además de Brasil y Trinidad y Tobago. Además, el informe de 2009 está enfocado en la comprensión lectora, por lo cual resulta aún más interesante para el tema del presente libro.

Es notorio que los informes PISA de la OCDE incluyan una comparación entre países, resumida en un *ranking*, comparación de la cual actualmente es campeona China-Shanghai, con Finlandia como el mejor país europeo. Hubo recolección de datos en 2000, 2003, 2006 y 2009, y estos datos son cada vez más valiosos, pues ahora permiten ver no sólo cómo se sitúa un país en comparación con otros, sino también en comparación con sus propios resultados anteriores.

En 2006 participaron 51 países del mundo entero, miembros de la OCDE o países asociados, aunque hubo poca participación de África y Asia; y en 2009 ya fueron 65 los países participantes. Uno de los factores clave del interés que suscitan estos informes es precisamente el gran número de países que participan. Otros factores son la calidad de las tareas en las que se basa la comparación y la elaboración estadística de todos estos datos. La recogida de datos se hace a través de un sistema sofisticado con múltiples cuadernos de tareas de dificultad equivalente para evitar el fraude.

Cuando se lanzó el programa PISA, ya se hablaba de una crisis en la educación en bastantes países occidentales. La prolongación de la escolaridad con un programa único combinada con la nueva pedagogía no daban los resultados de calidad y de convivencia que se esperaban. En España, muchas personas asocian este desarrollo con la LOGSE del año 1990 y, en un país como Suecia, ese mismo desarrollo empezó ya con una ley de 1969. Por eso, los informes PISA, que sólo dan cuenta de lo que ha sucedido durante la última década, no muestran más que «la punta del iceberg».

Pocas personas han leído más que el resumen de PISA, y hay buenas razones para ello: el volumen en español que recoge los resultados de 2006 es un texto largo, 397 páginas[1]. El informe de 2009, publicado en inglés en cinco volúmenes, ocupa en total 1.200 páginas, incluyendo las estadísticas. La mayoría de los lectores buscan en primer lugar la comparación entre países, pero los autores muestran su propia actitud frente a la comparación, no destacando el *ranking* sino más bien escondiéndolo dentro de una masa de otros datos. Muchos profesores y periodistas no se dan cuenta de que las personas responsables de PISA pertenecen al gremio de los nuevos pedagogos, a pesar de que incluyan un *ranking* en el informe.

---
[1] *Informe PISA 2006. Competencias para el mundo de mañana.* OCDE, Santillana, Ministerio de Educación.

Los informes *PISA*

Los informes hablan mucho del entorno socioeconómico del alumno, pero no del esfuerzo ni de las exigencias. Se quiere «elevar el rendimiento global de los estudiantes y, al mismo tiempo, amortiguar el impacto que el grupo socioeconómico puede tener en dicho rendimiento, promoviendo así una distribución más equitativa de las oportunidades de aprendizaje»[2]. Para los investigadores, la igualdad es una meta tan importante como el conocimiento. El texto habla de «distribuir» los conocimientos como si fueran una mercancía. No se menciona que los países desarrollados han visto aparecer a grupos de alumnos a los que se les ofrece la oportunidad de aprender, pero que responden con indiferencia o con actos de vandalismo ante una oferta que no les interesa. Los investigadores no tienen nada que decir sobre los problemas de conducta, pero critican la repetición de curso y consideran negativa la libertad de elegir el colegio. También critican a los colegios concertados, insinuando que obtienen buenos resultados únicamente por dirigirse a grupos de alumnos preseleccionados. La impronta igualitaria en los informes PISA es fuerte[3]. Además, los autores evitan palabras como «conocimiento», prefiriendo otras como «competencia». Competencia suena como algo práctico y orientado hacia el futuro, mientras que conocimiento podría sonar como algo tradicional y, por eso, no tan atractivo. Además, la palabra competencia hace pensar en una preparación para el mercado laboral y la OCDE es una organización de colaboración económica. Otro ejemplo de la actitud de los investigadores es que dicen querer ir más allá de la memorización[4]. Los nuevos pedagogos han hecho campaña durante décadas contra la memorización y es verdad que algunas tradiciones pedagógicas se apoyan mucho en la memorización, pero actualmente en los países occidentales el problema podría ser el

---

[2] Ib. p. 29.
[3] Ib. pp. 285, 231.
[4] Ib. p. 9.

contrario: hace falta memorizar más para poder desarrollar los conocimientos y las competencias.

Por ejemplo, el informe PISA de 2006 habla poco de los profesores y no menciona la palabra instrucción, lo cual está también en consonancia con la idea de la nueva pedagogía de que los alumnos deben buscar la información por su cuenta y los profesores sólo actuar como facilitadores. No fue hasta la publicación del informe McKinsey de 2007 que los datos de PISA fueron utilizados para estudiar el efecto de la calidad de los profesores. Las recomendaciones del informe McKinsey son claras: conseguir que los mejores estudiantes se dediquen a la enseñanza, convertirlos en buenos instructores y asegurarse de que la buena enseñanza llegue a todos los alumnos. A propósito de la igualdad, el informe McKinsey dice de manera contundente que lo que más contribuye a la igualdad es darles a todos los alumnos buenos profesores, una idea no expresada en el informe PISA. El informe PISA de 2009 tampoco menciona apenas a los profesores, sino que sigue hablando de la situación socioeconómica de los alumnos, aunque los excelentes resultados asiáticos muestran que lo importante es el esfuerzo.

En 2008, los investigadores de la OCDE publicaron también dos tomos sobre los directores de colegios en diferentes países. Los investigadores recomiendan el uso de equipos directivos y no de directores individuales. Su ideal son las soluciones colectivas también para los directores de los colegios. No discuten el papel del director como modelo o referencia moral e intelectual para profesores y alumnos. Sin embargo, en el segundo volumen del informe de la OCDE sobre los directores de los colegios, hay un «estudio de caso» sobre Finlandia y, ya que hemos hablado de Finlandia, vale la pena ver lo que se dice de este país[5]. Según las declaraciones

---

[5] Pont, Elisabeth et al. *Improving school leadership. Case studies on system leadership*. Vol. II. OCDE 2008.

de los profesores finlandeses entrevistados en el informe, el éxito educativo del país está relacionado con la buena calidad de los profesores y el respeto de todos los ciudadanos por los conocimientos, es decir, no con la nueva pedagogía. Los entrevistados hablan de la confianza que se tiene en los profesores y también del esfuerzo por evitar todo tipo de burocracia. Adjudican el éxito finlandés a la estabilidad de la dirección, al liderazgo moral y a la ausencia de cambios bruscos. Los profesores utilizan unas formas de trabajo tradicionales más que técnicamente innovadoras, declarando que trabajan con métodos que conocen a fondo y en los que tienen confianza. Añaden que se interesan por lo que funciona en el aula y no por las publicaciones pedagógicas. Utilizan una y otra vez palabras como colaboración, responsabilidad, participación, fijarse metas y evaluar los logros[6]. Los investigadores que redactan el texto dan cuenta de estas declaraciones, pero sin destacarlas.

Se puede observar un contraste entre los economistas de la OCDE, que promocionan la excelencia a través del *benchmarking* y del *ranking*, y los pedagogos al servicio de la misma organización que subrayan la igualdad. El informe McKinsey significa una clara crítica contra la interpretación que hacen ciertos pedagogos de los datos en los informes PISA, ya que los pedagogos destacan lo socioeconómico y no la calidad de la enseñanza como explicación del buen resultado de ciertos alumnos. De esta forma, PISA nos da una indicación muy clara de que la nueva pedagogía no es pedagógica.

Además, la OCDE publica una vez al año unas estadísticas sobre el mundo de la educación, *Education at a glance*. Un educador nota enseguida que el informe está realizado por economistas, porque lo que les interesa es si los países tienen una mano de obra calificada y cuál es la relación entre la inversión en la educación,

---

[6] Ib. pp. 77-87.

el nivel de empleo y los niveles de los salarios; no les interesa el contenido de la educación.

En *Education at a glance 2008*, se constata que cada vez hay más puestos de trabajo que exigen niveles cada vez más altos de calificación, a la vez que disminuyen los puestos de trabajo poco calificados. Los empleados con más educación tienen menos desempleo y retrasan más el momento de jubilarse. Por otro lado, en este informe también se examina la *ratio* profesor-alumno, constatando que varía mucho: hay países como Finlandia que obtienen buenos resultados con grupos relativamente pequeños y otros, como Corea del Sur, que obtienen buenos resultados con grupos grandes[7]. En cuanto a la inversión, es importante cierta inversión de base pero, entre los países que ya invierten bastante, la calidad no aumenta con más inversión[8]. Otro dato interesante es que muchos países han aumentado su inversión en educación y aun así, en promedio, los resultados de comprensión lectora no han mejorado[9]. Tampoco hay una relación clara entre el resultado y el número de horas de clase que reciben los alumnos[10].

Una manera de comentar los informes de la OCDE podría ser, por ejemplo, compararlos con un estudio recién publicado en Francia[11]. Un director de colegio se describe a sí mismo como progresista y vinculado a Philippe Meirieu. Para entender esta referencia es necesario saber que Meirieu es el «padre» de la nueva pedagogía en Francia y ocupa una posición similar a Álvaro Marchesi en España. El profesor en cuestión utiliza el ejemplo de Finlandia

---

[7] *Education at a glance* 2008. París: OCDE, 2008.
[8] Ib. pp. 202 y 305.
[9] Ib. p. 216.
[10] Ib. p. 412.
[11] Robert, Paul. *La Finlande: un modèle pour la France? Les secrets de la réussite*. Issy-les-Moulineux, ESF éditeurs, 2008.

para subrayar la igualdad entre los alumnos y las formas de trabajo, que califica de democráticas, libres y atractivas. No menciona la calidad de los profesores ni tampoco el respeto por los estudios. Su actitud frente a los éxitos finlandeses es la misma que la de los autores de los informes PISA: los investigadores admiran más la igualdad que la calidad y no hablan del esfuerzo. Es como si los éxitos se hubieran logrado por arte de magia.

Las autoridades de los diferentes países toman muy en serio los resultados de PISA. Cuando la Dirección general de las escuelas suecas, dominada por personas que se adhieren a la nueva pedagogía, explicó el resultado de PISA 2003, no parecía preocuparse por la bajada de los resultados. Se decía que en el currículo sueco se enfatizan los valores socioculturales y estos no se miden en el *ranking* de PISA. No se comentó que, a pesar de que esa Dirección general publica continuamente estudios de todo tipo, éstos no han contribuido a mejorar la calidad. En el informe siguiente sobre los resultados de PISA 2006, sí se constató que bajaban los resultados, que la dispersión de los resultados era mayor, y que les iba peor tanto a los mejores alumnos como a los más flojos y se calificaron de «significativos» los cambios negativos en comprensión lectora y matemáticas[12]. Se constató que, además, había una gran diferencia entre los resultados de los alumnos inmigrantes y de los no inmigrantes.

Cuando ha llegado el informe de 2009, el cuadro para Suecia y también para la nueva pedagogía resulta sombrío. Suecia es uno de los pocos países con una tendencia negativa en prácticamente todo a pesar de las inversiones en educación. Ha bajado en el *ranking* de comprensión lectora al puesto 19. Los mejores lectores no son tan

---

[12] *PISA 2006. 15-åringars förmåga att förstå, tolka och reflektera – naturvetenskap, matematik och läsförståelse.* Estocolmo: Skolverket, rapport 207, 2007, p. 116.

buenos como antes. Los lectores más flojos son más flojos y además han aumentado en número. La diferencia entre los mejores y los peores ha aumentado. Los mejores lectores suelen ser las chicas y ellas ahora se han distanciado todavía más en comparación con los chicos. Ha aumentado la diferencia entre alumnos de diferentes capas sociales. Ha aumentado la diferencia entre alumnos nativos e inmigrados. Suecia ha bajado también en el *ranking* de matemáticas. Es uno de los países que tiene salarios docentes por debajo de lo que se esperaría, comparado con el nivel de formación de los profesores. En otras palabras, ha llegado el momento de la verdad para la nueva pedagogía y ha quedado patente que la retórica igualitaria ha llevado a unos resultados exactamente contrarios a los prometidos. Ya que las cifras provienen de una fuente internacional es difícil rechazarlas. El haber insistido tanto sobre la nueva pedagogía y sobre el ejemplo sueco era para que no quedara duda sobre el resultado de esa pedagogía.

A propósito de Suecia, se debe también mencionar que en las elecciones de 2005 cambió el gobierno, y que el descontento de la población con la política educativa era una de las bazas de los partidos no socialistas. Desde entonces, el nuevo gobierno ha introducido toda una batería de leyes educativas. Ha cambiado el sistema de notas, la oferta de programas de bachillerato y también las exigencias para entrar al bachillerato y a la formación profesional. Se están elaborando nuevos currículos en todos los niveles. Una de las reformas más importantes ha sido la de la formación docente. Sin embargo, a pesar de las reformas, habrá que esperar bastantes años antes de que se observen claras mejoras en los informes PISA, porque casi todas las personas en el sistema educativo son las mismas que antes.

Conviene finalmente conocer la calificación obtenida por los distintos países en los informes PISA. Hay dos tipos de tablas de resultados de PISA: las que sólo toman en cuenta los 34 países

Los informes PISA

de la OCDE; y las que incluyen también a los países asociados, con lo cual se llega a 65 países en 2009. Como se ha dicho, mirando sólo a los países de la OCDE, se obtiene una comparación entre países que han participado desde el comienzo, mientras que los países asociados muchas veces se han incorporado recientemente. Los recién incorporados países de Asia oriental cambian radicalmente el *ranking* de 2009.

A continuación, se reproducirán unas cuantas tablas de *ranking*, que muestran los resultados de algunos países de interés en el presente texto.

Resultado de PISA en comprensión lectora entre países de la OCDE

2000	2003	2006
1. Finlandia 546	1. Finlandia 543	1. Finlandia 546
2. Canadá 534	2. Corea del sur 534	2. Canadá 534
3. Nueva Zelanda 529	3. Canadá 528	3. Nueva Zelanda 529
4. Australia 528	4. Australia 525	4. Australia 528
5. Irlanda 527	5. Nueva Zelanda 522	5. Irlanda 527
6. Corea del Sur 525	6. Irlanda 515	6. Corea del Sur 525
7. Reino Unido 523	7. Suecia 514	7. Reino Unido 523
8. Japón 522	8. Países Bajos 513	8. Japón 522
9. Suecia 516	9. Bélgica 507	9. Suecia 519
18. España 593	22. España 481	18. España 493

En la investigación de 2009 participaron tantos países no miembros de la OCDE que el *ranking* cambia bastante. En comprensión lectora el resultado fue el siguiente, mencionando sólo a algunos países: 1. Shanghai-China con 556; 2. Corea del Sur con 539; 3. Finlandia con 536; 4. Hong Kong-China 533; 5. Singapur 526; 6. Canadá 524; 7. Nueva Zelanda 521; 8. Japón 520; 9. Australia 515. Después viene una serie de países europeos; 16. Estados Unidos 500; 19 Suecia 497; 27 Francia 496; 33. España 481.

La buena y la mala educación

Desarrollo de los resultados de PISA en matemáticas entre los países de la OCDE

2000	2003	2006
1. Japón 557	1. Finlandia 544	1. Finlandia 548
2. Corea del Sur 547	2. Corea del Sur 542	2. Corea del Sur 547
3. Nueva Zelanda 537	3. Países Bajos 538	3. Países Bajos 531
4. Finlandia 536	4. Japón 534	4. Suiza 530
5. Australia 533	5. Canadá 532	5. Canadá 527
6. Canadá 533	6. Bélgica 529	6. Japón 523
14. Suecia 510	14. Suecia 509	15. Suecia 502
21. España 476	23. España 485	24. España 480

En matemáticas, el informe de 2009 coloca primero a 5 países del Este asiático y después Finlandia en el sexto lugar. Shanghai-China encabeza la lista con 600 puntos y Finlandia ha conseguido 541. Después de Finlandia, viene una serie de países europeos o angloparlantes. Francia está en el puesto 22 con 497; Suecia en el 26 con 494; Estados Unidos en el puesto 31 con 487; España en el puesto 34 con 483.

Desarrollo de los resultados de PISA en ciencias naturales entre los países de la OCDE

2000	2003	2006
1. Corea del sur 552	1. Finlandia 548	1. Finlandia 563
2. Japón 550	2. Japón 548	2. Canadá 534
3. Finlandia 538	3. Corea del Sur 538	3. Japón 531
4. Gran Bretaña 532	4. Australia 525	4. Nueva Zelanda 530
5. Canadá 529	5. Países Bajos 524	5. Australia 527
6. Australia 528	6. República Checa 523	6. Países Bajos 525
7. Nueva Zelandia 528	7. Nueva Zelanda 521	7. Corea del Sur 522
8. Austria 519	8. Canadá 519	8. Alemania 516
10. Suecia 512	12. Suecia 506	16. Suecia 503
19. España 491	21. España 487	23. España 488

Los informes PISA

En el informe PISA de 2009, basado en 65 países, el resultado de ciencias naturales coloca en primer lugar a Shanghai-China con 575; en segundo lugar a Finlandia con 554; Estados Unidos está en el lugar 23 con 502; Francia en el 29 con 498; Suecia en el 29 con 495; España en el 36 con 488.

Resultados de los países latinoamericanos en PISA 2009 entre 65 países

Matemáticas	Ciencias naturales	Comprensión lectora
48. Uruguay 427	44. Chile 447	44. Chile 449
49. Chile 421	48. Uruguay 427	47. Uruguay 426
51. México 419	50. México 416	48. México 425
52. Trinidad y Tob. 414	52. Trinidad y Tob. 410	51. Trinidad y Tob. 416
55. Argentina 388	53. Brasil 405	52. Colombia 413
57. Brasil 386	54. Colombia 402	53. Brasil 412
58. Colombia 381	56. Argentina 401	58. Argentina 398
63. Perú 365	62. Panamá 376	62. Panamá 371
64. Panamá 360	64. Perú 369	63. Perú 370

HAY QUE CAMBIAR LA POLÍTICA EDUCATIVA

En las páginas anteriores, hemos hablado de la importancia de que un país atraiga a muy buenos estudiantes a la profesión docente, tal como lo hacen los finlandeses. Hemos hablado de la importancia de que los futuros docentes aprendan la materia que van a enseñar, como vimos en conexión con la enseñanza de las matemáticas en diferentes países. La enseñanza de matemáticas también ilustra que hay maneras más o menos eficaces de utilizar el tiempo de las clases. Hemos señalado la importancia del esfuerzo del alumno al referirnos a los alumnos asiáticos en los Estados Unidos. Los éxitos asiáticos son también una ilustración de la importancia del apoyo de la familia a la educación de los jóvenes. Con el ejemplo de los disléxicos hemos hablado del largo camino que recorre un alumno para aprender a leer con soltura. Los capítulos sobre lo que se aprende en las diferentes materias han subrayado la importancia no sólo de aprender contenidos sino también un lenguaje. Las denuncias de los docentes franceses de primaria han destacado que las modas pedagógicas están haciendo bajar los resultados en sistemas escolares con muy buenas tradiciones. Los testimonios de la secundaria francesa en los barrios difíciles han ilustrado lo que sucede si se aplica la promoción automática sin exigencias; hay que exigir que el alumno se comporte como alumno, que respete las normas del colegio y que estudie.

Un profesor español de matemáticas, Ricardo Moreno Castillo, ha escrito un «panfleto» de éxito editorial en el que critica una tras otra las ideas de la nueva pedagogía tal como funcionan dentro del marco de la educación española[1]. En particular, el autor se pregunta por qué se miente a los niños cuando se trata del esfuerzo necesario para aprender cuando, al mismo tiempo, se insiste en explicarles todo en cuanto al sexo y al alcohol. El autor juzga que la falta de respeto por los saberes y los contenidos es un síntoma revelador del nivel intelectual de quienes hicieron la reforma española de 1990; enumera una serie de errores de pensamiento, característicos de la nueva pedagogía:

— Se machaca la importancia del origen social y económico de los alumnos; sin embargo, es bien conocido que muchos científicos nacieron de padres sin instrucción. Fue el contacto con las exigencias de la educación lo que hizo que se despertara su interés por las disciplinas. Reduciendo las exigencias, ese milagro no llega a producirse. La nueva pedagogía es negativa para los saberes y para los alumnos de familias de bajo nivel cultural. El resultado más tangible es un ambiente no intelectual en los colegios.

— Se dice que la educación es obligatoria pero no es obligatorio estudiar, lo cual es una contradicción. Hasta se ve una campaña contra la posibilidad de elegir las formas de educación en las que todavía existe la exigencia. Se insinúa que permitir la posibilidad de que el alumno elija una opción basada en el esfuerzo sería una discriminación contra los que no elijan el esfuerzo. Ésta no es la actitud de alguien que quiere fomentar los conocimientos.

---

[1] Moreno Castillo, Ricardo. *Panfleto antipedagógico*. Barcelona: El lector universal, 2006.

— Algo también muy repetido es que hay que impedir que el alumno tome una decisión negativa para él mismo, algo que le impida postular más tarde a la universidad. Aquí hay otra contradicción. Tomar una decisión de este tipo sólo afecta al alumno en cuestión, mientras que si se mantiene en un grupo en el que molesta a los demás por su falta de interés y atención, se le da permiso de tomar una decisión que afecta negativamente a los demás.

— Todos, estén el nivel que estén, necesitan tranquilidad para progresar. Ahora se permite que dominen el ambiente los que no tienen el menor interés por el aprendizaje. El autor sostiene que no se debe permitir que un alumno impida que el grupo trabaje con normalidad. Compara la práctica actual con la reacción ante los casos de malos tratos infligidos a la mujer. Todo el mundo considera que se debe proteger a la mujer y rehabilitar al maltratador, pero no se dice lo mismo cuando se trata de los alumnos. Los buenos alumnos, privados de enseñanza, deben tolerar el mal comportamiento de otros jóvenes.

— Denuncia como delirio verbal el que los pedagogos hablen tanto de aprender a aprender. «¿Así que los alumnos van al colegio para aprender a aprender como si aprendiendo no estuvieran aprendiendo a aprender?», se pregunta el autor.

— En otro escrito, Moreno Castillo atrae la atención sobre el hecho de que antes había una diferencia entre la educación y la enseñanza: la educación era lo privado y la enseñanza lo público[2]. Cree erróneo que la escuela deje de enseñar para educar. Los alumnos están en el colegio precisamente para aprender lo que no aprenden en sus casas.

— Para defender la pedagogía actual se dice a menudo que ahora los alumnos saben cosas que los maestros no saben. Pero,

---

[2] Moreno Castillo, Ricardo. *De la buena y la mala educación*. Barcelona: Los libros del lince, 2008.

dice el autor, los alumnos siempre han sabido cosas que sus maestros no sabían. Quien utiliza eso como argumento no quiere reconocer que los alumnos están en el colegio para aprender lo que saben los maestros.

— Ahora se dice que si el estudio no gusta al alumno la culpa es del profesor y que la tarea del profesor es motivar al alumno. Si al chico no le gusta estudiar, quien debe cambiar es él, enfatiza el autor. El que está aprendiendo es el alumno. Es el deber de un alumno esforzarse por entender lo explicado y aprender lo que no sabe.

— Los pedagogos suelen insistir en que la escuela es un reflejo de la sociedad. Ya que España nunca ha sido más libre y más próspera que hoy, la escuela debería funcionar mejor que nunca. ¿Cómo es posible que se utilice esa idea como explicación cuando están bajando los resultados de la educación?

— El autor se asombra del rechazo a la competitividad cuando ésta es precisamente un logro de la democracia. En las sociedades no democráticas, la gente obtiene privilegios por ser quienes son, por ejemplo aristócratas, miembros del partido, familiares de algún poderoso o de alguien que haya pagado a un funcionario corrupto.

— Otro eslogan pedagógico es hablar de la atención a la diversidad, lo cual es irrelevante, subraya el autor. Si una práctica pedagógica es buena, lo es para todos. «¿Hay algún tipo de alumnos al que, por alguna característica psicológica, racial o cultural, le convenga más una explicación rápida y confusa y una pizarra desordenada?»[3].

La maestra Mercedes Ruiz Paz abunda en la misma crítica en *La secta pedagógica*, pero apunta sobre todo a los pedagogos como fenómeno sociológico[4]. El lenguaje de la autora es provocador porque

---

[3] Ib. p. 85.
[4] Ruiz Paz, Mercedes. *La secta pedagógica*. Madrid: Unisón, 2003.

subraya las muchas similitudes entre los pedagogos como grupo y los miembros de una secta religiosa. Cree que fuera del mundo de la educación no se entiende cabalmente el carácter de grupo cerrado que presentan los pedagogos, porque la gente no ve claramente cuál sería la creencia ni cuál el peligro. No parece haber ningún credo fuerte, y es precisamente por eso que se ha tardado en criticar la actividad de los pedagogos. La realidad es que lo que proponen es el puro vacío, un catecismo de la nada. Una parte muy importante en la ideología consiste en la denuncia y eliminación de lo anterior y en el absoluto tabú de decir que la situación anterior era mejor en algún aspecto. Al revés, la innovación siempre se valora y eso sin prueba de que sea mejor que lo anterior. La actividad se concentra en producir documentos, en celebrar reuniones obligatorias para los docentes y en crear puestos de coordinadores y asesores. A pesar de toda esta actividad, baja la calidad. Si fuera una empresa privada, iría a la quiebra, subraya la autora, pero ya que es estatal, se pide más dinero con el argumento de que falta mucho por hacer.

La autora cree que los pedagogos han entendido que no iban a convencer a los docentes y por eso se concentraron en desestabilizarlos psicológicamente, machacando la idea de que saber la materia importa menos que saber tratar psicológicamente al alumno. Supuestamente, los nuevos pedagogos tienen mucha compasión por los nuevos estudiantes. La eliminación de los exámenes exigentes es un elemento importante para entender lo que ha pasado, porque así se eliminó toda posibilidad de demostrar una excelencia. El sistema educativo ya no ofrece ninguna legitimación especial del aprendizaje de las materias. Los docentes, exhaustos después de jornadas interminables sin contenido, no tienen fuerzas para oponerse a unas actividades colectivas vacías de contenido. Así, los pedagogos han logrado que se callen los expertos en las materias y los han transformado en colaboradores silenciosos, ya que necesitan ganar su sustento.

Como grupo, observa la autora, los pedagogos no funcionan de manera científica ni democrática sino como una secta con una fe especial que no cuestiona las bases de su creencia. Autoproclamados expertos de la enseñanza, se presentan como una instancia superior a los demás profesores que «sólo» enseñan sus materias. La primera fase fue el adoctrinamiento de los profesores para justificar la propia presencia de los pedagogos. Ya que no son responsables de enseñanza alguna, su presencia constituye un tipo de parasitismo en los sistemas educativos que, además, se propone como una nueva ética, a la que subordinan las materias. Como es típico de las sectas, desprecian a los demás. Los pedagogos son los buenos, los que saben la verdad, y han introducido un nuevo lenguaje para los iniciados. Además de una creencia y un lenguaje propio, una secta además necesita dinero y en este caso el grupo ha sabido instalarse dentro las estructuras del servicio público como funcionarios y vivir del dinero del contribuyente. La estrategia para no admitir la ausencia de resultados es echar la culpa a la sociedad y redefinir la meta de la actividad diciendo que la escuela debe ser más convivencia que aprendizaje. Sin embargo, apunta la autora, si los docentes cada vez deben ser más terapeutas, eso se basa en el supuesto de que están enfermos o bien los alumnos o bien la sociedad. La nueva secta pedagógica no refleja la idea de preparar a los alumnos para la sociedad sino más bien la de proteger a los alumnos de la sociedad.

La palabra democracia pertenece a la terminología clave de los pedagogos, nota la autora. Sin embargo, educar para la democracia no es lo mismo que educar a través de estructuras en las que se vota. Se transmite la idea de que un profesor que da clases magistrales es alguien que impone su voluntad a la ciudadanía, un tirano. En nombre de la democracia se elimina de la escuela toda posibilidad de desarrollar la excelencia en la enseñanza y en el aprendizaje, un ataque en toda regla contra la meritocracia, que precisamente es una característica de la democracia. En vez de la autoridad del profesor, se ha introducido a otros agentes dentro de la escuela como representantes de asociaciones de padres, en general una prolongación de diferentes partidos políticos y de sindicatos de personal también no docente. A la vez, se nota bastante suspicacia por parte de los pedagogos ante las familias, porque lo que se busca es una educación colectiva y, por eso, hay que sustraer al joven lo más posible de la educación familiar. Un rasgo ambiguo es que esta escolarización colectiva también es presentada como un consumo más.

La palabra integración es otra palabra clave. Se ha decidido integrar a alumnos con grandes problemas y con trastornos de conducta. No hay pruebas de que esto beneficie a los alumnos en cuestión, pero es seguro que retrasa a los demás. La justificación es que la integración enseñaría a los alumnos otras cosas, como reza la fórmula. Estas otras cosas son difíciles de medir y hasta de precisar, ya que al mismo tiempo que se han eliminado los exámenes, se ha introducido a maestros como profesores y se han creado puestos de animadores y terapeutas.

En varios países, ese vaciamiento de contenidos escolares ha abierto el camino para implantar eslóganes políticos de tipo nacionalista o multiculturalista, termina la autora. Típicamente, la vida diaria se eleva al rango de conocimiento. Lo afectivo es esencial: lo mío y la naturaleza en contra de los malos. Sin que se diga, el alumno es considerado como inocente, no contaminado, pero los seres humanos en general, y en particular los hombres y los europeos como grupos, son presentados como destructores, impuros, pecadores y «no míos».

En varios países occidentales que solían tener buenos resultados educativos están bajando los resultados. Como consecuencia de las comparaciones nacionales e internacionales pocos niegan ahora los problemas, pero nadie quiere asumir la responsabilidad. Hay un desconcierto entre las personas que no conocen desde dentro el mundo de la educación, y la explicación mencionada con más frecuencia es que los resultados serían malos porque la sociedad ha cambiado. Pues bien, el presente libro ha intentado señalar que estos cambios a peor son consecuencia de determinadas políticas educativas que, entre otras cosas, han dado menos énfasis al esfuerzo del alumno, a la creación de un ambiente ordenado y tranquilo en los colegios y al desarrollo sistemático de la lengua en la escuela.

Fotocomposición
Encuentro-Madrid
Impresión y encuadernación
Tecnología Gráfica-Madrid
ISBN: 978-84-9920-115-3
Depósito Legal: M-43801-2011
Printed in Spain